产品再造

数字时代的
制造业转型与价值创造

【法】埃里克·谢弗尔（Eric Schaeffer）
【美】大卫·索维（David Sovie） 著

彭颖婕 李睿 译

REINVENTING
THE PRODUCT

How to transform your
business and create value
in the digital age

上海交通大学出版社
SHANGHAI JIAO TONG UNIVERSITY PRESS

内容提要

本书剖析了传统产品以难以预想的速度转型为智能互联产品和生态系统平台的过程。两位作者介绍了产品再造的实现形式：人工智能和数字技术，如物联网传感器、区块链、高级分析、云端和边缘计算等。他们还阐释了如何打造真正智能化（甚至完全自主）的产品，传递更富感染力的个性化体验，满足当前用户、消费者和企业的期望。本书严格并重新审视企业产品战略、创新和工程设计流程，甚至包括企业文化，以成功打造未来的"活产品"。本书亦针对佛吉亚、昕诺飞、西蒙斯、海尔集团等国际型企业进行了案例分析，还采访了来自亚马逊、艾波比、特斯拉、三星和谷歌的思想领袖和业务主管，为产品制造企业提供了务实建议，助其开启或加快数字化之旅。

本书可供企业管理者学习、参考、阅读。

图书在版编目(CIP)数据

产品再造：数字时代的制造业转型与价值创造/(法)埃里克·谢弗尔(Eric Schaeffer),(美)大卫·索维(David Sovie)著;彭颖婕,李睿译. —上海:上海交通大学出版社,2019

ISBN 978-7-313-21218-4

Ⅰ.①产… Ⅱ.①埃…②大…③彭…④李… Ⅲ.①制造工业-产业结构升级-研究 Ⅳ.①F407.4

中国版本图书馆 CIP 数据核字(2019)第 083675 号

上海市版权局著作权合同登记号：图字 09-2019-138

产品再造：数字时代的制造业转型与价值创造

著　者：[法]埃里克·谢弗尔(Eric Schaeffer)
　　　　[美]大卫·索维(David Sovie)
出版发行：上海交通大学出版社
邮政编码：200030
印　　制：上海春秋印刷厂
开　　本：710mm×1000mm　1/16
字　　数：303千字
版　　次：2019年5月第1版
书　　号：ISBN 978-7-313-21218-4/F
定　　价：68.00元

译　者：彭颖婕　李　睿
地　　址：上海市番禺路951号
电　　话：021-64071208
经　　销：全国新华书店
印　　张：16.25
印　　次：2019年5月第1次印刷

《产品再造》推荐评价

埃里克·谢弗尔和大卫·索维对未来产品的发展提出了丰富见解。凭借扎实的研究功底和浓厚的研究兴趣,他们对产品再造进行了深入思考,本书足以让企业重新思考其产品战略、产品规划及数字能力。

——佛吉亚首席执行官　帕特里克·科勒(Patrick Koller)

云计算、高速网络和人工智能等强大技术正快速崛起并不断融合,这就要求所有产品公司从根本上再造产品和公司。大卫·索维和埃里克·谢弗尔提出了新颖的想法和颇具启发性的建议,帮助企业成功应对数字化转型,创造更多的经济价值。

——亚马逊网络服务技术副总裁　马可·阿根蒂(Marco Argenti)

作者对人工智能、平台和智能产品进行了深入研究,提出了新颖见解。"产品再造度"让我们更加深入地思考"产品 X. 0"和未来成功所需的能力。

——艾波比集团首席数字官　吉多·朱雷特(Guido Jouret)

产品创新的本质正发生根本变化。《产品再造》向我们展示了如何以敏捷的方式整合硬件、软件和业务模式创新,以满足智能互联设备不断变化的需求。书中提供了丰富的实例和详尽的案例分析,有助于我们思考最适合的发展方式。

——三星电子美国公司高级副总裁兼内容、服务与产品创新团队负责人　李尹(Yoon Lee)博士

埃里克·谢弗尔再一次做到了。在他提出"产业 X. 0"的概念之后,我们这些企业家大受启发,制定了数字化战略。这次他与大卫·索维合作,为所有产品制造公司详细描绘了未来的数字化转型。毫无疑问,这又是一本必读书。

——海尔集团董事局主席兼首席执行官　张瑞敏

这本书内容翔实，插图生动，建议实用。这是一本宝贵的指南，帮助企业和领导者确定新的目标，开发新的能力，在不断变化的数字环境中取得成功。

——伦敦商学院"Sir Donald Gordon 创业与创新"项目负责人　麦克·雅克比德（Michael G. Jacobides）教授

在数字化引发全方位变革的时代，《产品再造》洞悉变革影响，为产品开发与制造提出价值创造新模式，这是一部颠覆之作。

——菲亚特克莱斯勒汽车公司副总裁兼产品开发负责人　菲尔·詹森（Phil Jansen）

《产品再造》是利用物联网和人工智能转变企业产品基础的实用指南。对于希望在数字时代保持业务竞争力的制造商来说，这是一本必读书。

——西蒙斯工业公司首席执行官　蒂姆·奥基夫（Tim O'Keefe）

诸如人工智能、高级分析、边缘计算、云端和区块链等数字技术正在快速改变我们的生活。《产品再造》对此有着深入研究，不仅描述了传统产品如何转变为智能互联产品，甚或自动化产品，同时号召各公司尽快把握巨大机遇，这一全新机会有利于企业自身发展，有利于提升客户价值，有利于推动社会的发展和进步。

——慕尼黑工业大学商业伦理与全球管理皮特·卢森吉尔教席教授　克里斯托弗·鲁特治（Christoph Lütge）博士

大卫·索维和埃里克·谢弗尔针对如何改进产品和商业战略提出了有力框架，以保证企业在数字时代取得成功，他们还就如何落实相关战略提出了具体建议。所有产品公司的高管和经理都应阅读《产品再造》这本书。

——声田公司首席营销官兼战略负责人　比尔·比恩（Bill Bien）

本书深入分析了产品公司所面临的转变，详细制定了通往未来成功之路的蓝图。行业内的每位领导者都应仔细学习此书。

——PTC 总裁兼首席执行官　詹姆斯·E. 海博曼（James E. Heppelmann）

《产品再造》不仅深入研究了数字技术颠覆性的浪潮将如何影响产品公司（包括订阅式经济），还对企业面临的五大深刻转变进行了深入的分析，同时辅以引精彩的案例研究,埃里克·谢弗尔和大卫·索维为企业开发数字产品提供了战略性和实用性的指导建议。这是一次鼓舞人心的号召。

——米其林首席数字官 埃瑞克·查尼奥特(Eric Chaniot)

智能互联产品的迅速崛起将重塑行业及其业务流程和消费者体验。谢弗尔和索维共撰的《产品再造》对公司领导者、企业家和投资者来说,是一本不可或缺的重要指南,这本书能帮助他们规划未来,释放这一巨大趋势背后隐藏的价值潜力。

——埃森哲首席技术与创新官,《机器与人》联合作者 保罗·R. 多尔蒂(Paul R. Daugherty)

这本书对产品制造公司所面临的数字化转型进行了全面的分析,详细地规划了发展路线,以便企业在新产品领域把握机会,实现创新。

——Reliance 集团创新委员会主席,国家研究教授 拉格拿·马什尔喀(Raghunath Mashelkar)

在埃里克·谢弗尔和大卫·索维撰写的新书中,不仅揭示了产品公司在数字时代面临的根本性转型,还为这些公司提供了新颖的分析工具,指导它们如何具体开展创新工作、保持盈利和发展。

——施耐德电气公司,物联网和数字产品执行副总裁 希瑞尔·佩迪卡(Cyril Perducat)

埃里克·谢弗尔和大卫·索维提出了新颖的产品再造观,重新定义了当前"数字化转型"趋势。书中每一页内容都能体现其原创性、远见力及与时俱进的想法。

——对象管理组织主席兼首席执行官、工业互联网联盟执行董事 理查德·马克·索利(Richard Mark Soley)博士

这本书引人入胜,讲述了在颠覆性时代,我们应如何重新思考和管理产品制造。本书充满新观点、新概念和奇思妙想。这是产品公司领导和经理的必读书。

——达索系统执行副总裁兼首席财务官与企业战略官 帕斯卡尔·达洛兹(Pascal Daloz)

推荐序

在数字时代实现业务转型和价值创造

作为中国最早的管理咨询从业者，自20世纪90年代初开始，我便有机会进入一些国内企业工厂，协助它们进行管理和运营改进，开展具有现代化意义的企业变革。彼时，中国制造业仍很落后，车间里的情景依旧历历在目，国内企业尽管经历了早期改革开放大潮的洗礼，开始引入国际先进的设备和经验，但大多仍主要依靠战后西方或苏联和东欧引进的技术和工艺，手工程度很高且制作工艺流程明显落后，工厂师傅的工作方式还带有显著的手工作坊时期的烙印。

三十多年后的今天，中国已经成长为全球工业大国，2018年规模以上工业增加值总量首次突破30万亿元，占国内生产总值比重的三分之一，制造业也逐步向着高端和高质量的方向前进。同样令世人瞩目的是，第四次工业革命浪潮席卷全球，数字技术的迭代和融合动摇了二百多年来的"产品生产——用户交付——交易结束"这样的线性逻辑，以近乎彻底的方式重塑产业格局，生产设备数字化率和数字化生产设备联网率逐年提高。以数字化丰富要素供给，以网络化提高要素配置效率，以智能化提升产出效能，是产业转型和经济迈向高质量发展的重要机遇。

然而，在令人瞩目的数据之下，中国企业仍面临着产业基础薄弱、资源成本高企、创新能力不强以及数据保护不足等现实挑战。埃森哲的研究表明，只有少数的中国企业能够成功地将数字化投入转变为长期绩效增长。其他企业或是进行零敲碎打式的数字技术应用和实施，或是简单地认为只要通过技术投入就能获得立竿见影的回报，反而在转型过程中背负了沉重的"技术债"。

在这样的基础之上，中国企业具有改写工业流程、颠覆传统生产价值链的潜力，有机会进一步塑造企业和消费者所期望的"活产品"。正如这本《产品再造：数字时代的制造业转型与价值制造》所指出的，只有将产品和服务的交互及其智能水平提升到新的高度，提供前所未有的用户体验，释放智能产品的价值才能成为可能。在我看来，抓住产品和服务再造的机会，更好地利用中国完备的工业体系、活跃的数字技术，以及广阔的市场需求和丰富的应用场景，从根本上完成工业企业的数字转型才是要务，也是本书的主旨所在。

经由中国客户的实践，埃森哲深刻体会到在产业的数字化转型进程中，企业不能局限于简单地捆绑信息技术或机械地堆砌 SMAC（社交、移动、分析、云计算）等技术，而是应当有机地融合各项数字技术，贯穿于整个组合和职能，从战略、组织一直到运营各环节落地并予以执行。这样，通过有机地整合系统、流程和智能技术，企业在研发、生产制造和销售等各个环节将能够实现更高效率；通过建立敏捷、鼓励创新的企业组织架构，产品、机器、资产和员工之间实现有益的协同，创造新的生产力；通过整合生态系统内的数字化资源，提供客制化、服务化、实时化、智能化等价值更高的用户体验，建立起新业务模式和营收来源。

"艰难困苦，玉汝于成。"作为中国企业转型的卓越伙伴，我们希望看到更多的中国企业能够收获新产品、新服务，改造并提高核心业务，并不断开拓新业务机会，实现真正的数字价值。

是为序。

埃森哲大中华区主席

原版序

"当变革之风涌动时，一些人筑起围墙，而另一些人则转起风车。"这是一句古老的谚语，但却与我们今天所处的创新时代息息相关。

毫无疑问，变革之风正在涌动：一个属于智能互联产品的新时代即将到来，这是一个充满商机，令人向往的时代。但仍有许多企业固守传统的产品制造和使用方法，却忽略了快速发展的数字技术一旦投入到产品之中，将会释放的巨大潜力。

《产品再造：数字时代的制造业转型和价值制造》这本书十分重要，它抨击了产品制造领域传统的思维和运营模式，让商业领袖认识到，顺应和塑造全球智能互联产品发展趋势的紧迫性：这一新产品类别很快就会出现众多产品，将从基本的交互能力发展到先进的智能水平，成为企业和消费者日常生活中必不可少的"活产品"。

两位行业领袖兼塑造者——埃里克·谢弗尔和大卫·索维合作完成此书。他们在传统工业部门、软件和科技领域拥有丰富的研究经验，描绘了智能互联产品的发展前景。

谢弗尔的上一本出版物《工业 X.0：实现工业领域数字价值》描述了数字技术和软件对产品和业务流程的改造，以及工业制造随之发生的根本性转变。

现在，这本书描述了后续情况，揭示了这些趋势的最后发展阶段：智能互联产品及其交付的前所未有的用户体验。这本书还介绍了将如何塑造企业和消费者的未来，并且创造巨大价值。

未来将很快到来，这是本书之所以称为及时的原因。新的智能互联产品每天涌现，在这个广阔的研究领域，我研究的方向是人类和机器之间日益密切的关系，以及这种关系带来的巨大潜力。从工业设备到汽车再到家用电器，在众多工业部门中，数字技术和人工智能逐渐成为创造与智能互联产品相关的助手与"合作机器人"技术的主要力量，但这只是智能互联产品巨大潜力中的一部分。

谢弗尔和索维探索产品正经历的不可逆变化——提升智能度，提供丰富的用户体验，进入创造价值的生态系统和平台。他们描绘了未来的发展和趋势，明确了企业进入新产品领域所需的业务能力，让企业实现数字化转型成为可能。

对于任何商业领袖、实业家、企业家或投资者来说，《产品再造：数字时代的制造业转型与价值制造》是一本宝贵的指南。我们对智能互联产品的真正价值潜力还不够了解，但变革之风已起，本书将帮助产品制造企业尽可能多地建造"风车"来充分利用变革之风。

保罗·R·多尔蒂

（Paul R. Daugherty）

埃森哲首席技术与创新官

《机器与人：埃森哲论新人工智能》

（*Human + Machine：Reimagining Work in the Age of AI*）联合作者

2019 年 1 月

前　言

　　在不久的将来,汽车、灯泡、手表、打印机、冰箱之类的日用产品将发生怎样巨大的变化? 采矿车、工业焊接机、医学影像设备等的工业产品又将如何改变? 答案显而易见,变化程度之大将令人咋舌。得益于软件技术和数字科技的快速发展,这一巨大变革正以超乎人们想象的速度到来。本书的重点就是深入探讨这一变革的表现、原因和途径。

　　不久以前,对这个问题的探讨尚显多余。上文提到的产品曾经不断更新换代,日臻完善。尽管如此,这些电子机械产品在很大程度上都缺乏主动性和交流性。只要用户充分掌握它们的性能,便能基本实现其功能。高级轿车内置空调,提速更快,而经济型轿车提速较慢。普通螺丝刀价格便宜但效率低下,用久了手容易起水泡,而使用电动螺丝刀,工作效率更高,并且不会受伤。

　　长期以来,我们选择某个特定产品,通常是出于个人对不同产品特征和功能的偏好。正因如此,制造商遵循“服务更多主体”的市场法则,大规模投放产品,以迎合人们的消费需求。

　　然而,数字时代的到来使世界发生了巨大变化。智能系统控制的汽车、手表、冰箱、打印机、采矿车等产品的主动性和灵活性正逐步增强。因此本书积极倡导不同产品实现智能连通、协同工作,为用户的生活和工作提供可调节的功能与服务。

　　蓬勃发展的软件和人工智能技术赋予新一代产品“大脑”,使其具有协作性与可配置性,并将最终发展为自动产品,这将使产品制造与使用领域发生巨大的变革。

　　产品制造经历了几大创新巨变。3 000 年前,人类首次发现轮胎可提高生产力,便热切地向往利用其方便出行、运载货物。150 年前,电与电动机的发明激起了机械产品的发明浪潮,灯泡、汽车、冰箱等横空出世。20 世纪 80 年代,随着微处理器与个人计算机的发明,第一批智能设备相继出现,如打印机、游戏手柄、医疗影像设备等。

　　此时此刻,我们正处于全新产品时代的分水岭,又一次为智能互联产品的无限潜力所折服。随着人工智能技术的不断发展,智能互联产品将发挥前所未有的作用。新款产品功能丰富、细致入微、言听计从、忠实可靠,可谓“亲密挚友”。

　　当今世界无限精彩,新产品亦令人惊叹。只有保持颠覆思维与持续改造,才能适应不断变化的消费者需求。

2017 年，埃里克出版了第一部著作《工业 X. 0》，洞悉了工业领域的数字技术与软件浪潮，介绍了创造数字价值的新途径。该书迅速以七种语言出版，包括英语、德语、日语、中文、法语、巴西葡萄牙语和俄语。《工业 X. 0》仍然畅销，但通过与客户的日常接触，两位作者埃里克与大卫发现，有必要对此进行深入思考，尤其是不断涌现的新产品，仍值得进一步探究。因此，在前一本书的基础上，两人合作完成了《产品再造：数字时代的制造业转型与价值制造》。除全面更新前书内容外，本书的侧重点略有不同，主要关注前沿产品及其重大转型，数字化力量的注入使产品的智能性与互联性显著增强。

本书将通过大量的现实用例佐证书中提及的理论观点，同时发现，全球开始生产智能互联产品的企业家和企业，正逐渐主导全球市场。因此，本书将描绘新型产品生产趋势，并将其称为"产品再造"，作为蒸蒸日上的"工业 X. 0"的一部分，定义这一转型。

我们邀请了来自美国、英国、法国、德国、意大利、中国、日本、韩国的先驱客户、商业实践者及教授，作为思想领导者验证本书对智能产品的观点与看法。比如，埃里克有幸与世界最大的家电产品生产商海尔集团董事局主席、首席执行官张瑞敏对话；埃里克还与佛吉亚的帕特里克·科勒及其团队合作，佛吉亚是世界领先的汽车配件供应商。大卫还利用其与科技巨头公司的友好关系，采访了谷歌、亚马逊、三星和惠普的高管。在他们及其他相关人士的帮助下，我们的思想逐渐成熟。

风驰电掣的商业列车正朝着智能互联产品前进，上述转型的必要性不言而喻。智能互联产品势如破竹，不断征服新型产品市场，为传统工业和软件行业创造巨大价值。

可以说，本书不止于回答以上现象的原因和表现，还将阐述公司可如何生产合作型、反应性、自动化产品，同时将分析制造业企业为获得积极效果与巨大价值所需采取的具体步骤。

书中包含众多浅显易懂又切实可行的洞见与建议，将为企业各级各部门管理层提供重要资源，帮助企业发现、考虑、采用和实施进军智能互联产品新领域所需的能力和路线图。

致 谢

本书为公司领导提供了切实可行的建议,并描绘了极具多样性的话题:智能互联产品的产生与快速发展。作为埃森哲的董事总经理,我们领导的行业方向大不相同,但时有交汇。我们的看法都建立在各自的发现之基础上,偶有区别,最终达成一致观点。这一过程严肃紧张但引人深思,我们为当前产品制造方面最热门的话题,形成了独特的思想领导力。

这一切都离不开我们核心撰写团队之外,众多博学人士的广泛参与。作为作者,我们深感荣幸,能够获得众多专业人士的高见,包括来自美国、英国、德国、中国、法国、荷兰、意大利、瑞典、瑞士、新加坡、印度、巴西和日本等众多国家的行业高管、公司思想领袖、同事、专家学者和客户。

书中主要观点、观察、分析和假设的形成,都与他们的参与密不可分。我们在这里向他们表示诚挚感谢,本书的顺利出版离不开你们的支持,这是我们共同努力的成果,代表了最领先、最优秀的行业思维。

首先,我们想对直接参与本书调查的公司表示感谢,特别感谢佛吉亚、海尔、昕诺飞(前飞利浦照明)和西蒙斯允许本书对他们的实例进行分析,感谢受访的高管和思想领导,他们来自艾波比集团、亚马逊、卡特彼勒、达索系统、谷歌、惠普、伦敦商学院、Mindtribe、奈轶克、PTC、三星和特斯拉。

还要感谢埃森哲的同事对本书的内容编撰与审校工作所做的贡献,包括山姆·贝克(Sam Baker)、马克·卡雷尔·比利亚(Marc Carrel Billiard)、吉恩·尼古拉斯·布朗(Jean Nicolas Brun)、珍·卡班(Jean Cabanes)、金伯利·克莱文(Kimberley Clavin)、布莱恩·多伊尔(Brian Doyle)、斯科特·埃尔斯沃斯(Scott Ellsworth)、约翰·朱比雷欧(John Giubileo)、玛丽·汉密尔顿(Mary Hamilton)、布莱恩·欧文(Brian Irwin)、莉莎-成·杰克逊(Lisa-Cheng Jackson)、河野贤一郎(Shinichiro Kohno)、亚历克斯·卡斯(Alex Kass)、朱塞佩·拉·考马尔(Guiseppe La Commare)、萨拉特·马丁(Sarat Maitin)、戴维德·普格莱西(Davide Pugliesi)、弗洛里斯·普罗沃斯特(Floris Provoost)、拉马杜拉伊·拉曼伶甘(Ramadurai Ramalingam)、于尔根·雷尔斯(Juergen Reers)、史蒂夫·罗伯茨(Steve Roberts)、大

卫·拉什(David Rush)、草摩修吾(Shugo Sohma)、菲利普·凡(Philip Vann)、塞德里克·万提尔(Cedric Vatier)、马克桑斯·蒂耶特(Maxence Tilliette)和通奇·约鲁尔马兹(Tunc Yorulmaz)。

还要感谢来自 Altitude、Design Affairs、迈科伟城(Mackevision)、Mindtribe 和 Pillar Technology 的团队,以上创意与产品设计公司于最近加入埃森哲大家庭中。他们拓宽了我们市场洞见的广度与深度,扩充了书中的思想领导力与相关能力,同时也为公司做出了卓越贡献。

此外,还要感谢埃森哲参与创新故事征集活动的数千名员工,他们的灵感成为本书第四部分内容的重要支柱,同时也要感谢斯蒂芬妮·温特斯·麦康奈尔(Stephanie Winters McConnell)和卡梅隆·蒂米斯(Cameron Timmis)对此活动的帮助。

特别感谢南佩德(Pierre Nanterme)、奥马尔·阿伯斯(Omar Abbosh)、万杉德(Sander van't Noordende)和保罗·多蒂尔(Paul Daugherty)在工业 X.0 方面提供的支持、启发和领导。

还要特别感谢几个月来参与本书出版的核心团队:常驻孟买的贾哈夫·纳萨雷(Raghav Narsalay)领导的研究团队,成员有安德里亚斯·艾格钱米尔(Andreas Egetenmeyer)、阿布·古普塔(Abhishek Gupta)、马蒂亚斯·万伦多夫(Matthias Wahrendorff)和普拉维·迪贝(Pravi Dubey);乌尔夫·亨宁(Ufl Henning)领导的营销团队,成员有杰玛·卡其波尔(Gemma Catchpole)、艾米·奥瑟兰(Amy Oseland)、凯瑟琳·特伦布莱(Catherine Tremblay);感谢延斯·杉德多夫(Jens Schadendorf)、提图斯·克鲁德(Titus Kroder)和约翰·莫斯利(John Moseley)在书籍写作与出版方面分享的宝贵经验和专业知识。

非常感谢本书的出版者 Kogan Page 出版公司的克里斯·卡德摩尔(Chris Cudmore)、拉今·汉弗莱斯(Lachean Humphreys)、苏西·朗兹(Susi Lowndes)、娜塔莎·图莱特(Natasha Tulett)和海伦·科冈(Heen Kogan)对本项目的持续付出和信任。

最后,也是最重要的,感谢我们的家庭给予我们的支持。

埃里克·谢弗尔

大卫·索维

2019 年 1 月

目 录

引言 / 001

新技术,新视角 / 001

产品 X.0:产品升级为体验服务 / 002

平台与生态系统:新产品的落脚点 / 003

再造任务:新时代工程设计 / 003

本书使用指南 / 004

第一部分 走进新时代: 数字时代的智能互联产品 / 007

第一章 产品制造的数字化转型——以超乎想象的速度到来 / 009

与数字技术相比,作为价值来源的硬件黯然失色 / 011

双重需求:数字化转型与产品再造 / 014

应对颠覆:六大数字要务 / 015

领域不同,颠覆程度不同 / 016

要点回顾 / 020

第二章 产品再造的发展趋势 / 021

从产出到成果 / 023

价值链中的价值转移 / 025

工业消费主义,任何时候都简单易行 / 026

加速创新 / 028

个性化体验的力量 / 030

新势力的崛起:生态系统 / 032

要点回顾 / 033

第二部分 产品的数字化再造 / 035

第三章　全新的产品类型：适应、协作、前瞻、负责 / 037

产品再造方格图 / 038

从传统产品到再造产品：十大特点 / 040

产品再造度 / 051

即刻出发，未来近在眼前 / 051

要点回顾 / 053

第四章　转型一：从性能到体验 / 054

大势已去，性能经济逐渐没落 / 055

体验：超越性能和服务的巨大飞跃 / 056

B2B 体验与 B2C 体验的区别 / 060

设计用户体验 / 061

体验的优劣之分 / 063

工业员工的人机体验 / 065

转型的风险在哪里 / 066

要点回顾 / 067

第五章　转型二：从硬件到"即服务" / 068

软件产业一马当先 / 069

产品即服务 / 070

重新定义核心产品架构 / 072

整个企业共同面对的挑战 / 075

要点回顾 / 078

第六章　转型三：从产品到平台 / 079

平台：价值创造的新兴核心驱动力 / 080

平台种类繁多，各不相同 / 083

构建成功的平台，九大要素缺一不可 / 085

平台对产品制造商的重要性 / 088

产品制造商正在寻找出路 / 090

互联网平台巨头：是敌是友 / 092

要点回顾 / 094

第七章　转型四：从机械电子技术到人工智能 / 095

人工智能：产品公司的巨大变革 / 096

人工智能发展的三大要素 / 100

语音技术势不可挡 / 101

各产品中的人工智能 / 104

人工智能技术探索者 / 105

适时转型人工智能 / 109

要点回顾 / 110

第八章　转型五：从线性模式到新时代的敏捷工程 / 111

从线性到"试验与规模化"的转变之路 / 112

构想、发布、周期迭代 / 115

扁平化管理与流动性组织提高敏捷性 / 115

获得 10 倍数量级的"新时代工程设计" / 116

告别陈旧产品，拥抱常青设计 / 119

"即服务"商业模式决定硬件特性 / 120

整合工程与信息技术以获得敏捷性 / 121

产品孪生与产品主线 / 122

要点回顾 / 126

第三部分　产品再造之旅 / 127

第九章　管理产品再造必备的七大能力 / 129

设计"敏捷灵活性" / 130

新时代的敏捷工程 / 134

利用人工智能增强数据 / 138

"即服务"能力 / 141

由体验驱动的工作团队 / 143

协调生态系统 / 146

安全问题无所不在 / 148

要点回顾 / 149

第十章　成功打造活产品与服务的线路图 / 150

要点 1：视野与价值空间的定义 / 151

要点 2：数字化核心业务为扩张提供资金支持 / 154

要点 3：智能互联产品路线图概况 / 155

要点 4：创建数字创新工厂以加速转型 / 157

要点 5：培养组织数字化技能，减小执行阻力 / 159

要点 6：记录结果，不断调整路线 / 160

要点 7：即刻转型，时不我待 / 163

要点回顾 / 163

第十一章　实战洞察 / 164

特斯拉 / 165

中国某汽车行业初创企业 / 169

三星集团 / 171

达索系统 / 174

PTC 公司 / 175

卡特彼勒 / 180

惠普公司 / 183

Mindtribe 公司 / 186

亚马逊 / 190

谷歌 / 191

伦敦商学院 / 192

第十二章　产品再造实例 / 196

佛吉亚案例分析：驾驶的同时……放松、工作与社交 / 197

昕诺飞案例分析：LED 智能照明 / 202

西蒙斯案例分析：从异想天开到数字产业 / 206

海尔集团案例分析：平台传递味觉盛宴 / 209

第四部分　未来产品面貌 / 217

第十三章　畅想 2030：再造产品如何掌控我们的生活
　　　　——五个精选创新小剧场 / 219
　　畅想 1：农业意味着高科技 / 220
　　畅想 2：个人生活的数字化管家 / 221
　　畅想 3：所有权适用范围 / 222
　　畅想 4：智能汽车让办公居家两不误 / 223
　　畅想 5：彬彬有礼的"科学怪人"人见人爱 / 223
　　不惧未来，振奋前行 / 224

章节要点概览 / 225

术语表 / 228

索引 / 232

引 言

智能互联产品的出现将彻底改变产品的使用方式,包括其设计、制造、分销和产品支持方式。

在过去 200 年的工业历史中,产品的销售标志着以下价值链的终结:采购投入原材料和机电组件等,劳动力和机器进入制造工序,最终成品以高于成本价的销售价格出售。产品制造商被明确地界定为生产商,在其界定的业务范围内活动,财务预算十分简单。购买的意义即标志将产品责任转移给用户,仅此而已。

这种普遍做法即将发生结构性变化,朝着新产品领域发展——如果传统产品制造商希望生存,就需要开展更为灵活的业务活动。随着智能互联产品的兴起,企业内部完整的线性价值链将彻底载入史册。相反,数字智能产品将在其整个生命周期内,与制造商、用户和其他产品进行互动。价值链将转化为价值圈,甚至形成多向的价值生成系统。

新技术,新视角

终端用户手中的产品将摆脱销售然后被人遗忘的过程。智能产品一旦成为用户已安装设备的一部分,就将一直与制造商交换数据并保持远程联系。遵循数字经济所推行的新颖业务和操作模式,制造商将在产品生命周期内,依据产品持续反馈的信息,担任创新者、服务设计者、智能度检测人和负责人的角色。

为什么会发生这样的变化?原因很简单,技术发展突飞猛进,人类目前正经历 10 万年来最活跃的技术发明与创新阶段。我们很快就会进入这样一个时代,下列科幻场景就像水烧开一样稀松平常:街上满是无人驾驶的出租汽车;与药剂师及医生沟通定制药品;家中的照明灯能够感知你的情绪并做出相应调整;道路经由 3D 打印技术铺设而成;工业流水线在几分钟内自行完成重置。数字高科技将成为常态,遍及经济和社会生活的每一个角落,应用于我们从事的每一项工作。

智能互联产品是一种全新概念,其智能性来源于一系列尖端技术。这些技术已接近或达到发展成熟、价格合理的水平,就经济角度而言,颇具吸引力。得益于认知技术,即通过软件和智能算法催生出可独立决策的"大脑",未来产品将达智能水平。之所以智能,是因为几乎所有设备都能承载足够的处理能力和存储容量,即便是最小的硬件也是如此;是因为不可或缺的电源、电池或光伏电池在微型化,使用寿命和性能大幅提高;是因为使用情况和性能表现的相关信息能够在制造商、用户或第三方之间实现无缝传输;是因为产品随时随地都处于联网状态。依赖强大的移动宽带,未来产品能够向云服务器和边缘服务器实时传输数据。服务器中先进的数据分析软件可以从中创建洞察,帮助产品在使用过程中展现智能性,并帮助制造商不断改进产品。由于智能产品上布满光学、触觉和音频传感器,具备敏锐的感知力,可与人类与生俱来的能力相媲美,能获悉使用进程。这些能力的结合将使未来产品实现高度定制化和个性化,尽管目前我们还做不到这一点。

同时,技术发展并没有停滞不前。即将成熟的新设备和组件也将在智能互联产品中发挥作用,诸如5G网络、量子计算、4D打印、纳米技术、智能材料和生物分子等。

这里要特别提到人工智能。在投入智能产品的技术中,正是这种突破性的能力将硬件推向另一个领域,使得智能产品迅速发展。虽然构成人工智能的各种技术,如机器学习或自然语言处理等已存在多年,但目前才是迅速成熟的阶段,从家庭影院扬声器到自动驾驶汽车再到合作机器人,人工智能很快将成为所有智能产品的智能基石。

所有这些都对设备的制造和使用产生深远的影响。所涉及的技术将改变制造商、供应链和生态系统合作伙伴所管控的生产成本结构、开发方式和创新途径。

不仅如此,它还将改变用户对产品的期望。智能产品承载了灵活、可重置的软件和数字智能,因此,产品可以通过用户友好型界面及时调整、重新配置、快速响应,方便用户使用。从家庭和个人消费者到工人、白领以及商业领袖等,所有产品用户都将习惯使用定制化的"常青"产品。这些产品可以随时准确实现超个性化目标,而功能单一的产品将无法在市场立足。

产品 X.0: 产品升级为体验服务

产品的适应性和响应能力越来越强,用户开始期望从中收获更高级的成果。智能采矿卡车可以配备整套一流的安全保障功能,但关键在于使这些功能发挥作用,实现产品制造商和买家希望得到的准确成果,比如事故发生率降低40%。对客户来说,这才是真正的价值所在,也是未来市场,即所谓的"成果经济"的独特之处。未来,交付成果的能力,如降低成本、增加收入、减少对环境的影响等,将是智能互联产品的独特卖点。丰硕的成果和良好的产品体验将成为数字时代最有价值的货币。

实际上,产品很多时候只是一种交付设备,成果才是真正卖点。许多智能互联产品将经历巨变,转型成为"即服务"业务模式和成果导向型业务模式。对制造商和用户来说,这些模式创造价值的潜力远超其他模式。最后,如不改造或开发新产品,启动并支持"即服务"业务模式,众多产品制造商将无法在市场立足。如果制造商选择回避,那么被动的旧设备将渐渐被淘汰,沦为低利润的废品。

在智能互联产品领域,创新的主要实现形式有更新软件、实时检测、利用产品生成数据。智能互联产品生产企业的管理者要保证产品在整个生命周期内保持敏捷性,因为无论产品已被安装还是仍处于开发阶段,都要保持发展状态,由制造商通过软件进行持续更新,这将对研发工作、市场营销和客户服务部门产生巨大影响。由于个人用户群体数量将减少,而要求则会更加多样,因此软件更新支持的产品功能和服务组合需由营销人员精心设计。

平台与生态系统:新产品的落脚点

对绝大多数产品制造商来说,交付最终成果并实现价值最大化需要新的技术和服务,要与多个生态系统伙伴合作。很少有公司能独立提供所有与其硬件产品匹配的组件、软件和服务。因此,产品制造商必须学会围绕他们的产品建立全新生态系统,或与其他企业建立合作关系,融入对方创造的先进生态系统。

平台必须与这样的生态系统紧密相连。平台通常的运作方式,是外部合作伙伴围绕着产品开展业务。农业机械制造商可能会在操作中参考气象数据以改进拖拉机的性能。软件公司可能会考虑把各种硬件连接起来,构建智能生态系统,以方便传输、提高容量。平台创造价值的潜力巨大,硬件制造商可以成为平台的参与者,尽管并不是所有制造商都能成功/或者一定会去尝试。

再造任务:新时代工程设计

为成功制造下一代智能互联产品,提供相应的服务,公司需要培养新的能力。未来,公司还要习惯运营多种业务模式,设计新产品。

简而言之,本书将在接下来的章节中,为任何一家开启数字化之旅的硬件或软件制造商,提出更多建议。

公司应扩大数字技术的应用范围,加快数字技术的应用速度,使公司内各部门之间尽可能地做到无缝衔接。公司内,团队和个人将学会高效利用智能互联产品提供的丰富且独到的数据。他们必须掌握并运用这些数据,只有依靠数字技术,才能确保在产品售出后，公司能及时敏捷地检测、重组和更新智能产品，保证产品在生命周期内适应用户的需求。大规模的数字化改革能够帮助商业组织提高效率，积累资金，从而迈向新产品领域。

产品生产企业应始终从用户角度考虑客户定位。客户需要的是更多的成果组合，而不是创造成果的途径、工具或设备来自己创造成果。设计、创造、提供便捷的且高度情景化的"端对端"体验是一门艺术，不是只有电气工程师、机械工程师或软件工程师才有发言权，也是设计师、制造人员、服务技术人员、IT专业人士和营销人员的核心工作。

另外需注意，产品在平台或生态系统中使用后，可创造更多价值。将智能互联产品作为纯粹的硬件设备销售已不再是唯一选择，将产品融入成果解决方案，以"即服务"的形式销售，可能会带来更多价值。因此，考量业务模式时，总是要先对所有潜在的生态系统进行评估，同时在制订规划时，必须构思与生态系统或平台伙伴互动的适切界面。

依靠传统技能和专业人士无法实现智能产品的构想和设计，也无法在售后保持产品更新状态。这些目标的实现需要大量新的专业知识。例如，为提供吸睛的用户界面和服务，就需要体验设计师和平台开发者尽其所长。管理者必须将决策权交给灵活敏捷的小团队，让这些团队紧密合作，而不是遵循自上而下的开发过程。

需不断认真平衡新旧核心业务的投入和资源分配。尽管进入新产品领域需由创业决心的坚定支持，但这是一个渐进的过程。

依照本书提供的观点，以上就是迅速崛起的"产品X.0"时代的本质。

本书使用指南

本书分为四个部分。第一部分介绍了智能互联产品的发展历程，展示了数据驱动产品将经历怎样的巨变，怎样以用户期望甚至是整个经济体和市场模型为基础发展起来。第一部分还阐明了企业应如何最大限度地利用这些趋势。

第二部分以介绍为主，描述了智能互联产品的十大基本特征，并与传统产品进行对比。本书提出了一个新的分析框架，称之为"产品再造方格图"。此框架以新价值空间为目标，可以衡量并调节核心业务增长的缓慢程度，展示产品制造商如何将技术的不同发展阶段与用户的体验阶段匹配起来。将产品的智能度（IQ）乘以体验度（EQ），就能得到"产品再造度"（PRQ）。产品在此二进制方格中呈指数变化，智能程度越来越高，最终将实现自控。然后，本书总结了推动企业从被动生产的传统产品到智能互联产品需经历的五大转变，强调这场变革将实现从功能到体验，从硬件功能到"产品即服务",从产品到平台,从机电一体化到人工智能,从线性到敏捷式"新时代工程设计"的转变。

　　第三部分着重介绍产品制造商需要开发的重要功能,并为他们开发智能互联产品的过程提供了清晰的路线图。这一部分选择了四个正在转型的企业,深入研究他们的真实案例,同时选取了我们与商业实践者以及专家学者就此话题的对话,体现了他们在这场激动人心又充满挑战的转型革命中引领思潮的深度见解。

　　第四部分向读者描绘 2030 年的情况,对全书进行了总结。2030 年,消费者和工业用户的日常生活将完全由智能互联产品驱动。

　　最后,本书将让公司重新思考数字化转型下的产品战略和产品规划。数字技术既是朋友也是敌人,具有高度破坏性,又不容忽视。没有采用数字技术的公司将使自己置于边缘地带,甚至可能面临被淘汰的风险。但很长一段时间内,数字技术仍是现有产品制造商实现重新定位,获取新市场巨大潜在价值的最佳手段。

走进新时代：

数字时代的智能互联产品

第一章

产品制造的数字化转型
——以超乎想象的速度到来

本章描述了数字化进程中,所有产品制造商经历的各种转型;介绍了企业在其价值链,即从产品构思到用户实际使用智能互联产品的过程中,如何思考、实践并最终实现数字化。本章阐明企业需将其全部职能编入高效的数据环路之中,以匹配互联性和智能性日益增长的硬件产品,为用户提供"即服务"。在高度数字化的世界中实现增长,创造价值,完成六大要务。

企业经历的数字颠覆和转型是世界发展的几大趋势之一，占全球生产总值三分之二的 B2B 公司都参与了这场浪潮。汽车、工业设备、数字模拟与数字信号技术、医疗设备、高科技产品和消费品等领域的产品制造商正经历一波又一波的技术变革。企业的数字化再造，即"工业 X.0"，对其成本结构、客户关系、工作流程设计、创新驱动、人力资源及产品和服务的质量有着深远的影响。

这场规模浩大的数字革命不仅意味着企业运营效率的提高，许多企业已经迈出了这一步，但也仅仅是迈向数字化的第一步，未来仍有很长的路要走。真正的数字化转型所涉及的范围更加广泛。它包括全新的数字业务设置和公司跨部门协调，以及针对改造后的智能产品打造全新的运营模式。

不少产品制造商已经采取相关举措。在物联网(IoT)的大背景下，工业企业等已经开始利用数字化手段管理工厂车间和员工、发挥企业职能、完善工作流程，且初见成效。近年来，多功能工业机器人的数量与日俱增。未来，它们将逐步走向智能化，这意味着它们将学会适应、交流和互动。这会对公司的成本结构、技术发展和生产工厂的选取产生深远影响，最终极大地提高企业的生产效率。

数字化转型可提高效率，创造巨大额外价值。总的来说，率先采用数字技术的制造商，迄今为止毛利润增长了 20%～30%，营业收入增长了 15%～20%[1]。据估计，到 2035 年，在实现智能化转型后，工业企业的投资回报率(ROCE)总体有望增长 25 个百分点[2]。

数据驱动的智能产品或许是数字化转型最直观的推动力。过去，绝大多数商品不能联网，表现十分被动。这类传统产品通常经由第三方渠道销售，产品制造商和终端用户之间的联系十分有限。

这一切即将改变。未来，企业需要生产的是智能互联产品，我们称之为"活产品"。

这些未来产品有四个特点：①它们能连接到云端且通常能与其他设备直连；

---

① 桑琼·保罗(Sanjoy Paul)(2017)将来完成式：数字化对制造业的爆炸性冲击，全球制造[网址链接] http://www.manufacturingglobal.com/technology/future-perfect-explosive-impactdigitisation-manufacturing-industry [2018 年 10 月 11 日获取]

② 罗兰·贝格(Roland Berger)(2016)工业 4.0 量化转型，4 月[网址链接]https://www.rolandberger.com/publications/publication_pdf/roland_berger_industry_40_20160609.pdf [2018 年 10 月 11 日获取]

②它们具备机载处理智能,内置多种传感器;③它们能依靠人工智能、语音识别和其他认知技术进行学习;④许多产品将不再作为产品销售,而是通过成果导向型"即服务"业务模式进入市场。

成功的智能互联产品内含紧密结合的软件和数字技术"组织",可将实体产品与用户、云端乃至更多的客户群体连接起来。日后,智能程度不断提高的软件生产将成为产品制造业的常态,经济发展将进入一个全新的阶段。企业将不再把重心放在生产制造上,对于普通的大众市场,静止被动的硬件产品正面临着严峻风险,可能沦为利润微薄的商品。相反,根据客户对产品的具体要求,即联网、软件支持、反应灵敏、适应能力强、实时提供"活成果",企业将与客户建立个性化的服务关系。这是普通消费市场和工业产业中的企业现状,在这些领域,此类成果对提高效率和创新水平至关重要。

转型智能互联型产品创造的经济价值将极为可观。据我们与世界经济论坛共同估算,未来几十年内,企业和社会将在数字化转型过程中创造100万亿美元的价值。未来十年内,仅消费产业在数字化进程中为产业和社会创造的价值就将超过10万亿美元①。

数字化转型创造的经济价值巨大,令人震惊,苹果公司就是典型的例子。1997年,史蒂夫·乔布斯重返苹果时,市值还不到30亿美元的苹果公司濒临破产。然而,通过向新一代高智能数字联网设备和服务转型,苹果公司最终重振辉煌。2018年8月,苹果公司成为全球第一家市值高达1万亿美元的公司——增值超过33 000%②。

与数字技术相比,作为价值来源的硬件黯然失色

价值创造来源的转变要求生产商必须从根本上进行产品改造。几十年前,价值来源开始发生改变,软件在产品价值中所占比重不断上升,预计在数字化进程中,这种价值转移的速度将越来越快。目前,产品的价值来源分布如下:软件40%,电子器

① 世界经济论坛、埃森哲(2017)数字化转型开启:社会和企业在转型过程中"解锁"100万亿美元,1月[网址链接]http://reports. weforum. org/digital-transformation/wp-content/blogs. dir/94/mp/files/pages/files/dti-executive-summary-website-version. pdf [2018年10月11日获取]

② 杰克·尼卡斯(Jack Nicas)(2018)苹果价值1万亿美元,20年前,苹果几近破产,纽约时报,8月2日[网址链接]https://www. nytimes. com/2018/08/02/technology/apple-stock-1-trillion-market-cap. html? hp&action=click&pgtype=Homepage&clickSource=storyheading&module=first-column-region&region=top-news&WT. nav=topnews [2018年10月11日获取]

件 30%，机械零件 20%，数字配件 10%。数字配件一般具备以下人工智能：机器学习、智能语音助手用户界面、自然语言处理以及搜集、处理、分析大量数据等。

预计未来的价值来源将是：软件 20%，电子器件 5%，机械零件 5%，数字配件 70%。如此巨大的改变要求我们对所有产品进行根本性改造(见图 1.1)[1]。

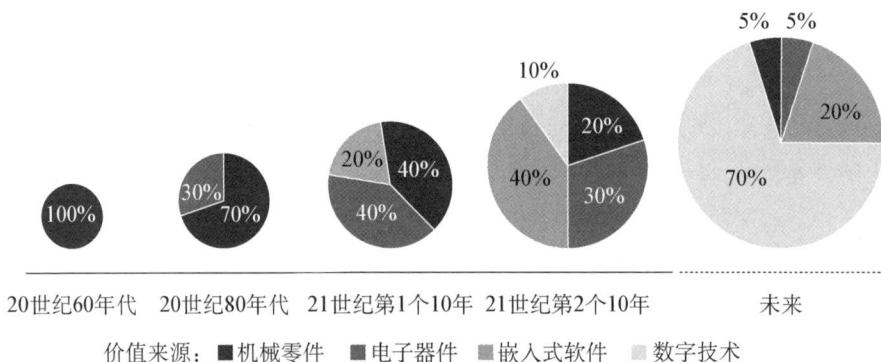

20世纪60年代　20世纪80年代　21世纪第1个10年　21世纪第2个10年　　未来

价值来源：■机械零件　■电子器件　■嵌入式软件　□数字技术

图 1.1　嵌入式软件和数字技术成为价值来源

行业内一个有趣的例子是：汽车行业中，约有 90% 的车辆价值来源于硬件配置，包括动力传动系统、悬架、车身、内饰等，只有约 10% 的价值来源于软件和控制模块。随着行业的不断发展，我们发现这样的比例迅速转变为五五分配，即其中 50% 的价值由硬件承担，另一半将由软件和数字化体验承担[2]。

智能手机的问世以同样的方式改变了手机市场，手机的价值从设备本身转移到了应用程序(APPs)和在线服务上。

智慧之声：互联网产品服务巨头的产品经理

如何理解硬件在智能互联产品转型战略中的作用？

在不同情况下，硬件的作用是不同的。微软、亚马逊、谷歌三家公司倾向于将硬件视为传输服务的设备，无论是自制的还是第三方制造的，而不是像苹果那样，把硬件当成利润主体。服务是他们的主要价值来源，他们主要在交付产品、销售软件许可

---

① 埃森哲
② 瓦拉·阿福萨(Vala Afhsar)(2015)联网汽车：每个公司都是一个软件公司，赫芬顿邮报，5月16日［网址链接］https://www.huffingtonpost.com/vala-afshar/connected-cars-every-comp_b_7291144.html［2018年10月11日获取］

或者投放广告等方面下大功夫,就像脸书(Facebook)那样。硬件对他们来说只是提供服务的设备,并非真正的价值来源。在这类业务模式中,为了扩大宣传,亏本出售硬件的情况比较多。

工业企业尝试将其硬件产品变成软件服务或成果体验的载体。这方面是否有成功的范例?

迄今为止,工业领域中的特斯拉(Tesla)给我留下了非常深刻的印象。这家公司在尝试创造软件和硬件的诱人组合,他们希望通过一流的交付体验,满足消费者的需求。汽车领域的一些公司也纷纷效仿此法,有一些还和谷歌或者微软有合作关系。但是我认为,市场上还没有出现非常有说服力的成功范例。

实现向智能互联产品的转型,传统工业制造商比软件制造商面临的挑战更大。您同意这种说法吗?

毫无疑问,对传统的硬件制造商来说,向智能互联产品转型确实十分困难。只有两种选择,要么被颠覆,要么选择进入新时代。如果决定选择后者,那转型绝不是一蹴而就的。不是随便"往产品里加一点带数字技术的配件"就行得通。这是没有用的,注定会失败,然后就得解雇整个团队,得出"这不适合我"的结论,然后最终还是面临被颠覆的结局。

这么说来,所有的产品最终都要彻底进行根本改造。硬件依旧重要,但是在大多数情况下,硬件将变成具备一定功能的外壳,而软件和数字技术将成为价值创造的本源和基础。

产品数字化的一大趋势是,B2B 和 B2C 两种模式之间的界限越来越模糊。随着商业用户中开始流行"工业消费主义",采用 B2B 模式的企业要学会从消费者的角度出发思考问题。对商业用户来说,所谓品质的最高标准,就是最后的成果体验和服务范围,这两点有助于他们提高运营效率,推动业务增长。这种需求本身将决定一家公司未来在数字产品市场内的成败,而不只是单纯将纯粹的硬件技术作为卖点。

另一个明显趋势是,企业必须进入生态系统,与当下看起来似乎不可能结盟的伙伴达成合作关系。单凭自己的力量创造出智能互联产品是行不通的。数字市场灵活多变,单靠自己的力量难以应对。

这种转变将非常彻底,从根本上背离以硬件为中心的传统产品制造模式。这需要精心的管理、一定的技巧和创造力。这种转型还会创造巨大的财富。商业领袖要学会横向思考，学会打破常规，要考虑到各种各样潜在的合作伙伴或者机会。企业也要学会以更快的速度，更高的灵活性应对创新发展。

双重需求：数字化转型与产品再造

产品制造商必须双管齐下才能实现数字化转型。

一方面，产品制造商必须利用新的数字技术提高公司各部门的工作效率。此举旨在适应日新月异的智能互联产品市场。在这样的市场中，追求个性化服务或产品的客户群体规模越来越小，而他们反馈的数据洞察指向性愈加明显。关注客户数据的企业必须完善内部机制，迅速灵活地应对变化的数据粒度。

另一方面，要先研发内置智能软件的智能互联新产品，然后再从外部引入数字技术。此举将开辟新市场，启动新的业务模式，创造市场价值。

因此，需要明确的一点是，内部和外部的数字化转型必须齐头并进。大多数产品制造商仍然在运营利润丰厚的核心产品和服务线，这些产品或服务不应被遗弃，它们也需要转型和更新，最终实现内部创新驱动。此外，企业必须跳出思维框架，启动创新"引擎"，明确有别于传统、重视数字技术的客户新需求。这才是传统产品向智能互联产品转型的根本。

对于企业来说，公司内外都是战场，采用新技术是重中之重。数字技术是涵盖传感器、云计算、处理能力、商业智能算法、机器人、人工智能、认知计算和大数据等基础技术在内越来越复杂的综合技术。数字技术呈现爆炸式增长，引发了反常规的经济增长。而以智能互联产品为中心并实施数字化转型战略的工业企业，将以前所未有的发展速度获得巨大的经济利润。

产品和服务开发部门必须灵活应变，对市场变化及时做出反应。正如上文所提，在以客户需求为导向的市场中，即便只为满足某一客户的特殊需求，企业也必须迅速提供超个性化的产品和服务。

数字化转型可以有效缩短产品上市的时间，许多在智能互联产品上投入大量资金的企业就是很好的例子。轮胎制造商米其林将产品上市时间从 7 年缩短至 3 年[①]。更令人震惊的是，法国电气和工业设备制造商施耐德公司将其产品的创新周期，从 3 年缩短到 8 个月，并且计划进一步缩短创新周期[②]。中国家电集团海尔目前正计划

---

① 埃森哲

② 埃森哲（2017）互联业务转型［网址链接］https://www.accenture.com/t20170202T140056__w__/za-en/_acnmedia/PDF-22/Accenture_Connected_Business_POV_FINAL_Online％20Feb1.pdf,％20accessed％20October％202022,％202018［2018 年 10 月 11 日获取］

在 30 天内推出高质量产品①。

　　要应对惊人的发展速度并提出有效想法,需注入以技术和数据洞察为支撑的敏捷性。企业通常综合客户数据、企业自身的数据以及相关领域内智能互联产品的数据来获得敏捷性。前文提到,此举会导致数据粒度的变动。在某些情况下,这意味着从前普通大众市场上的产品,将从流水线产品转型为量身定制产品。这就要求,企业为求创新,必须采用以需求为导向的新型经营方式,这种方法要求向来自生态系统外部的资源开放,并依赖终端用户市场的数字反馈环路。三星家用电器创新部门的负责人向我们证实,提高创新敏捷性已经成为当务之急:"我们要迅速做出反应,因为时间短,任务急。曾经的一天有 24 小时可用,但现在已经缩短到了 3 个小时。大众认知、接受、消费和处理事物的速度越来越快,所以现在的一天相当于 20 世纪 80 年代的三天②。"

　　只有打破企业内部部门的孤立状态,才能提高适应能力和敏捷性。畅通无阻的信息回路要求将设计师、工程师、数据科学家、营销人员、供应商、董事会和客户紧密地联系起来。未来,企业数字化程度越高,证明其数据普及程度越高,基于本地化数据分析的决策流程更加分散。在产品的生命周期内,根据客户、分包商、合作伙伴和供应商的数据输入,企业要及时调整生产和装配策略,缩短上市时间。生态系统的重要性再次显现。

应对颠覆:六大数字要务

　　在技术革命、工业消费主义和社会趋势的推动下,各行业都在发生颠覆性变化。局势改变了,行业间的界限变得模糊了。要顺应这种变化,工业企业必须完成六项至关重要的任务(见图 1.2):

　　(1) **转换核心业务**。实现设计、生产和产品支持的数字化,并将三个阶段有机结合,追求高效,加速创新。这不仅有助于推动核心产品的发展,提早进入新时代,同时也是管理智能互联产品、提高产品价值链的敏捷性和灵活性以及推动价值增长的必要前提。

　　(2) **注重体验和成果**。将重点从打造与众不同的产品功能转移到升级"端对端"的体验上。要成为市场内独树一帜的领军企业,企业必须创造超个性化的价值。超个性化也是市场、客户和企业三者共同的需求。

----

① 埃森哲
② 埃森哲访谈

1	**2**	**3**
转换核心业务 实现设计、生产和产品支持数字化,提高效率	**注重体验和成果** 创造超个性化价值,与众不同,独领风骚	**建立新的生态系统** 召集或寻找新的合作伙伴,推动创新发展
4	**5**	**6**
创新业务模式 寻找新的收入来源,创造新的价值来源	**组建数字化的员工队伍** 寻找、培养、训练、保护下一代人才	**巧妙地平衡众多重心** 平衡核心业务和新时代产品的投资和资源配置

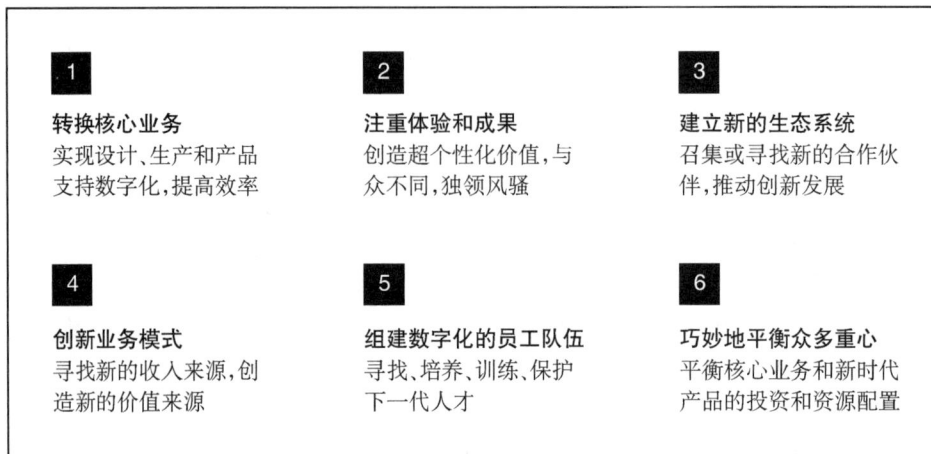

图 1.2　数字化转型——六项任务

（3）**独创或加入生态系统**。独创、重置或者加入相关合作伙伴的生态系统,从而创建和管理智能互联产品。没有任何一家公司能够独自完成所有的必要投入。

（4）**尝试新的业务模式**。智能互联产品不需要作为产品出售。许多企业领导计划转向"产品即服务"和以成果为基础的业务模式,所有企业都应该创造新的收入和价值来源。

（5）**组建一支数字化的员工队伍**。寻找、培养、训练、保护下一代人才。重塑智能互联产品,需要培养新一代经理、开发人员和设计师。鼓励应用人工智能,支持向人与机器无缝互动的状态转变。

（6）**巧妙地平衡众多重心**。平衡在核心业务和新时代产品中的投资和资源配置。进入智能互联产品的市场并不是按下开关那么简单,这个过程是循序渐进的。必须有明确的目标,坚定的信念,循序渐进地重新规划业务方向,朝着新兴市场不断前进。

领域不同,颠覆程度不同

埃森哲提出了"颠覆指数"的概念,用以描述产品制造领域中各行各业的现状。该指数用来衡量产业目前的颠覆程度以及未来遭受颠覆的程度。

各个行业在某一特定时间内被颠覆的风险不尽相同,但其中绝大多数(接近

75％)或是面临被颠覆的风险或是已经遭遇颠覆。在图 1.3 中,我们可以看到四个阶段的颠覆,每一阶段都需要具体的战略来应对变化。这里,我们分析了来自 20 个产业中 98 个行业的 3 269 家公司,研究了 15 个衡量他们当前的颠覆程度和未来遭遇颠覆可能性的相关因素[①]。图 1.4 显示了四个象限(四个颠覆阶段)的情况。

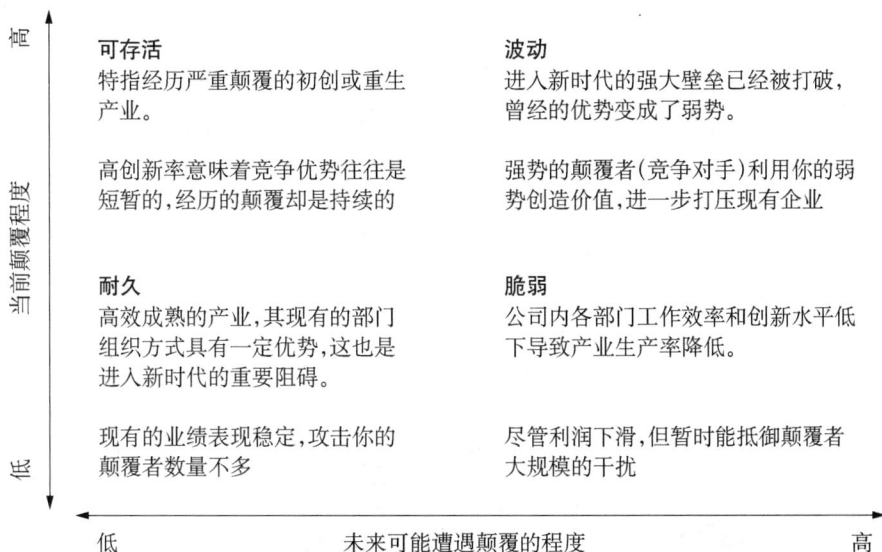

可存活
特指经历严重颠覆的初创或重生产业。

高创新率意味着竞争优势往往是短暂的,经历的颠覆却是持续的

波动
进入新时代的强大壁垒已经被打破,曾经的优势变成了弱势。

强势的颠覆者(竞争对手)利用你的弱势创造价值,进一步打压现有企业

耐久
高效成熟的产业,其现有的部门组织方式具有一定优势,这也是进入新时代的重要阻碍。

现有的业绩表现稳定,攻击你的颠覆者数量不多

脆弱
公司内各部门工作效率和创新水平低下导致产业生产率降低。

尽管利润下滑,但暂时能抵御颠覆者大规模的干扰

当前颠覆程度 高 / 低

未来可能遭遇颠覆的程度 低 / 高

图 1.3 颠覆模式

调查结果表明,几乎所有产品制造业中的主要部门均遭遇颠覆,现有企业被迫大范围重组业务模式。与此同时,图表还显示了工业机械、建筑设备、化工甚至消费品等行业的情况相对乐观。它们都位于左下角区域,这意味着迄今为止,它们遭遇的颠覆程度和对颠覆的敏感度较低。相比之下,汽车、企业技术和电信也已经遭受严重颠覆,而且未来可能愈演愈烈。

软件业在整个分析框架中的位置耐人深思。目前为止,该行业遭受的颠覆程度最为严重,以至没有进一步的颠覆空间。难怪软件企业是诸如平台和服务组合等新型数字业务模式的开拓者。

再来看看制造行业,如汽车制造业属于第 12 个最容易被颠覆的行业。该行业的主要弱点在于创新相对乏力,更新速度缓慢。现有企业在先进技术方面的支出相对

---

① 埃森哲(2018)颠覆不是不可破解的谜团,2 月 26 日[网址链接]https://www.accenture.com/gb-en/insight-leading-new-disruptability-index [2018 年 10 月 11 日获取]

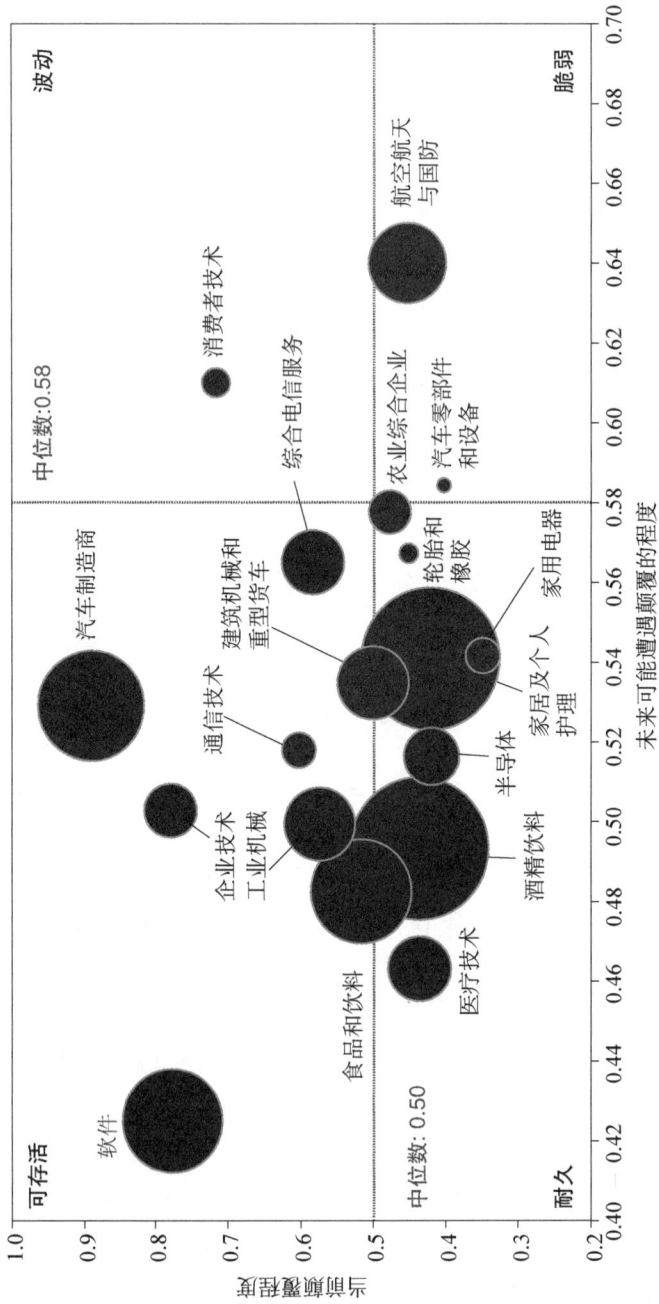

图 1.4 没有任何一个行业能抵御数字颠覆

较低。许多资本实力雄厚的初创企业让不少老牌公司头痛。同样令人头痛的还有邻近区域中把重点放在开发灵活业务新模式的科技巨头。最先将汽车发展为智能互联产品的制造商是特斯拉,其汽车硬件可以通过软件升级而进行远程重置,但许多传统汽车公司已在迎头赶上。

受颠覆影响程度排在第 13 位的是工业设备。该行业在创新、效率和防御方面的得分排在中等偏上的位置。这些相对较高的分数主要是该行业面临的强劲颠覆者较少,但是该部门已经在以智能互联产品为中心的平台模型方面取得巨大进步。如重型设备制造商卡特彼勒,已将其大部分硬件产品范围扩大到第三方。

就连航空航天和国防也面临着改头换面的变化,无人机和自导飞行系统的变化将更加剧烈。该板块位于图表的右下角,据高盛分析,2016 年至 2021 年,无人机市场的总规模将累计达到 1000 亿美元[1]。飞机制造商都在竞相开发人工智能,有朝一日我们将看到在无人驾驶的情况下,由计算机来操控飞机[2]。

那么,根据企业所处的象限,要如何审视企业的状况继而采取相应措施呢? 以下是针对每个象限提出的具体策略。

位于耐久象限的企业建议着重转变核心业务。尝试建立并维持其竞争优势,积极采取措施,保持具有竞争力的成本结构,利用可提高效率的技术,广泛开展实验,提高投资能力,保持与时俱进。

位于脆弱象限的企业建议将注意力集中于开拓新时代市场。直面核心业务中的结构性生产力挑战,切实解决具体问题。利用技术和数据提高服务质量,减少客户可能面临的困难,建立全面的创新模式。

处于波动象限的企业建议及时转型。果断改变发展方向,重新规划业务,在核心业务和开拓新时代中尽量取得微妙平衡。转型过程中,要摒弃旧事物,但不可急躁冒进,否则企业将面临资金短缺的问题。理性、智慧的转型至关重要。

最后,处入可存活象限的企业建议继续发展核心业务,同时产品改造也要继续进行,提高直接投资的能力,增强企业实力。通过刺激新需求和在临近市场积极扩张,企业可以为核心业务开辟新的发展渠道。

图表显示,各行各业都处于不同颠覆象限。所有行业都将受到数字技术普及的

---

① 马克・米尔斯(Mark Mills)(2016)无人机带来的颠覆:利害关系,参与者与机会,福布斯,3 月 23 日[网址链接]https://www.forbes.com/sites/markpmills/2016/03/23/drone-disruption-the-stakes-the-play-ers-and-theopportunities/#2b449be87d0b [2018 年 10 月 11 日获取]

② 庆熙・帕克(Kyunghee Park)(2017)空中客车公司展望无人驾驶飞机,独立报,11 月 22 日[网址链接]https://www.independent.co.uk/news/business/news/airbus-pilotless-planes-self-flying-aircraft-passe nger-flightscto-paul-eremenko-a8068956.html [2018 年 10 月 11 日获取]

影响,无一例外。因此,原地踏步并不是明智的选择。尽管许多企业领导人已经意识到转型的重要性,但采取的行动比较松散。他们到处缝缝补补,缺乏统筹规划,无法让智能互联产品和部门组织方式,在软件驱动且高互联性的产品市场中发挥优势。

很明显,在规划数字化转型的过程中,企业家需要做到高瞻远瞩,统筹全局。传统的非数字业务和不成熟的转型策略对大部分产品制造商来说是致命的阻碍。但是,我们仍有很多机会来解决这一阻碍。只要你的企业还位于图表的左下角,那意味着你的旅程才刚刚开始,仍有机会踏上进入新时代的征程。

要点回顾

(1) 所有行业都将受到数字化进程的影响。超过75％的行业或是面临着颠覆风险,或是已经遭受严重的颠覆。

(2) 数字技术正在迅速取代硬件成为产品价值的新源泉。企业要采用双管齐下的创新方法,实现核心业务数字化,同时创造新型智能互联产品。

(3) 应对数字化转型,企业要完成六项任务:转变核心业务;注重体验和成果;建立或加入新的合作系统;创新业务模式;组建数字化员工队伍;平衡业务转型中的重点。

第二章

产品再造的发展趋势

本章详细介绍了几大概念，正是这些概念定义了智能互联产品背后的新数字化时代。本章揭示了成果经济的重要性，描述了以超个性化和体验至上为目标的发展趋势。

成果经济,或许是现代工业史上直观可见且最为剧烈的范式转变。成果经济和智能互联产品的兴起存在共生关系:成果经济已经发展得比较成熟,要维持这种状态并继续推动成果经济发展,就必须依靠能够提供智能服务的软件智能产品。有了软件智能产品,成果经济势必高歌猛进。

什么是成果经济?从本质上来说,这是一种经济体制。企业交易的是产品带来的成果,而并非产品本身。所谓产品带来的成果,包括经验、效率或者是安全等。图 2.1 结合世界经济论坛的数据,展示了成果经济及其发展趋势。

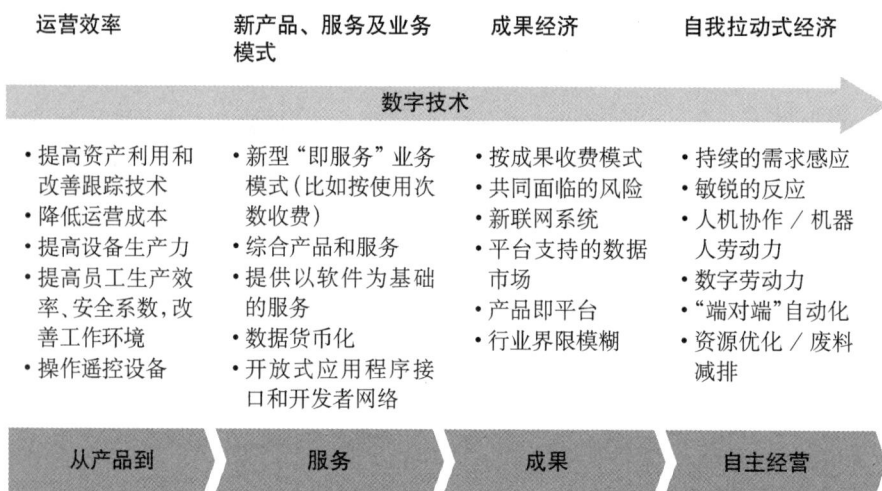

运营效率	新产品、服务及业务模式	成果经济	自我拉动式经济
数字技术			
· 提高资产利用和改善跟踪技术 · 降低运营成本 · 提高设备生产力 · 提高员工生产效率、安全系数,改善工作环境 · 操作遥控设备	· 新型"即服务"业务模式(比如按使用次数收费) · 综合产品和服务 · 提供以软件为基础的服务 · 数据货币化 · 开放式应用程序接口和开发者网络	· 按成果收费模式 · 共同面临的风险 · 新联网系统 · 平台支持的数据市场 · 产品即平台 · 行业界限模糊	· 持续的需求感应 · 敏锐的反应 · 人机协作 / 机器人劳动力 · 数字劳动力 · "端对端"自动化 · 资源优化 / 废料减排
从产品到	服务	成果	自主经营

资料来源:埃森哲基于世界经济论坛 2015 年 1 月发表的《产业物联网:释放互联产品和服务的潜力》报告。

网址链接:http://www3.weforum.org/docs/WEFUSA_IndustrialInternet_Report2015.pdf [2018 年 10 月 11 日获取]

图 2.1 向服务和成果转型

从微观经济学的角度来看,成果经济代表着工业社会发展的成熟阶段。在成熟的工业社会中,消费家庭和贸易企业受前所未有的技术创新浪潮推动,对实体产品能够带来的成果有着更加广泛的认知和期望。

科技提高了产品的互联性和反应的灵敏度,消费者市场和工业市场不再关注产品的获得,而是把重点放在了产品的效用上。硬件产品被视作一种提供基于产品内置的数字智能服务的手段。对于大多数的企业来说,从以产品为中心转型到"即服务"业务模式是一个巨大的挑战。

从产出到成果

自现代制造业和劳动分工出现以来,资本主义社会普遍采用以产出为基础的经济模式,其重点是产品数量和服务。相比之下,成果经济的价值通过产品的消费者和服务的使用者所获得的利益定义。

有这样一则广泛流传的经典寓言:如果想挂一幅画,你需要一个钻头,先在墙上钻个洞,然后还需要插头、螺丝、螺丝刀、钩子,或许还有若干电线。你可以选择传统方式,利用这些组件一步一步地挂好画,或者你选择批量交付的方式一蹴而就。换句话说,你可以选择租用或购买钻头、螺丝刀还有其他必要的五金工具和插头,自己完成工作,或者选择一条龙服务,支付全部费用雇用他人帮你完成工作。

在成熟的市场经济体中,劳动力、商品和服务市场最终将转化为成果,涵盖上述三者的市场互动形式正越来越在卖方-买方关系中占据主导位置,工业领域尤甚。

人们的视角正在发生变化。在过去的产出经济中,工业企业的领导人会考虑的因素包括:离散销售数据、传统单位成本和一定数量的可自由支配生产的产出项目(比如每天生产 50 万辆轿车或者 1 000 个水壶)所能实现的单位利润率等。

而在新式的成果经济中,工业企业的首席执行官同样追求利润,只是思考角度不同。他们会面临这样的成果需求,比如每小时运送 3 000 名通勤族,每天为 250 户家庭提供热水,或是在保证每张发票成本不变的情况下,打印并发放 100 万张客户发票等。数字技术和数据是他们取得相应成果的关键。

工业领域内的成果数量不断攀升,本书将呈现诸多成果。书中的例子大多属于被改造为智能互联产品的传统产品。就目前而言,以米其林为例,该企业在过去的130 年内一直生产轮胎,不久将实现每辆卡车每跑 100 千米将节省 1.5 升柴油①的成果。

米其林将这项任务命名为"Effifuel 服务",其中涉及的工作流程十分复杂。米其林给商业物流车队中的每一辆卡车安装车载远程信息系统,这种技术能够监控驾驶

---

① 米其林(Michelin)(2014)米其林®的 Effifuel ™解决方案有效节省燃料,9 月 9 日[网址链接]https://www.michelin.com/eng/media-room/pressand-news/press-releases/Products-Services/EFFIFUEL-from-MICHELIN-Rsolutions-Delivers-Fuel-Savings[2018 年 10 月 11 日获取]

员的换挡模式。得到的数据可以帮助驾驶员根据道路条件、天气状况和地理环境选择最佳的操作方式。此外还有一项成果——对每位驾驶员开展个性化的驾驶技术培训。显然，这绝不是轮胎制造商的业务重点，很大程度上要依靠技术手段才能实现。

Effiffuel 服务旨在提高经济效益，同时让米其林的客户满意，这完美地证实了前文提到的关于成果的所有观点。这个过程通过交付全面的硬件-软件服务组合实现，有助于买方控制成本。此外，供应商米其林将自己嵌入到客户的价值链中，依靠技术将传统产品转型，实现"产品变服务，服务变成果"，从而创造全新的客户体验。为了将这一成果推向市场，米其林必须彻底改变内部的运作方式。

另一个改造升级的例子是发动机制造商罗尔斯·罗伊斯(Rolls-Royce)。该公司在海洋领域开创了"按小时计费"的先河，声称在 10～15 年的合同期内，这种模式有利于客户节省 25% 的维护成本①。

成果经济注重将传统的硬件业务模式转变为"即服务"的新定价模式。愈加复杂的成果服务通常以订阅的形式支付。当然也有根据使用次数、使用时间或者使用效率来支付费用的情况。和过去的产出经济相比，对成果进行收费的难度较大。商业风险将转移到制造商身上。部分原因是因为成果提供商之外的参数数量急剧增加。生态系统内的合作伙伴需要交付各自的成果，不能弄虚作假。用户对成果的期望越高，对成果质量的评估就越严格。

以德国凯撒(Kaeser Kompressoren)为例，该公司为制造业、化工加工和其他工业企业提供空气压缩系统。最近，德国凯撒已经完成了业务转型，从销售压缩空气气缸到以订购的方式给予客户真正想要的产品：价廉物美的压缩空气②。

在印刷行业，惠普等公司从 2009 年开始提供印刷"即服务"。所有客户都按页支付印刷费，其中包括硬件、油墨和服务成本③。

在向以成果为基础的"即服务"模式转型的过程中，软件业可谓发展最为迅猛的行业。包括 Salesforce 和 NetSuite 在内的几家刚刚进入市场的公司都采用"软件即服务"的模式。微软已经将其产品 Outlook 和 Office 转变为基于云计算的"即服务"形

---

① 保罗·巴列特(Paul Barlett)(2016)罗尔斯·罗伊斯与重要客户的协商：按小时计算电费，海事新闻，9月 8 日，[网址链接]http://www. seatrade-maritime. com/news/europe/rolls-royce-negotiating-with-keycli-ents-on-power-by-the-hour. html [2018 年 10 月 11 日获取]

② 凯撒空气压缩机公司(Kaeser Compressors)西格玛空气利用[网址链接]https://us. kaeser. com/services/compressed-air-as-utility-service/[2018 年 10 月 11 日获取]

③ 惠普托管打印服务[网址链接]http://www8. hp. com/h20195/v2/GetPDF. aspx/4AA7-1042ENUS. pdf [2018 年 10 月 11 日获取]

式,企业和消费者按月支付费用。其他传统软件公司中的绝大部分也正处于这种转变之中,其中包括奥多比系统公司(Adobe)、思爱普(SAP)和法国达索系统(Dassault Systèmes)。

必须强调的是,尽管存在着各种各样的风险,但是转型成"即服务"的经营模式后,硬件产品制造商获得的经济价值远比过时的产出型经济实体要多得多。工业生产商不再为一次性销售而争夺市场份额,他们能够维持长期的合作关系,从而获得稳定的新收入。

价值链中的价值转移

成果经济兴起,价值链随之改变。比如,基础设施所有权的分配发生改变。因为成果和智能服务依赖于日益精密的技术装置,由成果和服务决定的所有权成本和升级费用不再由消费者承担。资本支出将从市场中的客户端转向成果和智能服务的提供者。

在一些数字业务模式中,软件平台提供商扮演着中间人的角色,将终端客户的资本支出转移给另一提供商。例如,打车应用软件优步(Uber)已经将购车的资本支出从终端用户转移到了职业司机身上。

分析专家估计,自动驾驶型智能软件汽车的问世将使汽车的拥有量减少一半。共享式无人驾驶汽车将取代传统汽车,实现人员和货物从 A 地到 B 地的转移。有人估计,一辆无人驾驶的共享汽车将取代 7 辆现有的汽车[1]。

市场调研公司 ReThinkX 做出的预测同样引人瞩目,由于共享所有权的产生,消费者对新车的需求将减少 70%[2]。此外,自动化的交通工具每年可节省 2.5 亿小时以上的通勤时间,推动名为"乘客经济"的新经济模式的诞生。芯片制造商英特尔公司在 2018 年 6 月发布一项研究报告,报告预测这样的模式到 2035 年产生的经济效益可

---

[1] 梅尔巴·库尔曼(Melba Kurman),霍德·利普森(Hod Lipson)(2018)为什么无人驾驶汽车的兴起会导致汽车拥有量的增加,Singularity Hub, 2 月 14 日[网址链接]https://singularityhub.com/2018/02/14/why-the-rise-of-self-drivingvehicles-will-actually-increase-car-ownership/#sm.00t49dd81039fhd11pc1u7ns1xgqe[2018 年 10 月 11 日获取]

[2] RethinkX (2017)最新报告:由于交通业遭遇颠覆,到 2030 年,美国的无人驾驶汽车和共享汽车将分担 95%的里程[网址链接]https://www.rethinkx.com/pressrelease/2017/5/3/new-report-due-to-major-transportation-disruption-95-of-us-car-miles-will-be-traveled-in-self-driving-electric-shared-vehiclesby-2030[2018 年 10 月 11 日获取]

达 8 000 亿美元，到 2050 年可达 7 万亿美元[1]。

汽车领域已经受到了这种所有权转移带来的严重冲击。拥有强大用户平台的新兴租车公司发展势头良好，比如优步、维萨（Visa）、来福车（Lyft）、Moovel 和 Glide 等。这些公司的崛起让消费者不再纠结于汽车的所有权，更为看重汽车的使用权。我们估计，尽管汽车行业或运输领域的总价值将在未来 10～15 年内增长 1 倍，但到 2030 年，传统汽车制造商的市场份额将从目前的 69％降至 36％，这一天指日可待。因此，戴姆勒、宝马、雷诺日产等大型汽车生产商已将大量资金投入其移动平台业务（见图 2.2）[2]。

全球利润（亿欧元）

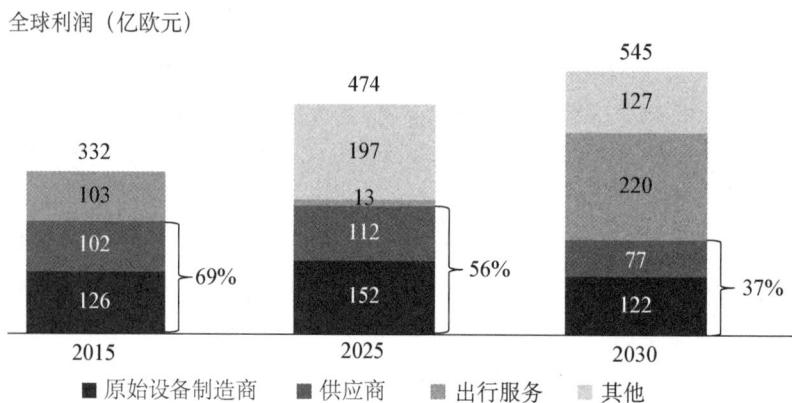

图 2.2　汽车行业内的价值转移

工业消费主义，任何时候都简单易行

客户体会到了成果经济的方便快捷，这自然会刺激消费需求的增长。购买并且享受成果变得如此简单，所以人们对交付标准和可靠性的期望越来越高。

因此，商界的分析人士认为，成果经济的兴起与工业消费主义的出现密切相关。工业消费主义描述的是一种客户观念，客户最终都会相信任何行业内的成果组合都能以最快的速度、最优的质量、最及时的交付方式传送到各地消费者手中。在这种期

---

[1] 英特尔（2017）英特尔预测自动驾驶将催生价值 7 万亿美元的新"乘客经济"，1 月 6 日［网址链接］https://www. intc. com/investor-relations/investor-education-and-news/investor-news/press-releasedetails/2017/Intel-Predicts-Autonomous-Driving-Will-Spur-NewPassenger-Economy-Worth-US7-Trillion/default. aspx［2018 年 10 月 11 日获取］

[2] 埃森哲

望下,一些科技特征就显得黯然失色了。未来的消费者将习惯享受畅通无阻的消费过程,时至今日,这一过程中仍存在阻碍和挑战。无论在家里、车里、办公室还是车间内,消费者都需要一个灵活的、响应迅速的数字环境。

智慧之声:艾波比集团(ABB)经理[1]

艾波比是一家工程集团,B2B 客户遍及全球。数字时代来临之际,客户对公司的看法有怎样的变化?

随着越来越多的人涉足数字技术领域,我们的客户在观念上发生了很大变化。他们开始思考苹果和谷歌这样的公司给我们的生活带来了什么,智能应用程序和功能给我们的日常生活带来怎样的智能体验和支持,他们思考问题的角度变了。已经在消费品领域站稳脚跟的产品正在 B2B 领域迅速蔓延,大家都希望成为以快速、简便的方式提供可操作成果的供应商。

客户最期待怎样的服务?

和过去相比,客户期望的更多是"艾波比,我们有一个问题,市面上已经有智能产品了,我们希望你们能够拿出一个方案。"我们的客户以及他们的终端客户更想从我们这里得到解决方案。他们关心的不再是我们的产品组合或者内部设置,而是解决的办法。因为他们已经认识到,任何产品都可以像手机那样,能以灵活、顺畅的方式立即获得。这就是客户的期望标准,即使是在 B2B 的领域内也是如此。

分析人士将此定义为工业消费主义。这对客户解决方案来说意味着什么?

我们是传统的供应商,要在比较复杂的工程领域(如能源或原材料的领域)提供解决方案,需要从客户的角度出发,理解他们真正想要解决的问题,然后再针对这个问题,安排、整合我们的知识和资源。这对我们来说才是真正的经济增长机会。因此,我们在自身的业务模式中看到了一些核心特征,如果我们真的想要实现数字化转型,就必须突破这些特征。

---

[1] 罗萨那・里科・罗杰斯(Rossana Ricco Rodgers),ABB 公司副总裁兼 AIM 产品管理主管"这是我根据 20 年来管理数字产品的工作经验总结出来的,仅是我个人观点,绝不是 ABB 在这一问题上的正式声明。"

试想一下，想要随时随地都能上网的青少年，在他们眼中，地球就像一个 Wi-Fi 热点。同样，工业制造商的客户将会倾向于这种高成果标准，哪怕是微小故障或暂时的停滞，也会引起他们对成果供应商的不满。

然而，一旦企业能够通过提供复杂的成果获得丰厚的利润和市场的认可，其竞争对手也会争相效仿。随着成果经济的发展，越来越多的实体硬件制造商将寻找方法，将类似可控的智能服务嵌入其产品中。

加速创新

在当今的大背景下，企业必须从根本上改变他们对产品的构思速度和方式。他们不再通过传统的市场调研方式来预测未来 5～7 年将会出现的潜在市场。相反，他们将利用高度数字化的、灵敏的预测市场的方式，设计新的产品和智能服务，直接、及时地应对市场需求。

如果企业充分了解客户的需求、使用习惯和偏好，那么就可以专门为该客户设计和提供定制的服务和成果。这就要求处在价值链上的企业反应敏捷，能够应对变化无常并不断要求优化服务的市场。

"传统的硬件开发过程被打破了。"Mindtribe 的首席执行官史蒂夫·迈尔斯 (Steve Myers)表示。"新的创新过程的核心目标就是，"他接着说道，"向客户展现体验原型设计，使客户能够尽快在最实际的环境中体验产品。在这种情况下，设计和研发团队需要运用最敏捷的方式进行操作，因为可升级的软件产品将脱离长期稳定的状态。相反，他们将根据客户数据改变配置。因此，无论从技术层面上还是美学层面上，设计都要灵活多变。过去，团队中占主导地位的是机械工程师，现在团队里还需要软件工程师、体验设计师和用户界面专家的支持。"

产品的设计方式、制造方式还有支持方式在使用过程中都会发生变化。研发团队的工作将更加难以预测，因为制造商将被迫嵌入尚未完全成熟的新技术，以跟上消费市场的变化。

实际上，这意味着以前的线性设计将呈现出周期循环的状态，灵活性也越来越高。当构思硬件和软件元素，或设计用户体验时，要视具体情况而定。更重要的是，设计环节还要对外开放，让企业本身和合作系统都能实现创新，以便在需要时利用现成的解决方案，做好联盟的准备(见图 2.3)。

美国视频流媒体平台网飞公司(Netflix)根据有编程经验的数学家编写的代码和做出的分析给电影分类，再将这些电影群组和客户电影排名联系起来，将当前用户的网站操作作为影响因素进行综合考量，最后确保每个访问客户都能拥有根据其观影

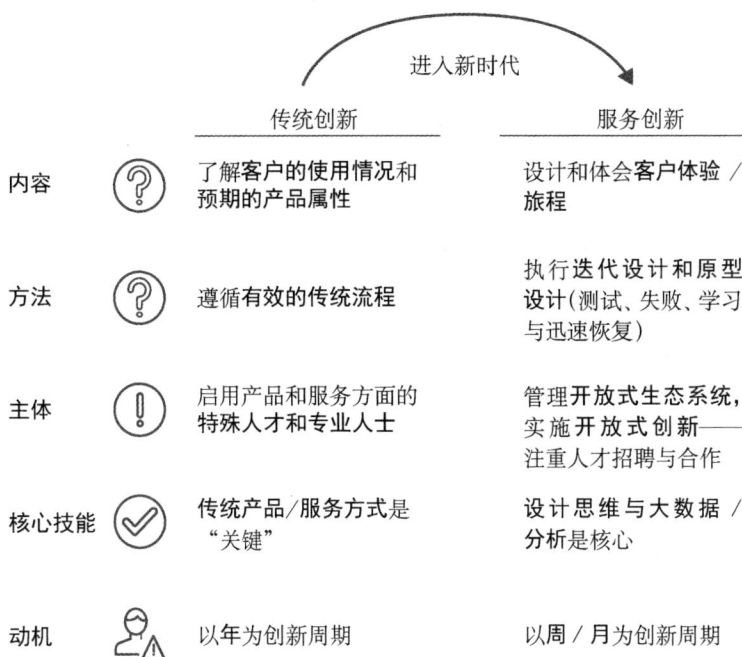

	传统创新	服务创新
内容	了解**客户的使用情况和预期的产品属性**	设计和体会**客户体验/旅程**
方法	遵循有效的传统流程	执行**迭代设计和原型设计**(测试、失败、学习与迅速恢复)
主体	启用产品和服务方面的**特殊人才和专业人士**	管理**开放式生态系统**,实施**开放式创新**——注重人才招聘与合作
核心技能	传统产品/服务方式是"**关键**"	**设计思维与大数据/分析**是核心
动机	以年为创新周期	以周/月为创新周期

进入新时代

图2.3 转向服务创新

偏好而定制的网页。网飞公司还会进一步利用数据开发、授权和营销新的内容,针对小范围用户播放构建业务模式,为每个用户提供个性化的体验。网飞在开发新的娱乐业务方面应用分析法来预测一档电视节目在制作之前是否会受到观众的欢迎[①],成绩斐然。

这一原理同样适用于汽车座舱的制造——打造能够满足个人驾驶需求和行为的座舱。要知道,一辆汽车约有60%的功能从未被使用过,因此,打造个性化功能仍有很大空间[②]。工业机器也可以根据工人的注意力集中程度进行调试,以便在最大限度上确保安全。

这就意味着有必要开发新的功能。数据是十分重要的战略生产要素。除了技术、人力、资金之外,数据将成为工业制造业不可或缺的核心资产,也将成为了解客户需求,提供针对性服务的战略性工具。

要为这样的市场做好准备,企业必须聘请信息技术专家。数据分析团队必须收

[①] 乔恩·马克曼(Jon Markman)(2017)在你行动之前,网飞已经洞察一切,福布斯,6月9日[网址链接] https://www.forbes.com/sites/jonmarkman/2017/06/09/netflix-knows-what-you-want-before-youdo/#30a4eaca52b8[2018年10月11日获取]

[②] 埃森哲

集、管理和重新整理大量的零散数据，为更新服务、产出新成果、预测需求找到新的突破口。这意味着绝大多数的工业公司将改变内部各部门的组织方式。如果产品制造商不这样做，他们的客户将自行开发解决方案，并获取所有隐藏的数字价值。

值得注意的是，已有部分产品制造商采取了上述方式。例如，中国家用电器巨头海尔宣称消费者群体就是他们的研发部门。基于此，海尔颠覆了当前的运营模式，打破了企业、员工和产品用户之间的关系。在传统模式中，产品的消费者由员工引导，而员工则服从管理层下达的指令。在海尔，根据"人单合一"原则建立的新的公司架构，公司实际上是由客户来领导的。员工在做出决定之前只关注客户的需求。他们的薪酬严格按照为终端用户创造的价值，而不是为公司创造的价值来发放①。

海尔以客户为中心的商业实践已进入全新阶段。家电制造商的传统经营模式是消费者与制造商达成一次性交易，比如购买冰箱或烤箱。而在新模式中，用户可以一直保持和制造商的互动。过去，家用电器要经过批发商和零售商才能走进千家万户，海尔通过数字手段和客户保持长期联系，与在线用户互动，让他们参与到从产品设计、开发、制造到营销的整个过程中，取消了中间商，提供了最佳的端到端用户体验。后文将针对海尔全新的业务模式呈现更详细的案例分析。

个性化体验的力量

成果经济不仅预示着产出经济的消亡，而且开启了超个性化和超情境化的新时代，结束了长达一个多世纪的大规模工业生产模式，而恰恰是这种大规模生产限制了个性化产品和服务的发展。在新产品领域，产品创造还是要以用例为出发点。但在早期的产品构思阶段，这些实例会被描述得更加具体、详细，产品一旦投入使用，将会进一步发展到用户情境阶段。

消费者市场越来越推崇超个性化的概念。长久以来，便携式电话仅仅只有电话功能。但智能手机迅速发展成个性化生活方式中不可或缺的辅助工具。首先是由手机的平台特性决定的，用户可以从应用商店下载各种各样的应用程序和内容。随着语音助手的引入，手机变得更加个性化，比如苹果的 Siri 和谷歌的语音助手，可以随着时间的推移逐渐了解用户的偏好和语言习惯。

大约在 100 年前，汽车制造商就开始大批量生产，并且很快就根据收入状况、地理位置、驾驶行为和家庭状况生产出具体的车型，以满足各类客户群的需求。不过此

---

① 海尔(2017)海尔人单合一管理模式走入斯坦福大学，3 月 18 日［网址链接］http://www.haier.net/en/about_haier/news/201703/t20170328_345989.shtml［2018 年 10 月 11 日获取］

类市场细分一定不低于最小的生产量,这样才能保证特殊定制系列也能为公司带来经济效益。

考虑到生产总成本、生产的可行性以及市场研究自身的局限性,市场不会接受过度的个性化。研究重点客户群体、进行消费者调查等策略,通常只会让企业大致了解某一特定的消费者群体需要什么,以及如何给客户分类。

但是,以汽车制动系统为例,如果制造商能够根据联网发动机得到驾驶员驾驶行为的相关信息,那么企业就能开发以软件为基础的制动系统,以精准配合每个客户的驾驶方式,还可优化维修周期。或者,当车载传感器远程监测到是哪位家庭成员正在驾驶时,汽车能够自动播放驾驶员喜爱的音乐歌单。汽车钥匙也可以实现个性化,企业可以根据某一驾驶员的需要,预设速度峰值。把汽车,或者任何相关产品,变成由数据连接的硬件产品,就可以即刻体验个性化的"万里挑一",拥有"为我量身打造的产品"。

辅助功能、信息娱乐系统和发动机调校等服务,都可以实现个性化功能。用户刚开始使用汽车时,这些功能可以暂时保持未启用的状态,制造商可以在产品使用期内逐步地向用户开放各类功能,这一例子可用来说明智能互联产品如何将超个性化的智能服务转化为良好的用户体验。

现在,得益于各种各样的数字技术,产品能够在使用过程中体现智能高效、互联互通、灵活适应、反应敏捷的优势。所有技术中,我们认为传感器与语音助手等人工智能元素的结合,是构建超个性化体验过程中最重要的技术。

试想一下,现有的智能手机内安装了多少个传感器,才能具备一定的灵活性和适应能力。消费者希望手机自带定位功能、感应出携带方式、分辨方向、预测何时天黑、识别用户的指纹和面孔。要实现上述功能,需要依靠约 14 个连接到智能软件的传感器来完成,其中包括距离感应器、光线传感器、回转器、加速度计、磁力计、气压计、湿度和心率监测器[①]。

个性化的实现需要依靠传感器,也需要提高强大的人工智能技术(如语音助手)之间的互联性。的确,语音才是重中之重。

法国汽车供应商佛吉亚(Faurecia)即将走上这条路。该公司将推出一款全新的智能座舱和客舱。这款概念车的设计目的是检测乘客的身份,了解他们的需求。除此之外,这款车还配备了亚马逊的语音识别助手 Alexa,Alexa 还将成为包括个性化

---

① 尼尔斯·福斯布隆姆(Nils Forsblom)(2015)你知道智能手机中藏着许多传感器吗? Adtile,11 月 12 日 [网址链接]https://blog. adtile. me/2015/11/12/were-you-aware-of-all-these-sensors-in-your-smartphone/[2018 年 10 月 11 日获取]

娱乐设备在内的一系列车载系统的主要控制设备。新的座椅设计将具备识别司机和乘客的功能,并将提供新颖的健康娱乐服务。为提高驾驶的安全系数,传统的仪表盘已被触摸屏取代①。

一旦汽车能够提供充足的数据,并可进行远程分析,转化为实时数据,那么客户将享受到取之不尽、用之不竭的个性化服务和成果组合。

新势力的崛起：生态系统

成果经济的好坏取决于体验型产品和智能服务之间的配合情况。但数字技术不仅仅能满足客户的诉求,还给成果的提供者带来了强大的支持,即支持企业融入生态系统,这是发达成果经济体的特征之一。

实际上,商业领袖的管理技能与建立或加入合适的生态系统息息相关。企业基本有两种选择：自己创建合作伙伴系统来定义他们的工作方式,或者加入硬件软件标准已经被广泛接受的现成的生态系统。在第一种情况下,企业面临一个重要的问题,即这一系统是否要对外开放,比如是否要使用第三方的数据或硬件,还是选择不对外开放,即硬件和数据均由系统内部的成员控制。在这两种情况下,企业都会拥有创造额外收入的机会。智能产品和平台生态系统提供的数据和服务,可以创造出互补型增值服务和新的收入来源。

在发达的成果经济中,建立生态系统将是加快创新步伐的唯一途径。只有在生态系统合作伙伴的联合驱动下,企业才能根据特殊需求,打造和配置相应的智能互联产品和服务。

在这一背景下,许多工业产品将被设计成平台,苹果和谷歌率先做到了这一点。两家公司围绕各自的智能手机操作平台创建了一个生态系统式的开发者社区。外部的应用程序开发者把动态的价值注入静态的智能手机之中,这对所有人,包括开发者、平台所有者以及用户在内都是有好处的。其他产品公司应该评估自己在汽车、采矿卡车、喷气发动机或家用技术领域(包括照明、安保、供热系统、冰箱等)学习这种成功模式的能力。

我们认为,有一点是肯定的,任何工业产品在某个阶段都要发展成智能互联型产品,变成一个或多个生态系统的一部分,只有这样才能不被市场淘汰,继续创造辉煌。

---

① 埃森哲在拉斯维斯举行的 2018 年国际消费类电子产品展览会上展示能服务众多乘客的车载亚马逊 Alexa 语音助手,1 月 10 日［网址链接］https://newsroom. accenture. com/news/Accenture-to-demons-tratemulti-passenger-in-vehicle-amazon-alexa-voice-service-at-ces-2018-in-lasvegas. htm［2018 年 10 月 11 日获取］

虽然并非所有的硬件产品最终都会转化为平台,但是每个工业产品迟早都会被整合到另一个以平台运行的产品之中。传统的业务模式看起来是第三种选择,但其实这是不可行的,因为第三方会在你的产品之上再建立一个平台,而你的产品将被排除在外。

要点回顾

(1) B2C 和 B2B 模式下,成果经济都在迅速崛起。

(2) 在新兴的市场中,价值创造正从硬件转向服务和"即服务"。

(3) 大规模定制生产的时代即将结束:取而代之的是个人体验、使用案例和特定情境的服务。

(4) 因此,有必要重构完善的产品制造价值链和再造产品开发周期。

产品的数字化再造

第三章

全新的产品类型：
适应、协作、前瞻、负责

在这一章中，我们引入了两个概念来介绍产品的再造：产品再造方格图和产品再造度。本章简述了方格图中两个关键轴的变化，即（产品）智能度和（产品）的体验度，并且描述了随着产品在每个轴上的发展而不断变化的特征。这两种变化相结合，产生了我们称为"产品再造度"的概念，适用于任何公司和所有产品。沿着这一思路，我们继而概述了网格中新产品经历的五大转变，并在本书第二部分的其余章节中进行更详细的分析。

智能和互联听起来有点像人类的"默认功能"。我们的感官与我们的认知能力、交流能力和身体机能相互配合,使我们能够适应不断变化的环境。几乎每个人都能分辨出执行董事会会议、晚宴和葬礼之间的区别。我们能够明辨是非,见机行事。

智能互联产品(无论硬件还是软件)最终都会像人类一样具备完美、全面的认知功能,因此它们经常被贴上"活产品"的标签。这些产品拥有一颗协调运转的"大脑",集适应、协作、决策和反应的能力于一身,从互不相关的非智能群体中脱颖而出。许多过时的产品将需要根据智能产品的发展方式进行改造,以迎接新时代的挑战。

云计算、边缘计算、人工智能、机器人和5G网络等精密的数字技术决定了每款智能产品的适应能力、协作能力、主动性和反应能力。关键在于找到适当的配置,让用户拥有满意的成果体验,为产品制造商增添竞争优势,创造稳定的价值来源。在向以成果为导向的产品和服务转型的过程中,企业面临着新的要求和挑战,它们必须遵守以用户为中心的原则,设计个性化的硬件。

产品再造方格图

智能互联产品的开发过程好比一段旅程。通过与来自各行各业的数百名客户展开的广泛合作,在此基础上,我们用两个关键的维度来分析将这一趟旅程,如图 3.1 中的产品再造方格图所示。这趟旅程的目的就是找到产品的智能度与其体验度的正确组合,前者用以衡量产品的智能度、互联性和认知独立性,后者指的是产品技术及其功能提供的体验质量。将这两个维度正确相乘,将为公司业务创造全新价值。

所有的传统产品都集中在左下角。它们的智能度有限,因为它们不具备或者具备很少的传感器,它们既没有人工智能,也不能进行互联互通。同样,因为这些产品通常是以交易的方式销售,所以它们的体验度也很低。由于在销售点之外,它们没有保持稳定持久的客户关系,一旦被销售出去,很可能就会被制造商遗忘。离开这个区域意味着产品必须在体验方面和/或技术支持方面进一步改进,并在此轴线的其他节点落脚以满足特定的市场需求。针对不同领域、市场和客户群体,智能度和体验度的组合各异。因此左上角并不适合所有企业争夺,要进入左上角的区域非常困难,通常需要运营十分健全的平台业务,而这不应该也不可能成为所有产品制造商的目标。尽管如此,对于有些企业来说,左上角蕴藏着巨大的经济价值。

		传统产品	互联产品	智能产品	自动产品
平台	开放的生态系统	没有产品的区域	智能家居平台	人工智能工业机器人平台与语音控制辅助生态系统平台	智能汽车座舱平台
	封闭的生态系统		共享汽车平台和联网农业平台	语音控制辅助平台	自动驾驶汽车共享平台
成果	产品即服务		打印机及轮胎即服务	智能农业设备即服务	机器人即服务（RaaS）
	产品和服务	有保修服务的客车	配有远程服务的联网汽车	带有人工智能云服务的智能手机	提供升级服务的机器宠物
产出	产品	手环，灯泡，打印机	互联照明	具有辅助驾驶功能的自学型芯片汽车	自动驾驶汽车／拖拉机

IQ——智能度轴
EQ——体验度轴

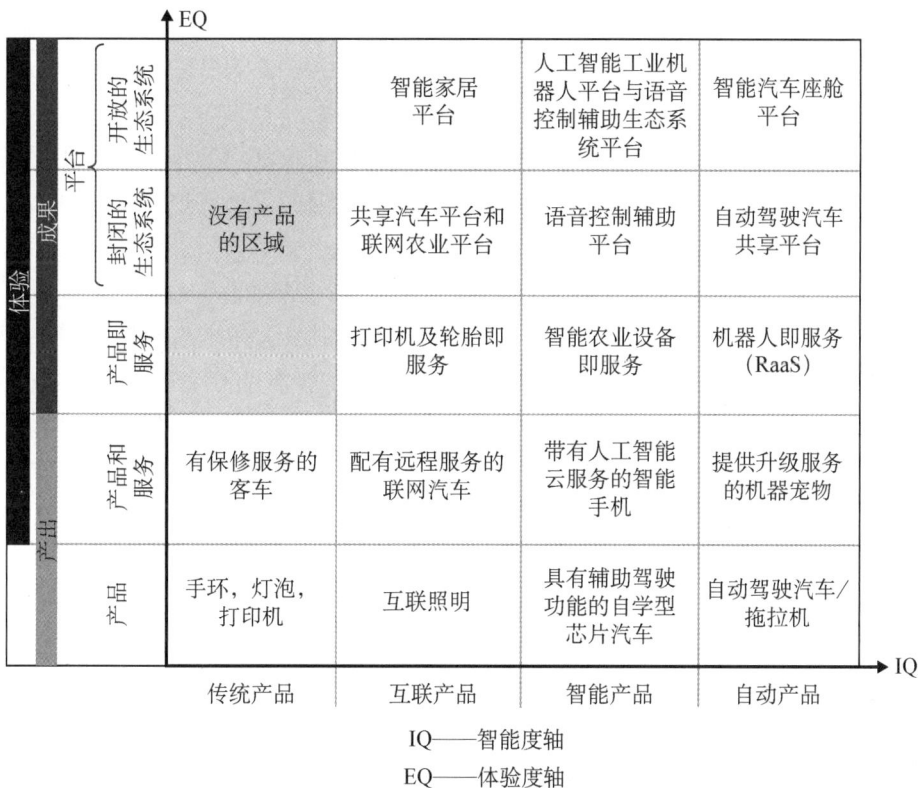

图 3.1 产品再造方格图

我们首先对两条轴线分别进行阐述，再系统地分析整个框架。产品在体验度轴上的位置越靠上，客户体验的深度和广度就越大。第四章将具体描述产品从注重功能到注重体验的发展过程。实际上，大多数的产品公司迈出的第一步是依靠增值服务来扩大产品的生产。这些服务可以是类似于质保和产品支持这样的基础服务，也可以是更加复杂的服务，比如基于互联产品的数据服务。沿着体验度轴向上，可以看到，在向侧重成果而非产出的"即服务"模式转变的过程中，出现了巨大转变，即从销售交易性产品转向设计、销售和支持"端对端"使用体验，第五章将详细分析这一重要的里程碑式发展。有些产品公司(并非所有)将经历更显著的变化，他们将产品发展成一个联系诸多生态系统合作伙伴的平台，我们将在第六章进一步探讨这种战略方针。

智能度轴体现的是技术的发展——从传统到智能，朝着自控产品的方向不断发展。在这里，我们也能看到企业经历的关键性变化。在多数情况下，企业进行的第一个步骤，是通过生成和发送产品数据的基础传感器将产品接入网络。我们将智能产品定义为嵌入了人工智能的产品。在朝着智能产品发展的过程中,第二个步骤可能看起来微不足道,但通常在这一环节中,产品的架构会经历重大转变,产品的开发过程也会发生根本性的变化。第七章将具体描述这一转变。

正如前文所述,并非所有产品都能"抵达"图表左上角,那里也并非它们的目的地。相反,许多新产品会从中间的某一点开始发展,并且只要市场繁荣,该产品就会一直停留在这一点上。还有一些复杂的平台产品已经开始进入概念化发展阶段,而一些传统产品可能还需要更长的时间才能离开右下角,以迎合市场、保证盈利。

在体验度和智能度的框架内更深入地探讨活产品的概念有其必要性。随着时间的推移,这些产品会因为人工干预或自动升级,变得更加智能,能够针对不同的用户情境提供非凡的用户体验。X 轴上智能度最高的产品将提供体验度最高的用户体验。

产品的智能度和体验度同时上升时,二者都会呈现指数增长的趋势,产品将实现智能化和自控化,也正是这两点赋予了产品生命力。在这一阶段,产品反应灵敏,学习能力和感知能力增强。

为了给消费者提供最佳体验,这些产品或其关键组成部分必须发展成平台,吸引和吸收来自多个生态系统的参与者,同时数据输入成为关键,安全和信任成为最具经济价值的要素。

从传统产品到再造产品：十大特点

首先来看看传统产品和新型智能产品的具体区别。表 3.1 显示了这两种产品的十个关键特质。其中四个与智能度有关,六个侧重于体验度。我们可以清楚地看到,要脱离旧市场,成为价值巨大的活产品,就必须运用大量的数字技术和软件设备,这有助于你了解这类产品背后的新商机。

表 3.1 传统产品与智能互联产品的对比

	传统产品	智能互联产品	连续相关性
1. "始终在线",超快网速	没有/低速宽带连接	"始终在线",高速/高宽带,连接到云端,设备互通	IQ
2. 感应功能	没有/少量传感器	数百个传感器,日传输数据以兆兆字节计算	IQ
3. 比智能更智能	十分"愚笨"	在"边缘"地带增加人工智能,提高处理能力 基础设备的处理能力可以超过 20 年前的大型机	IQ

	传统产品	智能互联产品	连续相关性
4. **软件吞噬硬件，数字吞噬软件**	价值主要来源于硬件，但在过去的二十年中软件的价值不断增加	产品价值中的80%来自软件和数字化服务	IQ
5. **不断升级，免遭淘汰**	没有升级空间或升级空间有限	活产品，定期升级软件，增添强大功能	IQ&EQ
6. **数字时代的用户界面(UI)**	物理控制、键盘输入或基础导向触摸板	广泛应用语音数字用户界面，有些产品也使用手势、眼球移动或增强现实作为用户界面	EQ
7. **超个性化**	没有用户定制/用户定制有限	根据用户实际行动偏好，自动生成个性化服务，在某些情况下，产品能够身临其境地察觉用户的当前情绪和情境适应体验	EQ
8. **多方参与的平台**	独立产品	拥有开放式应用程序接口的平台，支持第三方合作伙伴；具有强健的生态系统，为平台提供"养料"	EQ
9. **植根于生态系统**	无	数十个(也可能数千个)生态系统合作伙伴共同开发产品和应用程序，利用其数据或为产品服务	EQ
10. **如同"脐带"一样的存在——数字主线**	设计、制造和"原样"安装数据之间的联系有限	"端对端"的数据模型和系统能够在产品的生命周期内，比较"设计""制造"产品和"原样"产品的	EQ

能够提高智能度的特点

高速接入，始终在线

排在第一位的就是互联性。如前文所述，智能互联产品正是因为联网才能取得巨大的发展。一般来说，硬件产品的制造商和用户之间没有连接，或者连接十分有限，更不用说产品本身之间的连接。正是软件行业最终开创了"始终在线"的概念——产品创造者和软件用户之间，通过云服务器建立永久联系的关系。随着5G移动宽带的到来，强大的基础设施将会出现，能够永久联通所有实体产品，为设计更新、远程服务、个性化、设备间的双边通信提供便利。

只有高性能的连接宽带才能支持云技术的大规模使用，而云技术正是智能互联产品的核心支柱之一。由此看来，在推动新型智能互联产品发展的过程中，互联性是最强大的驱动力。而且,互联性已经成为当今产品立足市场的先决条件。试想,4G移动网络即将升级为5G移动网络,网络容量将大量扩充。5G网络将以更短的波长、更高的频率运行。同时,5G的网络天线会小于4G,但性能仍然非常强大。与4G的基础设施相比,5G的天线每米可以处理1 000多个设备,上传和下载的速度比4G快20倍①。所有这些参数都会极大消除网络延迟,直接提升用户体验。

但除此之外,产品的互联性也有许多潜力尚待开发。未来,智能互联产品产生的大量数据将通过机载计算能力进行处理和分析,这一概念被称为边缘计算。这意味着产品可以很大程度上脱离制造商、所有者和用户,实现自控。

而同时,智能产品间的联系会越来越多。例如,可以将家用电器彼此连接,以控制电器的能源消耗。同样地,卡车和车队、车间内部自动物流车辆和合作机器人可以连接起来,在车间内协同合作。

感应感知技术

智能互联产品的另一个关键特点是配备传感器和感应技术。过去的产品几乎不会配置传感器,这种先进的数据探测器可应用于某些部件,比如内燃机或工业机械内置的温度和压力传感器,但还没有产品配备高科技、低成本的微型传感器,用来收集大量数据。

这种情况发生了巨大转变。例如,现在任意一部智能手机携带的传感器都不少于12个,为客户提供了高级体验②。许多面向工业和消费者的硬件产品,现也配备了大量传感器,且这些传感器不需要维护,因为其电池足以保证产品在生命周期内正常运转。现在这些传感器可以在很短的时间内,轻松获取多达数兆兆字节的数据,并将这些数据发送到云端,供用户、产品制造商甚至产品本身使用③。图3.2展示了汽车是如何通过密集的传感器获取数据的。

目前,一架新飞机的引擎包括大约5 000个传感器,每秒能产生10 GB的数据,相当于每天使用844兆兆字节的数据。现代飞机上约有24 000个传感器,但这些传感器产生的数据中,只有2%得到充分利用。因为大部分数据都滞留在各种子系统中,而这些子系统不参与通信的过程。因此,飞机制造商空中客车公司(Airbus)建立了

---

① 蒂姆·费雪(Tim Fisher)(2018)4G和5G的区别是什么? Lifewire,10月31日[网址链接]https://www.lifewire.com/5g-vs-4g-4156322[2018年10月12日获取]

② 尼尔斯·福斯布隆姆(2015)你知道智能手机中藏着许多传感器吗? Adtile,11月12日 [网址链接]https://blog.adtile.me/2015/11/12/were-you-aware-of-all-these-sensors-in-your-smartphone/[2018年10月12日获取]

③ 布奥帕蒂·拉波卢(Bhoopathi Rapolu)(2016)飞机物联网:行业转型,即刻到来,国际航空,1月18日[网址链接]http://aviationweek.com/connected-aerospace/internet-aircraft-things-industry-set-be-transformed[2018年10月12日获取]

以轿车的传感器为例

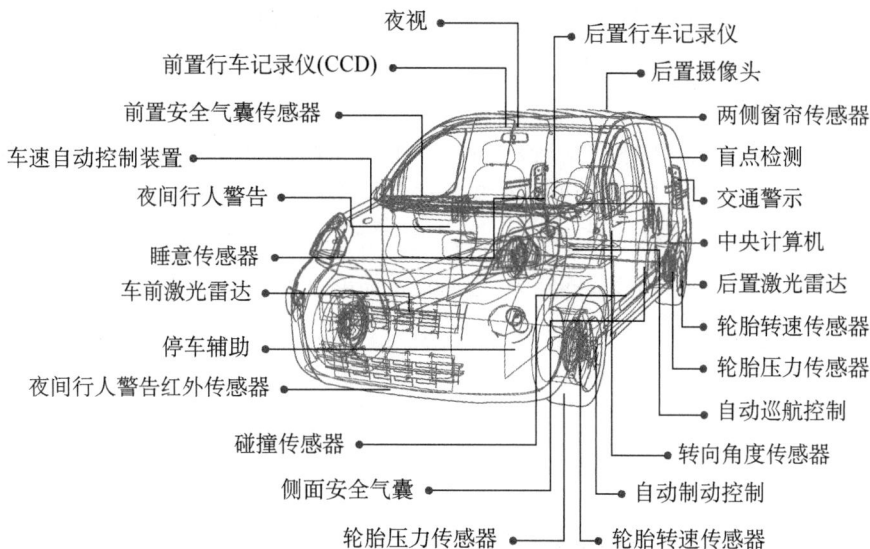

图 3.2　日常用品的感应能力

一个数字平台,方便所有系统进行通信,充分利用全部数据①。

　　汽车座舱制造商佛吉亚正在研发一款汽车座椅传感器。配置这种传感器的座椅可以自动适应驾驶员的喜好,监测驾驶员的健康数据,尽可能改善用户的体验。据估计,未来汽车内部将配备 200 个传感器,其中,仅座舱就将安装 24 个传感器,包括热量和振动测量的压电传感器、座椅上的重量和位置传感器,还有摄像头等,而当前汽车内部安装的传感器只有 60 到 100 个。预计到 2022 年,普通家庭生活中出现的智能设备将达 500 个左右②。甚至在医学领域,智能传感器可以收集患者肠道内的健康数据,从而提高诊断的准确性③。如今,即使是洗衣机内也有 6 个左右的传感器来控制

---

① 空中客车(Airbus)(2018)空客开放式航空数据平台 Skywise 仍旧具备市场吸引力,2 月 7 日[网址链接] https://www.airbus.com/newsroom/press-releases/en/2018/02/airbus--open-aviation-data-platformsk ywise-continues-to-gain-ma. html [2018 年 10 月 12 日获取]

② 汽车传感器(2017)2017 年世博会[网址链接]http://www.automotivesensors2017.com/[2018 年 10 月 12 日获取]

③ 安妮·特拉顿(Anne Trafton)(2017)灵活的传感器可探测胃肠道的运动,麻省理工校内新闻,10 October[网址链接] http://news.mit.edu/2017/flexible-sensors-candetect-movement-gi-tract-1010 [2018 年 10 月 12 日获取]

滚筒速度、水压、温度和平衡①。

不难理解，传感器技术已经成为"游戏规则颠覆者"。但值得注意的是：配置更多传感器意味着在开发过程中，产品要经历更为复杂的测试和检验，而且处理和管理所有生成数据也将增加操作成本。

比智能更智能

此外，产品的认知功能也是一大特点。回顾我们取得的成绩：如今智能手机的处理能力至少相当于 20 年前的超级计算机。过去，手机只是单纯由金属、塑料和电子元件组成的设备，智能低下，反应迟钝，现在的手机正在经历"自我解放"。今天的手机逐渐具备处理、存储和分析的能力，进而具备能够进行"思考"、自主分析和分散处理的决策"大脑"②。

人工智能、边缘计算、智能互联和云计算技术都是重要的赋能技术。为满足特殊的垂直行业的应用需求，越来越多的智能芯片被嵌入微芯片中，汽车行业就是其中之一。当然，这些都会对管理智能互联产品的商业组织产生巨大的影响。

软饮生产商可口可乐利用人工智能技术，将气象数据、卫星图像、作物产量信息、定价因素、酸度等级和甜度等级结合起来，找到橙子的最佳种植方式，保证口感一致。全球销售可口可乐产品的国家超过 200 个，为满足这些国家内消费者的口味，该公司可利用这种算法，形成或达到各种变量的最佳组合③。

农业机械公司约翰迪尔(John Deere)收购了蓝河公司(Blue River)的核心技术"See and Spray"。该技术利用固定在农作物喷雾器上的摄像机，通过深度学习来识别植物。发现杂草后，喷雾器会喷洒杀虫剂，识别出农作物时，则会撒下肥料。所有的参数皆由农民设定，蓝河公司声称这项技术可以节省高达 90％的化学品喷洒量，同时还可以降低劳动成本④。

---

① 阿鲁希·卡普尔万(Arushi Kapurwan)(2014)洗衣机传感器及其功能，Prezi，4 月 28 日［网址链接］https://prezi.com/ieqcgm5dde-f/sensors-used-in-washing-machine-and-their-functioning/［2018 年 10 月 12 日获取］

② 尼克·鲁特雷(Nick Routley)(2018)与曾经和现在的超级电脑相比，智能手机的计算能力有哪些改变，商业内幕，11 月 7 日［网址链接］https://www.businessinsider.de/infographic-how-computing-power-haschanged-over-time-2017-11？r=US&IR=T［2018 年 10 月 12 日获取］

③ 伯纳德·马尔(Bernard Marr)(2017)可口可乐利用人工智能和大数据的成功之道，福布斯，9 月 18 日［网址链接］https://www.forbes.com/sites/bernardmarr/2017/09/18/the-amazing-ways-coca-colauses-artificial-intelligence-ai-and-big-data-to-drive-success/＃620fb80278d2［2018 年 10 月 12 日获取］

④ 詹姆斯·文森特(James Vincent)(2017)约翰迪尔收购人工智能初创公司以提升旗下拖拉机的工作效率，The Verge，9 月 17 日［网址链接］https://www.theverge.com/2017/9/7/16267962/automated-farming-john-deere-buysblue-river-technology［2018 年 10 月 12 日获取］

2012 年，亚马逊收购了仓库机器人 Kiva 系统。Kiva 机器人由人工智能控制，功能包括产品监测、补货和执行订单。相比于过去依靠人力处理繁重的工作，Kiva 的加入使得亚马逊的工作效率产生了质的飞跃[1]。

软件吞噬硬件，数字吞噬软件

随着智能互联产品的出现，价值的天平转而向软件和数字技术倾斜，硬件制造商对这种转变的感受最为强烈。数字技术包括各种类型的人工智能，比如机器学习、自然语言处理、语音助手、高级数据、对传感器获取数据的分析利用、智能设备等。非智能产品已经转为智能互联产品，其价值也随之改变。与适应能力强、协作性高的软件相比，硬件仅凭其设计特点是难以在市场立足的。

未来，机电产品的特性将只占产品价值的一小部分，更大的价值将来自产品配置的数字技术，这种技术可以为客户提供个性化的服务，并能创建产品平台，接入更多生态系统(见图 3.3)。

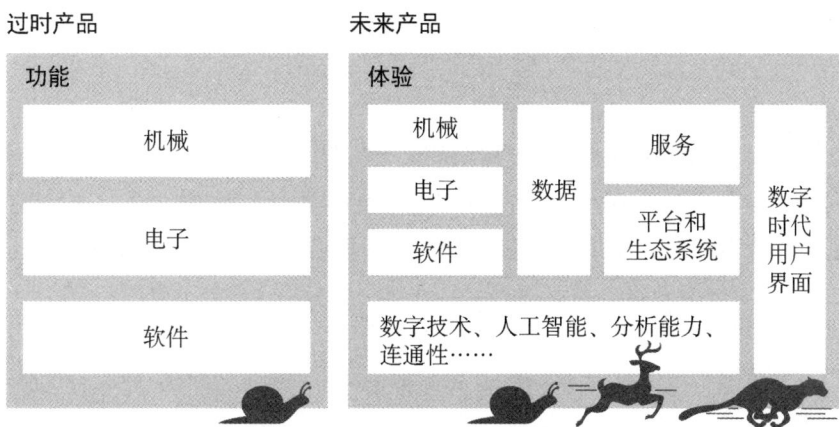

图 3.3　产品演变简图

这并不意味着硬件毫无重要性可言。无论是硬件还是软件，其关键都在于组件如何为用户带来高级体验。硬件的特性仍能决定用户体验，甚至像苹果公司一样，成为利润的中心来源；或者像谷歌一样，仅仅是传递服务的工具。全新或者经过脱胎换骨的产品终将会出现，这很大程度上取决于客户如何看待其用户体验。比如，中国家

---

[1] 丹尼尔·辛卡瓦奇(Daniel Sincavage)人工智能如何影响公司的决策，Tenfold[网址链接]https://www.tenfold. com/business/artificialintelligence-business-decisions [2018 年 10 月 12 日获取]

电制造商海尔彻底改造了冰箱,使其成为家庭中的社交平台,后文将详细研究这一案例①。

价值不仅仅是由舒适的用户体验创造的,可观的财务回报也是一方面。自动驾驶的收割机比人工控制的收割机更便宜。出于各种目的通过软件进行重置的工业机器比非智能机器的所需投入的资本还要少。

为了证明当前这种转变的重要性,我们将简要回顾一下产品改造的历史。

20世纪60年代,大多数的硬件产品并不配备先进的电子元件,除了本身的机械性能之外,产品根本无法达到最基本的智能要求,产品价值更不是由电子元件决定的。然而,到20世纪80年代,平均30％的产品价值都来自电子元件。到21世纪的前10年,这一比例已经升至40％,其中软件元件开始占到20％,数字技术元件占10％②。

未来,价值的天平将更倾向于软件和数字技术。产品的绝大部分价值将来自人工智能、云计算、边缘计算以及联网技术。正如第一章所述,电子和机械功能的价值份额将缩减到10％。但许多传统产品制造商面临的挑战远超预期。正如商业软件制造商PTC的首席执行官詹姆斯·E. 海博曼(James E. Heppelmann)所言:"工业公司不可能一夜之间变成软件公司,实际情况要困难得多③。"

经过改造的智能产品(包括软件产品)能够带来多重价值,这是产品再造的一大优势。产品传回的使用数据可以直接用于优化制造商各部门的工作流程,例如,为研发单位提供信息或促进销售。同样的数据还能直接改进使用中的产品。相同的数据能够帮助产品制造商远程提供相关产品服务,让制造商把握产品升级更新的设计方向,为今后开发新服务奠定基础。

所以,关于智能产品在未来十年内推动全球生产率增长2.5％到5％的预测不无道理。这意味着单就工业领域来说,其每年的总收入增长和节约的成本将达到9000亿美元④。

体验度提升的特点

通过升级打造常青产品

交易产品发展为侧重成果的"即服务"或平台模型时,借助软件频繁更新是产品

---

① Continuum 创新咨询公司(Continuum Innovation),海尔:智能冰箱[网址链接] https://www.continuuminnovation.com/en/what-we-do/case-studies/smart-window-refrigerator [2018年10月12日获取]

② 埃森哲

③ 埃森哲访谈

④ 埃森哲

体验度提升的标志。软件非常灵活：简单的几行代码就可彻底改变产品的特性。正因如此，软件产品的适应能力较强，这类产品能够提供真实的体验，而不仅仅是产品功能，而且可以不断被翻新——也就是所谓的更新。

以美国汽车制造商特斯拉为例，通过软件升级，汽车可以一夜间嵌入自动驾驶模式[1]。还有智能手机内的操作系统，定期更新可以提高手机的可用性和数据的安全性。如果不能升级更新，产品就无法满足用户的新需求，也没有办法充分协作。

除了传统的远程升级方式，新一代的设备将具备学习能力，并且兼具实时感知的能力，既可自我配置也可自我修复。

数字时代的用户界面

产品的用户界面是体验的核心组成部分。因此，为提高体验度，大多数产品公司都要制作新的数字界面。过去，界面的标配是固定物理仪表盘，且仪表盘上的开关和标尺数量有限。但如今的产品界面已经转变为数字化，依靠语音、滑动或手势激活，由人工智能驱动，符合用户个性化与人体工程学，采用适应性极强的移动技术模块。通过这样的界面，用户和智能互联产品之间能够进行无缝通信和协作（见图 3.4）。

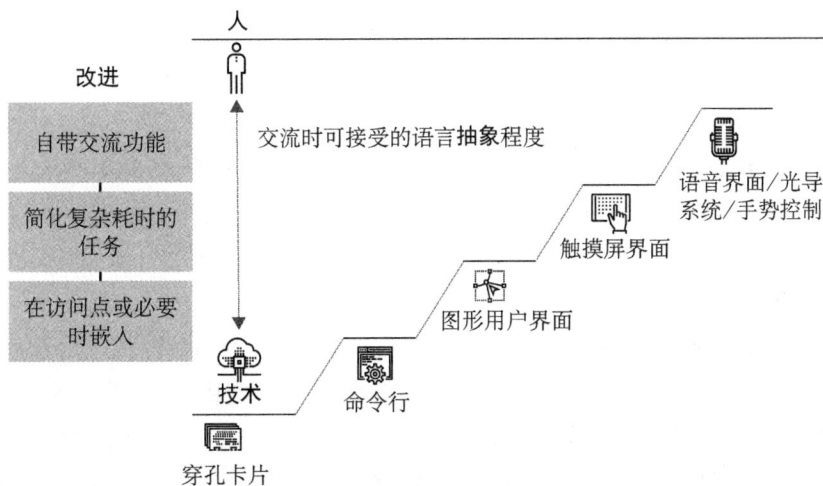

图 3.4 人机交互的发展历程

作为用户界面的核心，将"语音功能"称为震撼性的技术进步并非言过其实。对于任意一款智能互联产品而言，语音功能都是打造优质用户体验的关键。回顾语音

---

[1] 利亚姆·董（Liam Tung）（2018）埃隆·马斯克：特斯拉自控系统八月启动全新自驾功能，ZDnet，6 月 12 日［网址链接］https://www.zdnet.com/article/elon-musk-tesla-autopilot-gets-full-self-driving-features-in-august-update/［2018 年 10 月 12 日获取］

技术的发展历程,第一代机载语音助手要求词汇和句子结构必须清晰明确,而现代的人工智能语音助手可以流利地处理自然语言命令,让人机互动像人与人交谈一样容易。我们十分赞同奈轶克(Nytec)首席执行官瑞奇·勒兹(Rich Lerz)的说法:"未来,语音技术会给我们的生活带来巨大的影响,它将带来超乎想象的全新应用程序和功能。"勒兹还表示,语音技术比指纹扫描更加独特和强大,因为前者可以感知用户的情感和态度,是打造个性化产品的关键①。

以 Nest 公司为例,该公司生产的恒温器是第一批通过内置触摸屏操作的智能互联产品之一。2017 年,该公司生产的第一批由语音控制的设备开始进入市场。在不久的将来,我们还会看到各种各样由语音控制的设备②。未来,宝马和其他汽车制造商都将把手势控制纳入核心界面③。

引入语音功能和手势控制的新界面将更加直观,为用户带来更优质的智能互联产品服务体验。用户可以和产品进行交流,产品也不再需要学习新的语言或交互方式,自然流畅地与用户进行交流。同时,产品可在后台将所有这些输入转换为数字形式。

超个性化

拥有高度智能的数字化用户界面后,产品就可以在一定程度上实现个性化,而几年之前,个性化几乎是无法实现的。这些新用户界面高度灵活,可以在恰当的个性化情境中,即时为客户提供良好的用户体验(以及良好的成果),但软件支持的灵活性是在个人用户情境中提供超个性化定制体验的前提。在智能互联产品新时代,为大量用户提供超个性化产品的灵活性和能力是获得顾客价值的关键驱动力之一。凭借人工智能技术实现自控的智能产品,比如汽车,甚至兼具学习能力和自动为用户提供个性化定制体验的能力。

为最大限度地实现个性化,汽车内部的旧式仪表盘正逐渐被触感应用界面所取代。有了传感器和内置的人工智能,未来汽车座舱的智能度将达到较高水平,用户体验的个性化程度也将更高。如上所述,普通汽车将配置更多传感器,用户将拥有全新一代个性化体验。所有的汽车都将具备识别驾驶员身份的功能,能够调整座椅和后视镜的位置,以及自动播放车载立体音响。通过人工智能,汽车还能根据用户的具体情况进行调适,比如驾驶员的疲劳水平或者外部驾驶条件(包括交通路况和天气

① 埃森哲访谈
② Nest 公司,学习利用亚马逊 Alexa 语音助手控制 Nest 产品[网址链接]https://nest. com/support/article/Nest-and-Amazon-Alexa[2018 年 10 月 12 日获取]
③ 宝马公司,如何手势控制宝马 7 系[网址链接]http://www. pacificbmw. com/blog/how-gesture-control-in-bmw-7-seriesworks/[2018 年 10 月 12 日获取]

变化)。

多方参与的平台

从一款孤立的产品发展成互联产品平台,并且支持第三方在其中发挥多重作用,这样巨大的转变同样令人瞠目结舌。智能手机需要借助第三方提供的诸多应用程序才能满足用户的日常使用和体验需求。再以佛吉亚为例,用户可通过亚马逊语音助手 Alexa 操控该公司生产的数字汽车座舱①。

虽然,许多智能互联产品的新价值尚未被挖掘,产品本身尚未发展为平台,但毫无疑问,一些产品已经实现了平台化的转变。只有平台才能真正提高产品的适应性、反应性、协作能力和个性化体验服务,无论是封闭式平台还是面向更加开放的生态系统的平台。依靠平台,制造商才能扩展到新市场,提升业务能力。这一点是传统核心产品无法做到的。例如,苹果在音乐、娱乐和其他云服务方面都是领军企业。这将使大多数智能互联产品成为制造商、用户和第三方开发者的重要价值来源。

为了实现这一点,硬件产品需要开放的应用程序接口(APIs),降低共创体验的难度,提高经济效益,和外部创新者开展合作。

植根于生态系统

随着产品作为灵活多变、富有活力的平台崛起,以产品为中心的有机生态系统也随之崛起。生态系统的出现主要是因为运行平台的第三方应用程序逐渐被开发出来,因为第三方能更好地服务产品,或能够借助产品的硬件设备或数据为产品用户提供配套服务。如今,类似苹果 iOS 系统和苹果应用商店等以平台运营为中心业务的生态系统,其开发人员的数量可能从几十到数百万不等。

在复杂的数字业务模式盛行的时代,产品生态系统的出现是新产品市场的发展趋势之一。但是,这样的生态系统不仅仅包括第三方开发者,同时也是与战略供应商或外部营销商结成联盟的框架。产品生态系统是智能互联产品平台的自然延伸,也是后者取得商业成功的必要前提。要在激烈的产品竞争中取得胜利,就必须依靠更高级的生态系统,依靠更有说服力的客户价值主张和用户体验。因此,平台产品制造商不仅要启动生态系统,还要支持、培育和管理此生态系统。

围绕智能互联产品建立的产品生态系统,给营销人员和品牌经理带来了新的挑战。在高度互联的产品领域,手机、家用恒温器、家用电器,以及运动休闲服与互联网的联系越来越密切,甚至还可在产品与产品之间实现互联。因此各大品牌必须学会

---

① 佛吉亚,佛吉亚语音控制驾驶座舱,2018[网址链接]https://newsroom. faurecia. de/news/faureciass-sprachgesteuertes-cockpit-der-zukunft-gewinnt-industriepreis-2018-b756-0a54a. html♯IoXKTp5 8cRThO49q. 99https://newsroom. faurecia. de/news/faurecias-sprachgesteuertes-cockpit-der-zukunft-gewinnt-industriepreis-2018-b756-0a54a. html[2018 年 10 月 12 日获取]

彼此合作,或者在一定程度上减少对产品的干预,把话语权交给掌握流行用户界面的制造商。在大多数的产品生态系统中,与终端用户保持紧密联系的品牌将收获最多的经济效益。

如同"脐带"一样的存在——数字主线

要为用户带来以成果为基础的良好体验,就必须在产品的生命周期内记录和观察产品的动向——硬件、软件和数据属性随着时间的变化。这就要求制造商在售出产品后,长期监控智能互联产品的数据,但目前几乎没有硬件制造商能做到这一点。而要做到这一点,就要先介绍两个相关概念——数字孪生和数字主线。

数字孪生是一套实体产品完整的数字资料,不仅包括3D建模,还包括材料特性、软件和数据。数字孪生是所有产品相关数据的唯一真实记录(见图3.5)。

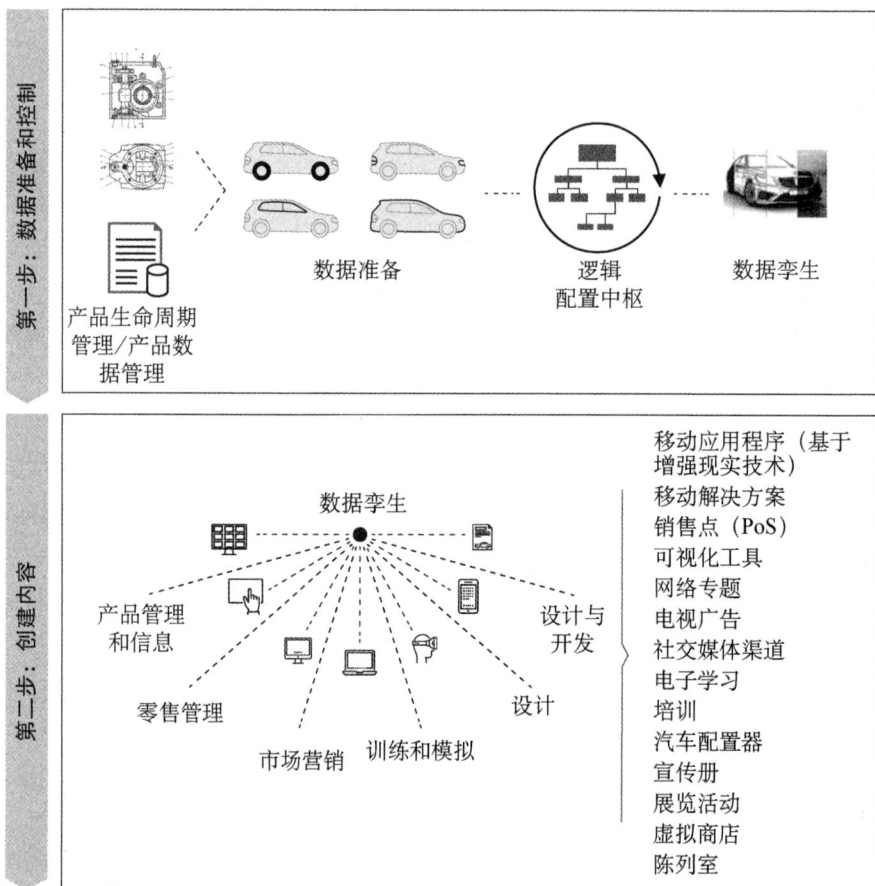

资料来源：Mackevision公司

图3.5　数字孪生概念

数字主线则将这一概念延伸到整个产品的生命周期,以跟踪记录产品配置的变化以及产品的数据流。有了数字主线,现场的维修技术人员可以把现有的"原样"配置与"制造"和"设计"阶段的产品进行比较。运用增强现实技术,技术人员甚至可以同时看到这些图像并进行比较。

高度互联数字产品由数据孪生和数字主线支撑,配备了足够数量的传感器,具有数据处理能力,就能够把数据流(从功能使用到性能)发送回产品开发和设计团队。监测智能产品数据,针对数据反映的问题及时做出调整,是智能产品概念的核心精神。远程安装的新软件不断经历迭代,智能产品在技术层面也得以发展。

数字主线平台能够收集并分析使用数据,为实现数据货币化创新提供了新机会。例如,Wi-Fi 公司能够收集正在访问网络的用户及其实时位置数据,这些数据将提升建筑系统的智能度,系统可以告诉管理设施的工作人员有人正在使用网络,所以不要在这一时段关闭空调系统。目前,大多数公司都没有数据孪生和数字主线技术,但这些技术将在不久的将来成为支撑产品改造的关键。

产品再造度

回到产品再造方格图：这里将引入名为产品再造度的概念,用以综合衡量产品体验度和智能度同时增长的影响。产品再造系数衡量了从传统产品发展到图 3.6 所示矩阵中任意象限的变化程度。

我们认为,这个矩阵之中有两个主要代表中止的节点。第一个节点出现在智能度轴上,从"互联"过渡到"智能产品",这一变化阶段在 90 到 120 区间内;第二个节点出现在体验度轴上,从"产品和服务"过渡到"产品即服务",此变化阶段设定为 30 到 60,或 60 到 120 的区间内。要强调的是,并非所有的产品公司都渴望进入右上象限内。事实上,我们认为大多数的公司不应该进入这一象限。第十章将围绕方格图和产品再造展开更为详细的讨论。

即刻出发,未来近在眼前

不久的将来,几乎每一种产品都需要经历重塑和改造的过程。实际上,这场转型竞赛已经拉开了帷幕。如果商业领袖还在犹豫是否生产新一代智能互联产品,他们的公司就面临被颠覆甚至被挤出市场的风险。事实上,以产品再造为代表的大规模颠覆让不同领域的企业有了新的竞争者。例如,五年前,还没有多少电子消费品公司能够想象,未来亚马逊和谷歌会成为他们最强大的竞争对手。

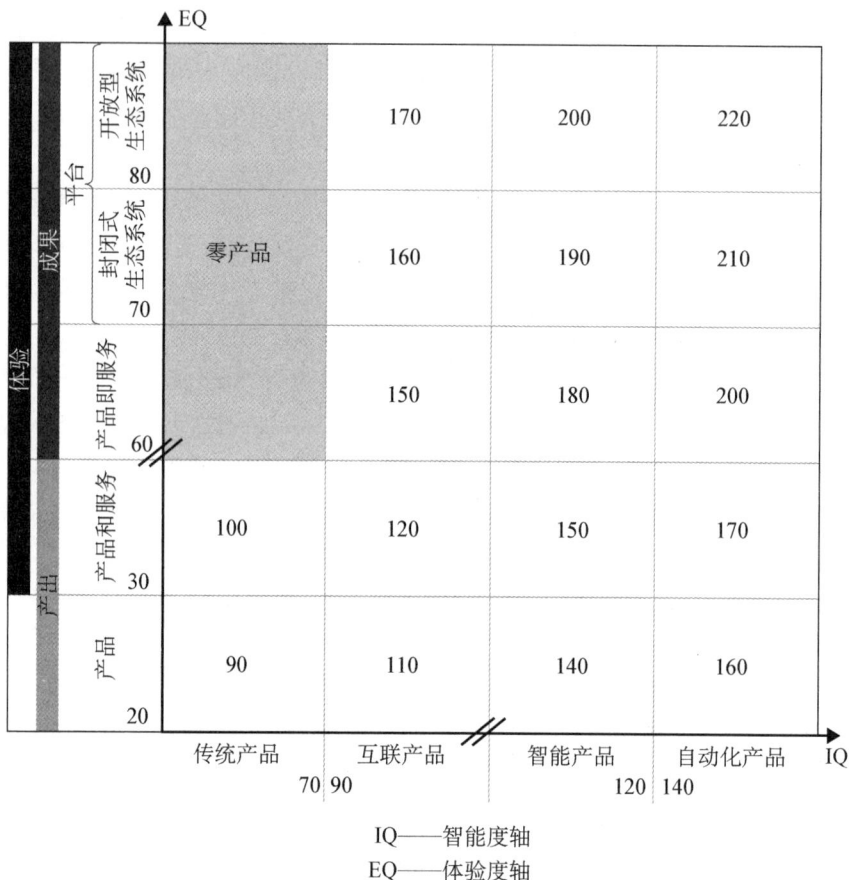

IQ——智能度轴
EQ——体验度轴

图 3.6 产品再造度 = 智能度 + 体验度

但是再造产品只是一个开始。请记住,智能互联产品发展到更高级的阶段,将能够做到远程操控,而且能够自动完成优化升级、适应环境、随机应变等任务。这种再造将开创全新的业务,就连如今的商业领袖也难以想象未来将会拓展出怎样的业务。不过,一切都指日可待。要做到未雨绸缪,就要脱离过时的产品世界,转而朝着新时代智能化的方向迈进。

接下来的章节将详细介绍产品公司成功再造产品面临的五大转变:

(1)从功能到体验的转变;

(2)从硬件到"即服务"的转变;

(3)从产品到平台的转变;

(4)从机电一体到人工智能的转变;

(5)从线性到灵敏的"新时代工程设计"的转变。

要点回顾

（1）新产品领域正在崛起，产品的智能度和体验度越来越高。可利用新的分析工具，即"产品再造方格图"，描述新兴产品世界里所有产品的发展。

（2）公司要设法提升产品的智能度和体验度。产品再造度结合智能度和体验度计算得出，这一数值可以衡量企业要成功实现产品再造所需的努力。

（3）本章明确了产品再造过程中面临的五大转变。对于大多数公司来说，要想在新的数字化世界中成功推出自己的产品，就必须应对这五大转变。

第四章

转型一：
从性能到体验

本章阐述了在成果经济环境中，企业面临从注重产品功能到侧重产品体验的转变；分析了单纯的产品功能与灵活且具有较高经济价值的产品体验之间的区别，以及 B2B 体验和 B2C 体验之间的区别。最后，我们将根据实验数据，分析商界领袖对这一转变的看法，以及体验战略背后的经济潜力。

正如前文呈现的一样,产品在智能度、互联性和体验度方面都有所提升时,用户的感知度也会有所改变。具体而言,当用户期望某款表现平平的产品在具体的应用中展现良好性能时,只有具备高协作性和适应性的智能产品才值得用户信赖。用户不仅仅对产品的功能有一定要求,而且希望智能互联产品提供完整流畅的体验。

工人拿起普通螺丝刀时,要考虑诸多因素,比如螺丝钉要与螺丝刀匹配,力气拿捏要到位,螺丝旋入的深度要合适,照明要充足,只有满足这些要求才能保证安全和效率。但是智能自控螺丝刀或者智能合作机器人都能独立地"思考"。它会针对每一种问题为用户找到适当的解决方案,甚至能解决没有预想到的问题。智能产品能够自然流畅地与我们进行交流和互动,只要有语音用户界面,智能产品就无须学习新的语言或是阅读冗长的使用手册。综上,智能产品能够带来安全、丰富且有效的用户体验,这远远超出了一个普通非智能螺丝刀具备的功能。

许多产品已经具备一定的智能度,这大大改善了用户体验。以洗衣粉品牌奥妙的产品——佩吉(Peggy)为例,这是一款带有传感器的智能挂衣钩,能够连接 Wi-Fi,还配备手机应用程序,用以监测温度、湿度和阳光。结合自身获取的天气数据和当地的微气象信息,智能挂钩可以提醒用户适宜晾收衣服的时间[①]。

我们围绕用户体验这一话题,采访了企业内部相关领域的研究专家,也对企业内部人员进行了相关调查。调查结果显示,良好的用户体验具有如下属性:个性化程度高,能够感知用户的动态和情感状态,能够实现用户和产品之间所有接触点的无缝衔接。同时,为了给用户带来最大便利,产品必须能顺畅无阻地嵌入到平台中。此外,要提高产品性能,制造商需要一定的技术支持,比如虚拟现实或增强现实技术。

大势已去,性能经济逐渐没落

我们都知道如何根据长期用户体验描述产品特色。一辆汽车以每加仑 X 英里的燃油功率把我们从 A 地带到 B 地;挂在晾衣绳上的衣架能够承受 Y 千克的重量;灯泡的输出功率是 Z 瓦。如果把这些功能特性转化为更为复杂的用户体验,就会出现

---

① 米兰达·沃德(Miranda Ward)(2016)奥妙智能挂钩,洗衣不再麻烦,Mumbrella,4 月 22 日[网址链接] https://mumbrella.com.au/omosmart-peg-j-walter-thompson-peggy-361828[2018 年 10 月 12 日获取]

以下情景：只需点击应用程序，汽车就能把我们从 A 地带往 B 地;衣服晾干时,衣架会提醒我们把衣服收进衣橱;下班回家时,灯泡根据我们的喜好呈现相应的颜色。

随着越来越多的数字智能产品不断涌现,以产品性能为主导的经济将逐渐被淘汰,取而代之的是以体验为主导的经济。试想在 B2B 的模式中,体验经济不仅为工业硬件和软件制造商开发了新市场,而且大大提高了工业资产的管理效率。

由新数字技术支持(比如人工智能)的产品可以预测未来。这类产品可以预测用户的期许,并代表用户采取适当的行动。比如智能汽车在了解乘客的喜好后,可以为其提供个性化的娱乐体验。为了提供舒适的驾驶体验,智能卡车具备变速功能。智能照明可以根据用户的心情和室外天气状况调节亮度和色调。通过人脸识别技术,智能锁无需钥匙即可打开。

从上面的例子中,可以清楚地看到生产力的提高、智能产品的竞争优势以及用户满意度的提升空间。再比如,飞机制造商空中客车公司利用智能眼镜,帮助工人在安装 A330 飞机的座椅时快速准确地找到螺丝孔[①]。

体验：超越性能和服务的巨大飞跃

从特点上看,个人用户只能从外部感受产品的特性和服务。根据定义,传统产品的规格和功能并非是定制的：所有的客户、用户或者员工获得的产品和服务都是相同的。与此相反,体验当然是为每个人量身打造的,个性化程度高。个人对服务质量和产品适应性的评价完全是主观的。所以体验比产品本身更难设计,也更容易让人失望,不过其创造经济价值的潜力也比产品要大得多。

体验到底是什么?

体验完全是一种整体概念,是基于消费者或企业用户与提供产品、服务或品牌的公司之间所有互动的总和。对体验的感知是由人类与环境的相互作用而形成的,这种感知包括两种情感特质：唤醒水平和效价,详见图 4.1。

体验在处理来自环境的刺激时逐渐成形。这一过程涉及感官处理、直觉、情感和认知(包括有意识的认知和下意识的认知),最终形成反应、决定和行动,这些都是体验的一部分。对一种体验的主观评价(积极或消极、重要或不重要或其他)都受到环

---

① 伊恩·赖特(Ian Wright)(2017)空客使用智能玻璃提高制造效率,Engineering. com,3 月 28 日[网址链接] https://www. engineering. com/AdvancedManufacturing/ArticleID/14634/Airbus-Uses-Smart-Glassesto-Improve-Manufacturing-Efficiency. aspx [2018 年 10 月 12 日获取]

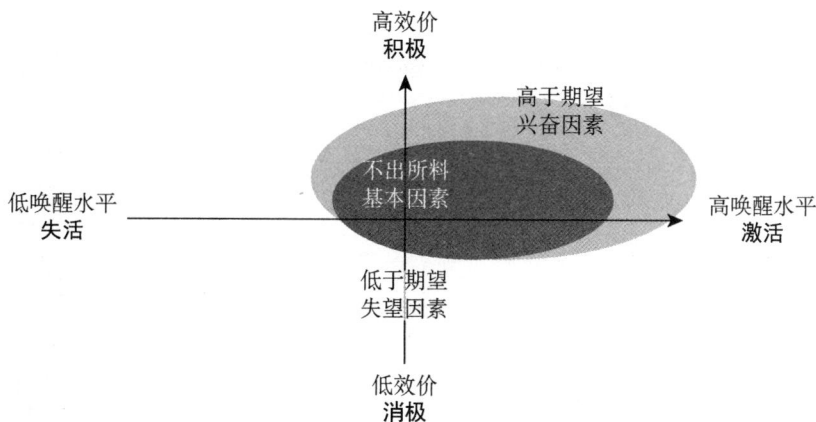

资料来源：designaffairs

图 4.1　对体验的感知

境因素的影响,比如情境、性别、性格、精神状态等因素,其中精神状态包括注意力、疲劳程度、工作量、警觉和压力。此外,动机和期望也会影响用户对体验的主观评价。

产品如何提供体验?

就产品体验而言,产品本身就是刺激物。有了产品,用户自然而然地开始处理信息,最后形成体验。同样,体验中的情感质量取决于各类因素:使用环境,使用过程和目的以及使用者的个人倾向。在使用产品之前,用户都会有体验期待。当有比预期更好或更坏的因素出现时,有意识的情感反应会呈指数增长。

要为用户带来积极的体验,产品的属性要做出相应调整,如人体工程学、功能、设计、可用性等,这些属性在满足用户基本的体验预期的基础上,可以进一步衡量和评估产品对用户的影响。根据体验度的类别,我们还可以进一步分析体验。产品体验与用户使用产品时的体验密切相关,消费品尤甚。B2B 产品的体验可以被界定为积极的运营成果、效率或者生产力增益。这一点又与生态系统体验不同,在生态系统中,体验不是由特定产品驱动的,而是由整个系统的资源投入驱动的(见图 4.2)。

体验往往与服务,甚至与功能强大的产品结伴出现,但仅有三者的紧密结合是远远不够的,体验在其中的作用不容小觑。不同的组件必须通过设计、架构、无缝衔接,形成最终产品。以生日蛋糕为例。食品加工业日益成熟,蛋糕的种类从过去的寥寥数种发展到现在配料、口味、图案和形状日趋丰富。随着服务经济的发展,一些蛋糕公司开展了"蛋糕即服务"的业务,用户可在线上订购平台定制蛋糕,甚至可以让供应商根据其配方制作。现在,不少企业已经发展得更加成熟,能够包揽一条龙的庆生活

体验

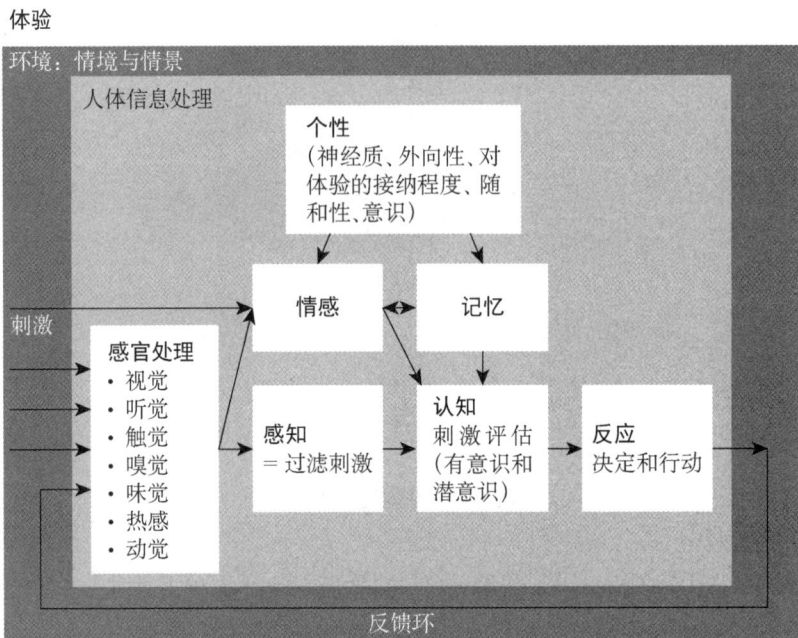

资料来源：©Design Affairs

图 4.2　体验形成过程示意图

动，他们不仅仅是蛋糕的供应商，还成了活动的组织者，为用户提供更加完整的体验。蛋糕把供应商和客户联系在一起，这一系列服务使得两者的联系产生了更大的经济效益：关于蛋糕产品的体验，以及以食物为中心的社交活动。

B2B 业务模式中也有类似的例子。工业机器人已经问世许久，随着科技的发展，它们的功能逐渐丰富，灵敏度和协调性日渐增强，能够胜任多种任务。最重要的是，它们愈发灵活，适应能力增强，能满足不同的工业需求。汽车制造商倾向于灵活度高的合作机器人，它们可在工厂内自由作业，无须集中在固定的工厂内统一看管。早上可以给它们安排某项任务，下午可在别处交给它们完全不同的任务。这样的机器人虽能完成工作，但我们仍停留在依赖产品功能的阶段。

而现在，云计算、存储、机器学习和人工智能技术突飞猛进，机器人即服务(RaaS)开始让世界瞩目。用户租用机器人，利用云端可实现自由操控。这对许多行业来说，包括制造业和农业在内，都是好消息。调控机器人的功能也变得日益便捷，买家无须经过受资本约束的购买流程，就可试用机器人[1]。而制造商则可能开辟更广阔的

---

① 软银 Pepper 机器人［网址链接］https://www.softbankrobotics.com/emea/en/pepper［2018 年 10 月 12 日获取］

市场。

　　未来，随着人工智能成为价值创造的中流砥柱，"机器人即服务"将在工业世界兴起。以软银机器人公司为例，其下的 Pepper 机器人已经证明，面向客户用例的机器人在技术上是可制造的。Pepper 是世界首个能够识别人类情感并采取相应措施的类人机器人[1]。有了这种功能，机器人将从纯粹的定制硬件一跃成为软件工具。

　　此外，索尼的 Aibo 机器狗将个性化体验的概念发展到新的高度。每一台 Aibo 机器狗的成长过程都会依用户或主人"饲养"它的方式而异。初始状态的 Aibo 未经驯化，如同真实的小狗一般，需要用户下达语音指令和积极管理才能养成规矩，Aibo 甚至可以识别人脸[2]。越来越多的 B2C 产品正采用这种技术，并且就 B2B 产品而言，提供此类由机器学习和用户适应打造的定制服务，只是时间问题。

　　在更为传统的设备制造领域，"丰富的体验就是竞争优势和经济效益"的概念受到越来越多的关注。意大利工业机械生产公司比雅斯(Biesse)正利用人工智能技术，针对其加工木材、玻璃和石料的机器，开发适应能力极强的新款人机界面(HMI)。

　　该公司的目标是根据使用者不断变化的行为，简化并丰富用户体验。为此，比雅斯开发了一款名为 bSuite 的软件，这是一款 3D 计算机辅助设计(CAD)和计算机辅助制造(CAM)配套软件，让比雅斯的客户能够自行设计解决方案，而后交给机器执行。专业操作人员训练的 bSuite 将不断学习并简化用户体验，自行启用最优运行模式。根据客户的生产和工作方式，产品增加了多种新颖的功能，加之 bSuite 技术与机器的智能结合，比雅斯公司得以在工业机械市场中展现强劲的竞争优势[3]。

　　宝马公司的"Drive Now"共享汽车也是一个典型例子。可用车辆信息透明，用户可在一分钟内完成注册并获得寻车路线图。车辆能提供个性化服务，根据用户的目的地规划行车路线。

　　体验的重要性不断上升，这是一个相对新鲜的现象，很大程度上是因为数字设备在全球范围内的使用愈加广泛。大范围的数字联网打开了进入潜在新市场的大门，消费者几乎不间断地使用数字化产品。现在，这些"始终在线"的客户要求产品内容在具备吸引力的同时，还要满足他们的个人需求，提供更加复杂的体验，这对所有产

---

[1] 软银 Pepper 机器人[网址链接]https://www.softbankrobotics.com/emea/en/pepper[2018 年 10 月 12 日获取]

[2] 列维·苏马加塞(Levy Sumagaysay)(2018)索尼人工智能机器狗能够坐下、取物、了解主人的喜好，水星新闻报，9 月 14 日[网址链接]https://www.mercurynews.com/2018/09/14/sonys-aibo-robotic-dog-can-sit-fetch-andlearn-what-its-owner-likes/[2018 年 10 月 12 日获取]

[3] 比雅斯集团(2018)5 月 16 日[网址链接]https://issuu.com/biessegroup/docs/biessegroup_make_06_lr[2018 年 10 月 12 日获取]

品公司而言，既是挑战也是巨大的商机。

此外，在"始终在线"的市场，用户对体验更加挑剔。客户会反复评估体验的质量，这就要求体验供应方谨慎地进行期望管理，做到及时响应，推陈出新。品牌和公司都应尽量提供舒适、可靠的体验，增加数字硬件的投入，创造更多数字用户接触点，让客户与品牌和产品保持密切联系，以此获得并提高用户认可。

B2B 体验与 B2C 体验的区别

众所周知，对于面向消费者的企业来说，客户体验是第一要义。但现在，面向企业的公司也逐渐开始重视用户体验。近日的一项调查中，80％的 B2B 高管把客户（用户）体验看作关键的战略要点[①]。这显然是因为他们清楚，仅靠产品特性和功能无法吸引消费者，也无法在市场中独树一帜。

打造此类吸引眼球的体验，第一步就是深入了解客户需求，即客户将如何发现和使用产品，并在产品的整个生命周期内与之保持互动。尤其在 B2C 业务模式中，关键的体验创新通常与产品特性没有很大关系，而更多与简化购买流程及产品支持相关。图 4.3 中相机行业客户旅程的例子说明即便是相对简单的消费品，这一旅程也将是漫长的。

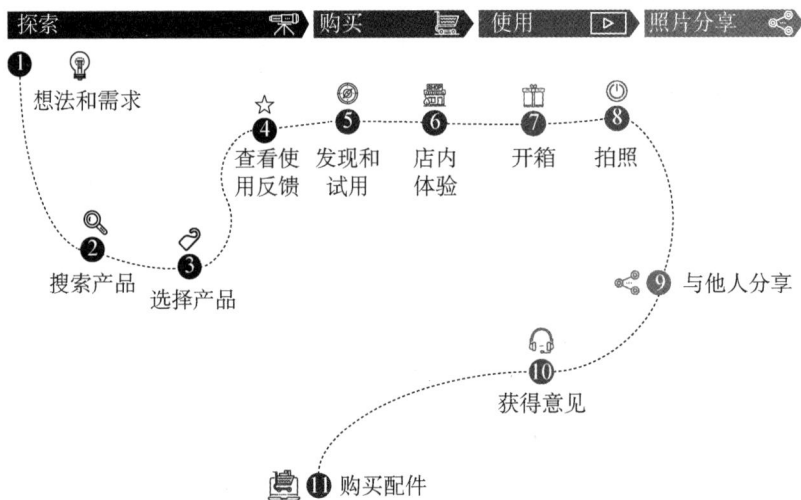

图 4.3　B2C 案例：相机的客户旅程

---

① 埃森哲（2018）个性化定制：促进 B2B 企业盈利增长［网址链接］https://www.accenture.com/t20180611T064843Z__w__/in-en/_acnmedia/PDF-58/.accenture-Drive-B2B-Sales-Growth.pdf♯zoom＝50［2018 年 10 月 12 日获取］

业内领先的公司会发现客户旅程中的"重要时刻"，并采用新方法应对。在 B2B 行业内，终端客户的旅程更为复杂，利益相关各方要考虑产品的终端用户（很少是购买者）、企业采购决策者以及分销和产品支持的渠道合作商。

在 B2B 领域里，体验由企业提供。大量的平行接触点让体验管理变得更加复杂。此外，提供体验的产品或工业设备，其生命周期都长于消费品。工业产品或设备通常嵌入在用户业务或其自身的产品和服务之中，所以较之消费品体验，此类产品的可靠性更为重要。如果"体验丰富"的消费品是为个体消费者设计的"独一无二的定制产品"，那么"体验丰富"的工业设备也是"独一无二且量身打造"的，并且与独特的工业环境相关，比如新建筑工地、新制造品或材料，还有新环境条件，包括热度、湿度等。

因为风险巨大，所以 B2B 客户在投资车间机械这类设备时较为理性。对他们而言，良好体验必须包括绝对实用的成果，如提高生产力、运行效率、运转周期和资产利用率等。重点在于体验的经济收益、使用的安全性与便捷性。这意味着要支持车间经理、机械操作员和库存工作人员的工作，并为维护、修理和升级产品提供便利（见图 4.4）。

与 B2B 形成鲜明对比的是 B2C 体验，比如智能手机应用程序、打车服务或冰箱补给服务，均涉及客户与企业之间的情感、身体和心理联系。这种体验是在直接或间接接触公司提供或展示的产品、服务和品牌时，表现的主观反应。体验可贯穿产品的整个生命周期，从发现某一品牌到调查、购买、使用、客服、维护、升级、淘汰及最后的产品回收。

随着家庭、车载和办公室内的消费体验联系日益密切，未来，依照每个人的生活方式定制唯一的无缝体验将更加困难。这既贯穿整个客户生命周期，也包括客户和公司之间的所有接触点。因此，个性化和便捷性是主要的驱动力。

诚如我们所见，两种模式（面向企业和面向消费者）交叉重叠的部分越来越多。以汽车供应商为例，佛吉亚公司在打入智能互联产品市场时，两种模式均有涉猎，我们也将在本书的案例分析进行深入探讨。佛吉亚公司在设计新款智能汽车内饰时，考虑到了终端消费者的需求，但产品本身也销售给汽车制造商，供其装配在汽车内。

设计用户体验

体验的出现，主要是由于独立的产品和服务并不能为消费者带来便捷和愉悦。体验经济指的是产品制造商之间的竞争，这种竞争不仅体现在产品的使用方法上，还体现在使用过程中用户体验到的愉悦感上。公司为了吸引客户的眼球，彼此之间竞争激烈，因此体验的重要性不言而喻。在体验经济中，每当企业与客户的接触点出现，

购买前的体验	购买体验	购买后的体验	关系管理
我要了解这家公司的服务范围	我要相信这家公司能够提出完整、相关且有效的解决方案，让我能以具有竞争力的价格获得理想的结果	等待订购的产品时，我需要这家公司向我保证一切都按承诺进行	同我查验产品，确保其正常运转，并告知保持其处于最佳状态的方法
选择这家公司，我要付出什么		订单的交付如约进行，发票应与实收产品匹配	一旦出现问题，让我尽快联系到能够解决问题的负责人
这家公司能为我提供何种资源以便于我将产品/服务售卖给我的顾客	我希望这家公司的定价、可用性乃至变化是透明可测的	我需要公司在注册和激活的过程中为我提供指导和支持	我/我客户的需求发生变化时，告知现状是否仍能满足需求或是否需要升级或更换
我想有人告诉我购买/售卖这家公司的产品/服务的最佳方法	我希望这家公司在提供支付方案和合同时能够灵活应对我的需求	如果下订单后出现任何问题，我希望公司能够及时解决	
我要能很快地了解到这家公司的哪些服务和产品能够满足我/我顾客的技术需要、预算和时间轴	下单时，这家公司已经按照我的要求做出承诺	安装后，与我共同查验，确保万无一失	更新专门为我服务的团队的信息
我希望这家公司能够明确我/我客户(表明或未表明)的需求	我应该了解在什么付款/收款，支付过程不宜复杂		支持我销售更多的公司产品，帮助我轻松应对新的业务模式

图 4.4　高科技行业中的 B2B 合作体验实例

他们就必须考虑如何将其包装成体验，提高客户的参与度。这就催生了一门新学科：体验设计，相较于其他传统设计领域，这门学科较为特殊。体验设计的重点是设计和创造产品，并在使用过程中管理好产品，其唯一目标就是提供良好体验，尽可能让用户满意。设计体验对许多产品的核心架构都有深刻的影响，第五章将针对这一点展开更为详细的讨论。

　　功能丰富的产品和服务在 B2B 和 B2C 模式中创造出的数字化体验大不相同。原因出自三个重要的环节：设计、开发和制造。大多数工业实验中，功能丰富的传统产品的设计受制于硬件的功能，后者的研发过程由机电工程师全程把控。在这种情况下，产品的设计一旦完成，直到下一代产品的设计周期开始前都不会更改。因此制造业(仍旧以制造硬件为主)把重点放在资源效率和实体组件的无故障组装上，确保所有功能都能达到所需标准。

　　即便是面向传统产品的理想化、概念化的服务，这些环节也主要与硬件有关，偶尔涉及营销专家的参与。对硬件的关注往往会影响产品的实际服务效果和经济效益。

与之形成鲜明对比的是，设计、开发、创造更为丰富的体验时，需要高度重视硬件功能、软件功能和越来越多的以云端为基础的服务三者之间的协作。研发部门须得具备跨学科的设计能力，且设计过程中要考虑销售和市场等面向消费者的部门。硬件设计变得模块化，实际不似从前复杂。反之，软件设计需增强交互操作性和灵活性，使产品在其整个生命周期内不断更新，提供理想的用户体验。从本质上讲，制造过程越来越灵活，产品在其生命周期中不断升级和更新，整个流程自然顺畅。

而目前现实似乎并非如此。一家知名高档汽车制造商的数字服务负责人向我们透露，从构思新款车型到将其引入市场需要 8 年时间，且最终的设计方案须得在上市前三年确定。整个过程发展缓慢，所以汽车行业面临的最大挑战之一，仍是预测未来市场要求的服务和体验。

汽车市场挑战者，如蔚来汽车(NIO)，选择的是另一种运作方式。他们从一种用户体验出发，在此基础上尽快建立汽车模型。中国一家汽车初创企业的经理告诉我们，这种直接调查用户体验的做法非常重要。

> "我们反复询问用户的想法。确定概念时，我们尽量减少传统的市场调查，而是直接调查客户，比如进行人种学调查。我们从设定的目标群体中挑选了一小部分，在合适的时间到他们家中进行交流[1]。"

只有深入了解客户旅程和"关键时刻"，才能增加真正实现创新体验的机会。但产品制造商必须牢记，他们设计的用户体验，必须满足任意使用场合的要求。这意味着他们要在前文提到的每个接触点和"关键时刻"上下苦功夫。

体验的优劣之分

在现如今"始终在线"的市场中，经济效益的提高取决于企业能否提供客户愿意消费的体验，以及能否留住高素质的劳动力。如果体验让客户和员工都满意，他们就相当于体验供应方的宣传大使，可以通过数字化手段，如社交媒体，将产品推广到世界各地。问题是，什么样的体验能让客户和员工都满意？

虽然对于个体和企业来说，体验都是主观的，在严格意义上讲是无法比较的，但我们还是可以从很多方面评判体验的好坏。简单来说，获得良好体验有三个因素：简

---

[1] 埃森哲访谈

单、方便和快捷。近日的一项调查结果证明了这一观点。调查人员走访了 33 个国家，调查覆盖了 11 个行业，其中 71％ 的人认为简单和方便是良好客户体验的关键特征，61％ 的人认为快捷是第三个关键特征。不出所料，调查证明糟糕的体验无法留住客户，结果必然损失惨重。在调查开始的前一年，美国有 52％ 的 B2C 客户因为原来的供应商服务质量不高而另选他人，据估计，这中间产生的经济损失高达 1.6 万亿美元①。

大多数受访者表示，良好的 B2B 体验，是指企业用户获得"及时的支持和指导，从而提高其工厂、基础设施、资产密集型业务和服务的可靠性、安全性和业绩表现"②。

对预测性维护的需求就是一个很好的例子。在侧重用户体验的 B2B 思维模式的指导下，法国电气和工业设备集团施耐德电气公司结合数字技术与物联网技术，设计了能感应用户需求的智能方案③。

通过专有算法分析海量的客户数据，包括生产、消费和电子批量处理，企业可以预测设备故障并提前采取适当行动。在这种智能预测的基础上，施耐德电气公司的设备可以快速适应环境，减少停机时间，为客户提高资产利用率。

要提供一流的体验，高素质人才同样至关重要。正如前文所述，为了留住最优秀的人才，企业必须提供能够保留员工的工作体验。这种体验的关键特征在于激发劳动者的创新思维和创造力，促使员工加强合作，帮助他们完成个人和组织的目标。

对于依靠资产和非千禧世代员工的大型实体企业而言，这说起来容易做起来难。但钢铁集团塔塔(Tata)找到了解决方法：通过反向指导项目，培养千禧员工(30 岁以下的员工)与经验丰富的领导团队之间的协同关系。年轻员工抽出时间让高层领导了解最新的数字趋势和技术。这就好比异花授粉，年轻员工也可以学习到长辈的经营和专业精神④。

但试回想之前关于生态系统的讨论：在今天这个数字时代，没有一个独立的品牌能够提供完整的体验。实际上，体验是不同供应商共同合作的产物。企业必须通过创新，找到合适可行的组合。宜家的 Tradri 智能家居灯已和苹果的 HomeKit 智能家居平台实现兼容。这意味着用户能通过苹果 iOS 移动操作系统内置的家居应用程

① 罗伯特·沃兰(Robert Wollan)，托马斯·雅各布森(Thomas Jacobson)，罗伯·亨森(Rob Honts)(2016)与客户数字'失联'，埃森哲战略咨询报告[网址链接]https://www.accenture.com/mx-es/insight-digital-disconnect-customer-engagement[2018 年 10 月 12 日获取]
② 同上
③ 埃里克·谢弗尔(Eric Schaeffer)(2017)《工业 X.0》，Kogan Page 图书出版有限公司，136－137
④ 图 5.4 和 5.5 埃森哲与世界经济论坛合作研究成果(2017)数字化转型：采掘业和金属业，1月[网址链接]http://reports.weforum.org/digital-transformation/wp-content/blogs.dir/94/mp/files/pages/files/wef-dti-mining-and-metals-white-paper.pdf[2018 年 10 月 12 日获取]

序,控制宜家智能电灯,而无须使用宜家的应用程序①。在工业领域,西门子公司的 MindSphere 和 SAP 旗下的 Leonardo 软件包可在智能车间环境中进行机器通信。这种组合适用于不同厂家生产的各类机械,也适用于不同行业的制造工厂。

工业员工的人机体验

常常容易忽视的一点是,员工也是消费者。同所有消费者一样,他们也会向 Alexa 口述购物清单;在工作之外的私人生活中,也会征询 Siri 有关餐厅的建议。所以,全球越来越多的数字化行业从业人员,不断利用智能技术改善工作体验,提高工作效率,这一点不足为奇,有人将这种现象称为商业技术的消费化。

在这种情况下,体验代表着什么? 首先,我们要推翻一部分之前区分 B2B 和 B2C 模式时得出的结论。与用户体验一样,劳动力体验也涉及情感、身体和心理纽带。劳动力体验是指个人对雇佣企业直接或间接的主观反应。该体验从找工作的环节开始,贯穿于选拔、整个在职经历、休假、娱乐、退休再到返聘。劳动力体验还包括众多"微妙时刻",如出差计划、与同事共进午餐等,涉及身体健康和幸福感,以及更为抽象的健康衡量标准,比如归属感和自我价值实现等。需注意,因为每位员工对于个人工作经历的评价都具有主观性,所以出现了与 B2C 体验相同的个性化需求。企业有机会加深对员工的了解,加强员工与企业的关系。

一项 2008 年的研究调查了全球 1.4 万名工人,一共覆盖了四代人,代表了 12 个行业的所有技能水平。研究发现,68% 的高技能工人和近一半的低技能工人,对于智能技术对其工作的影响持乐观态度②。目前,人类和机器人、大数据分析及其他技术协同工作且互不干扰,工作效率大大提高。现在,企业投资类似人工智能等感知、交流、分析、学习的技术,在自动化的基础上不断向前发展,员工的能力也不断攀升,从车间到门店的流程中,企业得以创造更多价值。

研究表明,如果公司在人工智能支持的人机合作体验上,与业绩最好的企业拥有相同的投资速度,那么其收入在 2018 至 2022 年间将增加 38%,消费品和卫生领域的企业收入将增长 50%,到 2022 年,全球利润总计将增至 2.8 万亿美元。就标准普尔

---

① 堂·赖辛格(Don Reisinger)(2017)宜家新款智能灯由苹果、亚马逊和谷歌提供设备支持,财富,11 月 1 日[网址链接]http://fortune. com/2017/11/01/ikea-smart-lights-alexa-apple/[2018 年 10 月 12 日获取]

② 埃林·舒克(Ellyn Shook),马克·克尼克雷姆(Mark Knickrehm)(2018)重启革命,埃森哲[网址链接] https://www. accenture. com/t20180613T062119Z__w__/us-en/_acnmedia/PDF-69/. accenture-Rewor king-the-Revolution-Jan-2018-POV. pdf♯zoom=50[2018 年 10 月 12 日获取]

500 指数公司来说，这相当于 75 万亿美元的收入和 8.8 亿美元的利润增长。结论显而易见，把劳动力纳入体验战略之中会得到丰厚报酬。投资者也赞同这一观点：提供良好的员工体验时，公司的业绩会比标准普尔指数高出 122％[①]。

转型的风险在哪里

几项研究揭示了公司为客户和劳动力提供体验时将面临的惊人风险。数据显示，B2C 模式下优秀企业提供的体验中，91％都能达到甚至超过客户的期望，比同行高出 21 个百分点。优秀企业达到各项业务标准的成功率也更高，特别是投资回报率（＋14％）、成本节约率（＋6％）、差异化（＋22％）、相关性提高（＋21％）、客户满意度（＋16％）、客户忠实度（＋17％）、收入（＋11％）及规模和效率（＋22％）[②]。

B2B 体验不达标时，机会成本会大幅提高。一家领先的科技制造商在保留客户、续签合同、更新产品和交叉或追加体验销售后，销售额提高了 4.9％，同时减少了渠道销售团队的低效管理时间。研究还显示，如果公司的合作伙伴能够给予有效指导和帮助，公司超额实现间接渠道收入目标的可能性会增加 63％[③]。

忠实客户获得良好的体验后，就会花更多钱坚持购买产品，对公司也会更加宽容。所以，B2B 公司如果不能提供良好的客户体验，就无法与老客户建立关系，会错失传统销售周期之外的发展机会，更新速度缓慢，从而错失良机。

在完成此书的过程中，我们采访了众多行业实践者，得出了以上结论。全部调查成果将在本书的第十一章中展示。根据调查成果，我们十分肯定，产品体验是产品制造领域商业领袖应该首先考虑的三大战略之一。达索公司的一位高管告诉我们：

> "除非你从一开始就设计复杂的用户体验，否则很难在后期研发环节将产品与体验紧密联系起来，这就是技术背后的基本逻辑。从考虑生产智能互联产品的第一天起，就应综合考量产品的设计、研发、使用和最终的端对端体验[④]。"

---

① 埃林·舒克（Ellyn Shook），马克·克尼克雷姆（Mark Knickrehm）（2018）重启革命，埃森哲［网址链接］https://www.accenture.com/t20180613T062119Z__w__/us-en/_acnmedia/PDF-69/. accenture-Reworking-the-Revolution-Jan-2018-POV. pdf♯zoom＝50［2018 年 10 月 12 日获取］

② Forrest 咨询公司（2016）期待 VS 体验：优劣与机会，埃森哲［网址链接］https://www.accenture.com/t20160825T041338Z__w__/us-en/_acnmedia/PDF-23/Accenture-Expectations-Vs-Experience-Infographic-June-2016. pdfla＝en［2018 年 10 月 12 日获取］

③ 埃森哲

④ 埃森哲访谈

汽车制造商特斯拉的一位经理表示,该公司设计师们最重要的任务之一就是"开发一款能将汽车功能与用户独特体验紧密结合的用户界面"[①]。一家高科技公司的高管透露,这是为了"打造吸引人眼球的硬件与软件组合,依靠卓越、完整的用户体验来吸引消费者[②]。"

要点回顾

（1）智能互联产品之间的差异不再体现在其传统的功能和特性上,而在于整体的用户体验。

（2）要提早认清设计良好用户体验的重要性。这一设计环节必须成为产品价值定位的重要组成部分,因此要设计、策划、监测并更新用户体验。

（3）产品的体验度上升时,体验变得更加丰富和宽泛,这就需要强大的生态系统支撑。

---

① 埃森哲访谈
② 埃森哲访谈

第五章

转型二：
从硬件到"即服务"

本章介绍了产品制造商迈向成果经济时经历的"即服务"业务模式转型。这趟旅程富有挑战，要求所有业务流程和公司部门都有所改变，但转型成功后，回报颇丰。本章将以软件公司和某些成功转型的产品公司为成功范例，进行具体分析。

"一切皆服务"逐渐成为未来成果经济的范式。设备与服务的结合将成为产品制造商的核心业务模式。随着工业设备联网功能的日益强大、智能度的不断提高，这些设备将产生大量数据，为丰富的使用情景奠定基础，从中衍生出基于服务的业务模式。尚处开发阶段的辅助性数字基础设施，或在使用中的产品内部，或在制造商手中，它们是否能够实时重组，催生新的价值链和收入，将决定业务模式类型。

例如，利用互联智能产品，法国轮胎制造商米其林将部分业务从轮胎销售转移到保障灵活安全的服务上。米其林公司把智能传感器嵌入轮胎，对产品的性能和生命周期进行检测和调配，以便出现问题时及时更换。选择这种业务模式是因为该公司清楚地认识到，比起轮胎的产品特性，客户更看重体验和自身业务的成败。毕竟，高质量的硬件设备是如今市场的必需品。

问题是，传统产品设计和制造领域的企业往往有几十年的历史，他们坚信优质硬件才是保障收益的基础。多数情况下，他们认为只有开拓、占领、击败竞争对手，才能获得市场，保障其长足发展。虽然不少企业多年来一直投资嵌入式软件，但往往把这些经济效益丰厚的软件作为产品配套设施免费赠送。接受这种新颖的理念，即让软件和数字功能成为硬件产品的主要价值来源，并以"即服务"而非交易性硬件产品的形式销售，对这些企业来说绝非易事，而在行动上做出改变则更加困难。

软件产业一马当先

软件产业是从传统以产品为中心的业务模式转型为"即服务"业务模式的先驱，这种业务模式被称为"软件即服务"（SaaS），最初由 Salesforce 和 NetSuite 等"软件即服务"初创公司引领，而后奥多比和微软等传统软件公司成功跟进。其价值所在，一目了然。我们分析了行业的整体表现，三年内，传统软件公司的年收入增长率仅为5%，而纯粹的"即服务"公司的年增长率为27%。

希望朝着类似方向发展的工业公司，应以成功转型"即服务"模式的传统软件公司为榜样，仔细研究其成功案例。例如，2011 年，奥多比的"即服务"销售份额为19%。在经历了战略大转变后，到2016 年，这一比例已经升至83%。如今，该公司拥有800 万用户，每季度增加约100 万服务客户。市场给完成战略转型的奥多比带来了丰厚的回报。截至2018 年8 月，公司市值从5 年前的120 亿美元增加至1 220 亿美元左右,同期股票市盈率从 12 倍飙升至 58 倍[①]。

但是许多其他传统的、以产品为基础的软件公司由于其传统流程、上市渠道和企业文化抵制,难以完成"即服务"转型。而奥多比等成功实现转型的公司已经完成了对其核心业务的大规模改造。

产品即服务

目前,各行业都渴望转型为服务型公司并吸引投资者注意。在工业领域,越来越多的公司正考虑免费提供核心产品,靠以产品为基础的服务盈利。至少从理论上讲,此举能在客户生命周期内创造更多收入。图 5.1 概述了不同工业企业应如何解决这一难题。

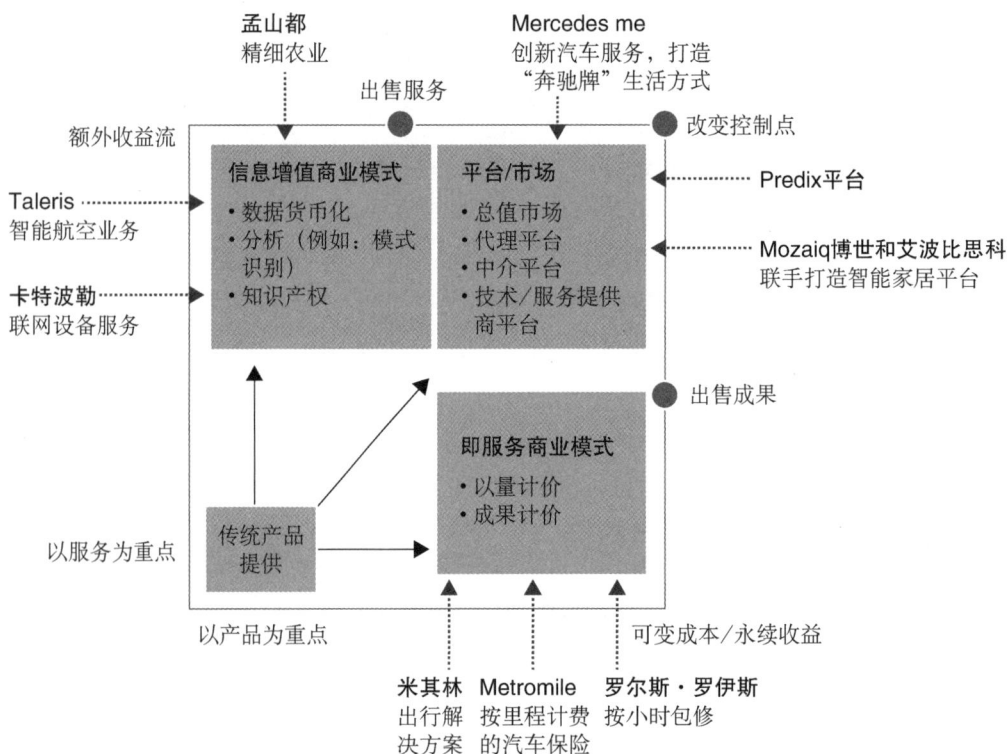

图 5.1 "产品即服务"业务模式

---

① 埃森哲

惠普和联想等硬件制造商已启用"设备即服务"的业务模式。过去销售医疗检测硬件设备的公司正考虑对检测数据进行管理，并根据个人电子记录提供基于分析的医疗保健服务。同时，汽车行业已投资打车和汽车共享业务，便于消费者随时随地使用汽车。一些工业工程公司已开始使用软件与业内电控发动机和机器实现联通，进行检测，提供维修和更换服务。

智慧之声：采访惠普公司个人系统服务全球负责人比尔·艾维(Bill Avey)

是什么促使惠普着手实施独特的"设备即服务"战略？

2019年是惠普成立80周年。没有多少硬件竞争对手能在竞争如此激烈的技术领域长久保持领先地位，要想一马当先，只能不断地转型。长期以来，我们一直运营"设备即服务"业务，为客户提供托管打印服务，我们认为这项业务在成熟的市场中有决定性的竞争优势，是惠普"设备即服务"(Daas)业务模式的精髓。我们还将此模式扩展到消费者打印领域，推广Instant Ink及时更换墨盒和订阅服务等，这些业务广受好评。而后又把业务拓展至个人电脑。目前，我们正在筹备3D打印业务，并从一开始就将其创建为"设备即服务"模式，以在市场上占领先机。目前，我们正在努力开展行业领先的惠普"创新即服务"。这种模式将在未来的战略中发挥重大作用。

惠普是什么时候把它发展成涉及公司所有部门的战略计划的？

大约三年前，客户的需求越来越复杂，他们说"惠普，我们很喜欢你们这个托管打印业务。我们也喜欢你们的个人电脑，也喜欢它们与服务配套的相关设计。你们可以在个人电脑领域也提供类似托管打印的服务吗？"可以说，除了满足其不同需求，提供各类服务和配件之外，客户还想寻找合作伙伴，为其提供配套设备和持续服务。为满足此项新需求，我们在2016年启动了新项目，最后将其命名为"设备即服务"。这些全面的设备管理服务使客户能以智能、高效的方式，把传统信息技术产业变得更加现代化。公司在整个技术生命周期内以"即服务"模式管理各类设备，信息技术部门就可以节省宝贵的时间和资源，实施相关战略计划，实现组织内部增长，可谓一举两得。

能否详细阐述实际的执行情况？

比如，我们可以提前预料你需要更换电脑电池，并主动给你运送电池。或者，某位销售部门的行政助理使用了我们的设备，后来又升职进入市场部门，图像处理和计算机辅助设计等软件突然成为其日常工作的一部分，对设备的存储空间和处理能力都有了更高需求。利用我们的分析工具，我们可以设定提醒铃声，随时满足用户需求。可以说，15 个月前，这位助理的设备还很适用，但 3 个月前，情况就完全改变了。现在，我们可以向客户解释机器提示的异常情况，并采取积极的补救措施。

最后，请描述一下适用于个人电脑的"设备即服务"模型面向的用户群体及其定价方式。

"设备即服务"的主要服务对象是购买惠普产品的客户，我们为其产品提供标准的设备生命周期服务，以保障其启动和运行，其中包括我刚才谈到的托管分析服务、Windows 成像、管理正确的基本输入输出设置、物理和电子资产标签等。还将涉及设备实际安装、将数据从旧设备转移到新设备、专业支持以及旧设备的资产追回等服务。所有这些都将捆绑定价，按每席每月的标准收费。费用包括服务和设备，期限通常为三年，但这些参数也可以变化。比如，一家全球连锁的餐厅，我们按每台收银机每月的标准定价。而针对家庭墨水订购项目，则允许家庭或办公用户每月订购一定的打印页数。

业内公司逐渐意识到：相较于硬件和传统产品的特性功能，客户更需要量身定制的个性化体验，而软件先驱早已发现这一点。此外，还需要加快创新速度，频繁升级产品，不断增添新功能，同时分析产品的实际使用情况和遥测数据，为未来产品改进和升级做好准备。相较于其他模式，"即服务"业务模式在这两方面做得最好。

重新定义核心产品架构

如何重新设计产品以提供服务？首先，我们先概括一下未来智能互联产品的特点：响应及时，通过与用户互动不断学习，提供以客户为中心的成果；它可以成为一个平台，为客户和生产商提供超个性化的成果；而且重要的一点是，这类产品能够自动找到最快捷的方式为客户提供高质量的成果。

从这个角度可以看出未来产品对制造商的影响：必须在产品中嵌入人工智能软件，在运行过程中提高硬件产品的智能度。软件和数字服务必须与产品本身一脉相连，必须确定新的业务模型和支付模式。

产品构架朝着软件驱动的方向发展，这一点必须体现在产品的设计方法上，其中包括图 5.2 所示的两大设计模式：没有"跳出思维定式"的软件设计，即嵌入两个软件堆栈，一个控制设备，另一个控制芯片；"跳出思维定式"的软件设计，主要是为了启用服务、操作应用程序、运行独立于设备的平台软件。

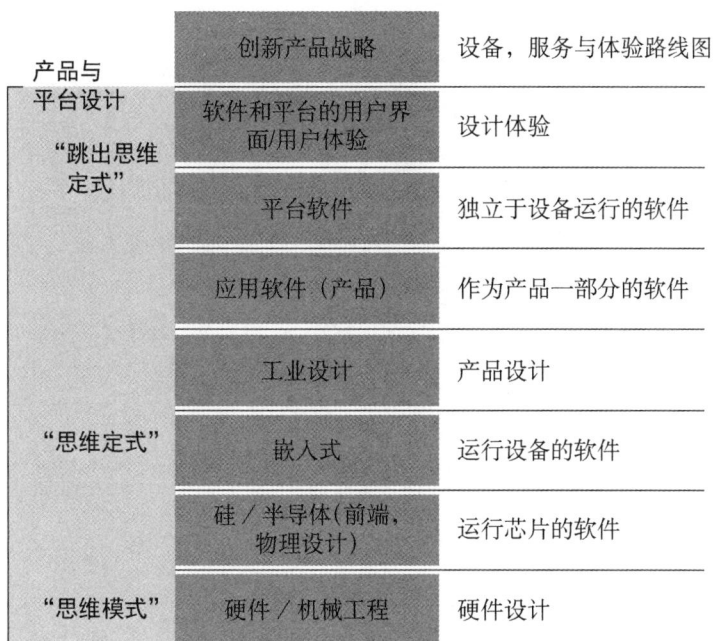

产品与平台设计		
"跳出思维定式"	创新产品战略	设备，服务与体验路线图
	软件和平台的用户界面/用户体验	设计体验
	平台软件	独立于设备运行的软件
	应用软件（产品）	作为产品一部分的软件
"思维定式"	工业设计	产品设计
	嵌入式	运行设备的软件
	硅／半导体(前端，物理设计)	运行芯片的软件
"思维模式"	硬件／机械工程	硬件设计

图 5.2　新产品设计导图

　　计划用智能互联产品取代传统产品,进而实现业绩飞跃的公司,需要设计全新的产品结构,如图 5.3 所示。

　　首先简要说明新时代产品结构所需的最为重要的组件。未来产品可以持续传送使用情况数据,便于开发下一款产品,改善客户体验。这类产品还可利用无线下载技术进行测试和软件更新。此外,未来产品能够对数据进行安全处理,尤其能保护用户的机密数据。随着未来产品智能度的不断提升,这类产品需要嵌入软件来控制传感器、半导体和执行器。它将一直保持"在线"的状态,因此联网性能必须过硬。此类产品还能提供基于人工智能、大数据分析、机器学习和深度学习的数字服务。未来产品的操作系统向外部工具和数据库开放,并以此驱动其智能组件。未来产品的用户界面有较强适应性,能为客户量身打造用户体验。

　　智能设备中的传感器和处理器将产生大量数据,需要云计算和边缘计算相结合,提供数据存储和管理机制。更重要的是,两者的结合能进行实时分析,获取数据洞察,做出有效决策。云计算的真正威力在于其运算速度快、敏捷性高,因此,产品制造商能够快速、持续地发布新产品,提高迭代速度。

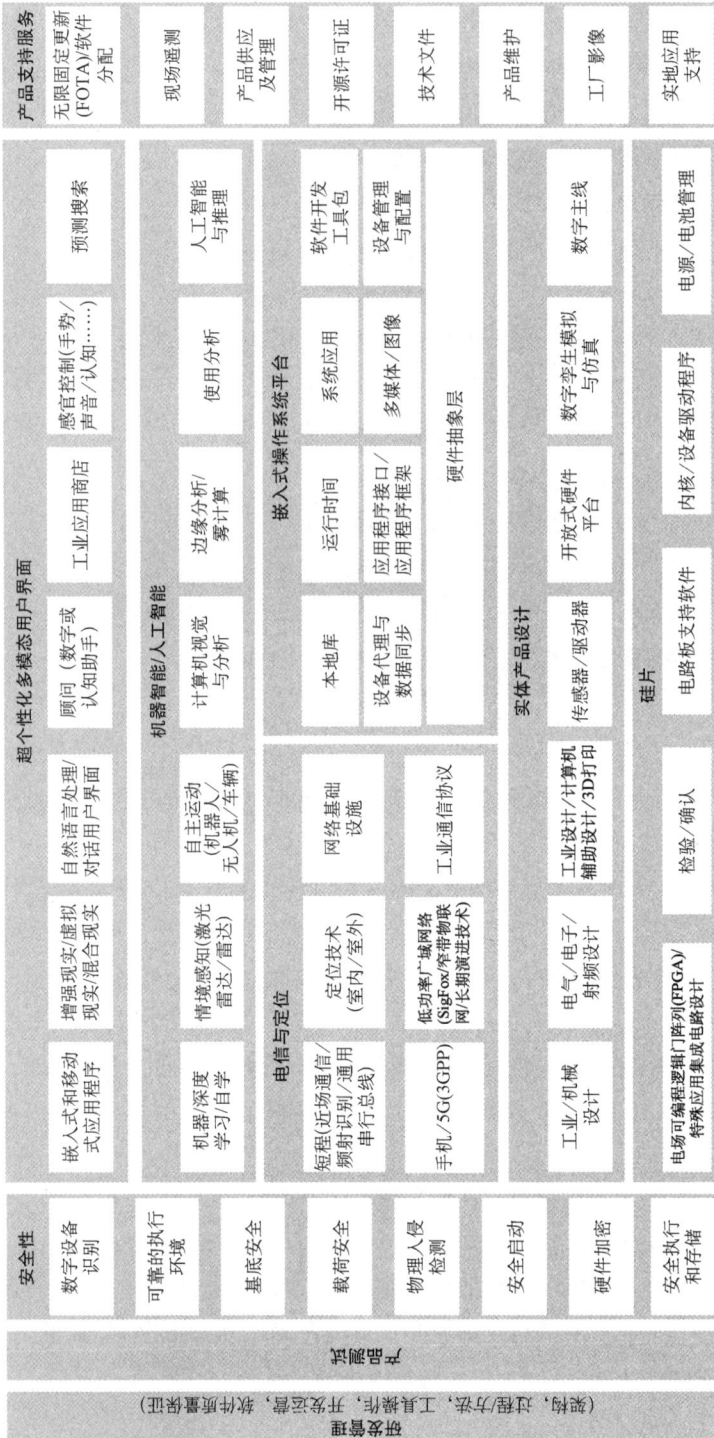

图 5.3　智能产品架构

产品支持服务
- 无限固定更新（FOTA）软件分配
- 现场遥测
- 产品供应及管理
- 开源许可证
- 技术文件
- 产品维护
- 工厂影像
- 实地应用支持

超个性化多模态用户界面
- 嵌入式移动应用程序
- 增强现实/虚拟现实/混合现实
- 自然语言处理/对话用户界面
- 顾问（数字/认知助手）
- 感官控制(手势/声音/认知……)
- 预测搜索
- 工业应用商店

机器智能/人工智能
- 机器/深度学习/自学
- 情境感知（激光/雷达）
- 自主运动（机器人/无人机/车辆）
- 计算机视觉与分析
- 边缘分析/雾计算
- 使用分析
- 人工智能与推理

电信与定位
- 短程/近场通信/预射识别/通用串行总线
- 定位技术（室内/室外）
- 网络基础设施
- 工业通信协议
- 手机/5G(3GPP)
- 低功率广域网络（SigFox/窄带物联网/长期演进技术）

嵌入式操作系统平台
- 本地库
- 系统应用
- 软件开发工具包
- 运行时间
- 设备代理与数据同步
- 多媒体/图像
- 设备管理与配置
- 应用程序接口/应用程序框架
- 数字主线
- 硬件抽象层

实体产品设计
- 工业/机械设计
- 电气/电子/射频设计
- 工业设计/计算机辅助设计/3D打印
- 传感器/驱动器
- 开放式硬件平台
- 数字孪生模拟与仿真

硅片
- 电场可编程逻辑门阵列（FPGA）/特殊应用集成电路设计
- 检验/确认
- 电路板支持软件
- 内核/设备驱动程序
- 电源/电池管理

安全性
- 数字设备识别
- 可靠的执行环境
- 基底安全
- 载荷安全
- 物理入侵检测
- 安全启动
- 硬件加密
- 安全执行和存储

法规与隐私
（监管、车/载人、工业基础结构、安全要求和法规）

整个企业共同面对的挑战

以产品为中心的公司转变成"即服务"供应商，尤其当服务对象为要求严格的商业客户时，公司将面临巨大挑战。企业从传统领域迈入全新领域，为 B2B 客户提供无缝衔接的服务，需要具备强大的操作能力。要提升服务水平，满足客户要求，需要正确的迁移策略和方案指导。

在新时代中，服务体验以智能互联产品为基础，因此智能产品的用户体验愈加重要。享受产品服务的顾客对供应商的要求提高，依赖程度加深。购买服务的客户期望产品的适应能力和交互能力达到一定水平，而不只是作为被动产品。

服务接触点为供应商满足顾客需求提供了多种途径，但也增加了让客户失望的概率。客户在关键业务流程上对技术供应商和主要业务流程外包供应商的依赖程度相同，企业或品牌一旦让客户失望，后果将不堪设想。

下面将分析成功转型的关键和尝试转型的公司面临的运营挑战，所有这些对科技公司、软件公司和工业企业都同样适用（见图 5.4 和表 5.1）。

（1）制订清晰的业务和产品战略，由首席执行官、高层团队和董事会审查通过。其中必须包括过渡计划，因为公司从产品销售转向订阅等模式时，收入变得更加分散，短期内"即服务"模式会降低公司收益。与此同时，资本支出转变为经营性支出模式，这对客户是一利好。在旧产品时代，企业习惯针对产品项目进行独立投资，而在服务至上的时代，企业投资的则是长期运营的服务项目，并平衡该持续性投资与服务收入。

（2）需牢记，公司提供的不是产品及其硬件质量，而是最终成果或以服务形式呈

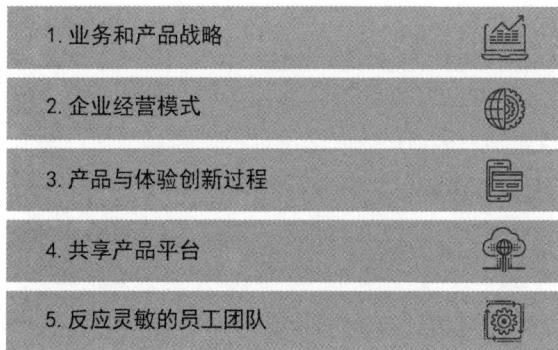

| 1. 业务和产品战略 |
| 2. 企业经营模式 |
| 3. 产品与体验创新过程 |
| 4. 共享产品平台 |
| 5. 反应灵敏的员工团队 |

图 5.4 "即服务"模式：五大支柱

表 5.1　从产品到"即服务"的转变

	传统产品 ——▶	"即服务"产品
"产品"/服务开发	注重特性和功能	以用户体验为基础
	瀑布开发	持续敏捷开发
	封闭设计	"端对端"数字主线和面向体验设计(DfX)理念
营销与销售	传统的产品营销	注重数字化营销和服务营销
	以"渠道为中心"的销售"推动模式"	以客户为中心的终端销售"拉动模式"
	一次性基于库存单位的定价方式	基于使用和成果的年金定价
	封闭销售	跨部门营销、销售和服务团队
服务与支持	注重客户"支持"	注重用户"成功"——追踪成果
	没有跟踪使用情况或跟踪有限	对使用情况的有效检测和评估
	反应中断/修复支持	主动向客户提供支持
财务	产品销售的简单统计	根据使用开发票；服务收入确认
	发票数量少	发票数量多且复杂
	预付销售报酬和信道补偿	基于用户终身价值的报酬
信息技术	基于产品的信息技术系统	基于服务的系统,包括订阅账单
	信息技术与设计完全分离	信息技术和工程操作相融合
	有限分析	强大的分析能力和大数据,向"即服务"模式发展

现的成果,这就要求公司从各个方面转变运营模式,包括开发、上市和运营。需注意,虽然公司交付的仍是产品,但必须保证产品能一直满足客户对服务或成果的要求,从前期构思和试验到运行系统和流程,这一点贯穿始终,产品的设计和操作尤为如此。在整个生命周期,公司都要与客户进行深入接触。为了提高服务质量和使用率,许多领先的"即服务"公司已经创建全新的"客户成功"部门,专门与个人用户对接。大多数传统产品公司对此概念完全陌生,它们往往专注前期产品销售,而售后服务主要集中于维修服务,只有在产品出现故障时才会提供。此外,"客户适应"团队致力于不断提高公司和客户的财务业绩。

(3) 在打造产品即服务的过程中,产品的设计和开发会产生怎样变化? 简而言之,正如第三章所述,从产品转为"即服务"模式,需要大幅提高产品的体验度。多年来,最优质的产品都是根据用户的具体功能需求设计的,而现在,面对临时产生的服务设计需求,产品公司必须对用户旅程有更深入的了解,才能打造全面的用户体验。此外,智能互联产品配套服务涉及的相关学科不断增多,产品设计师和工程师需与人工智能、数据分析和用户界面设计等领域的专家合作。另一重大变化是创新周期。过去,公司可能会进行一次性的用户观察,根据观察结果设计一款长期销售的产品。但现在,公司要设计的是能给公司反馈新数据(新用户观察)的数字体验。这意味着公司可以且必须和客户保持联系。第八章将介绍相关细节。最后,在"产品即服务"领域,客户能更便捷地更换服务供应商。因此,设计、支持和不断更新服务成为关键业务能力,将直接影响公司损益账目(见图5.5)。

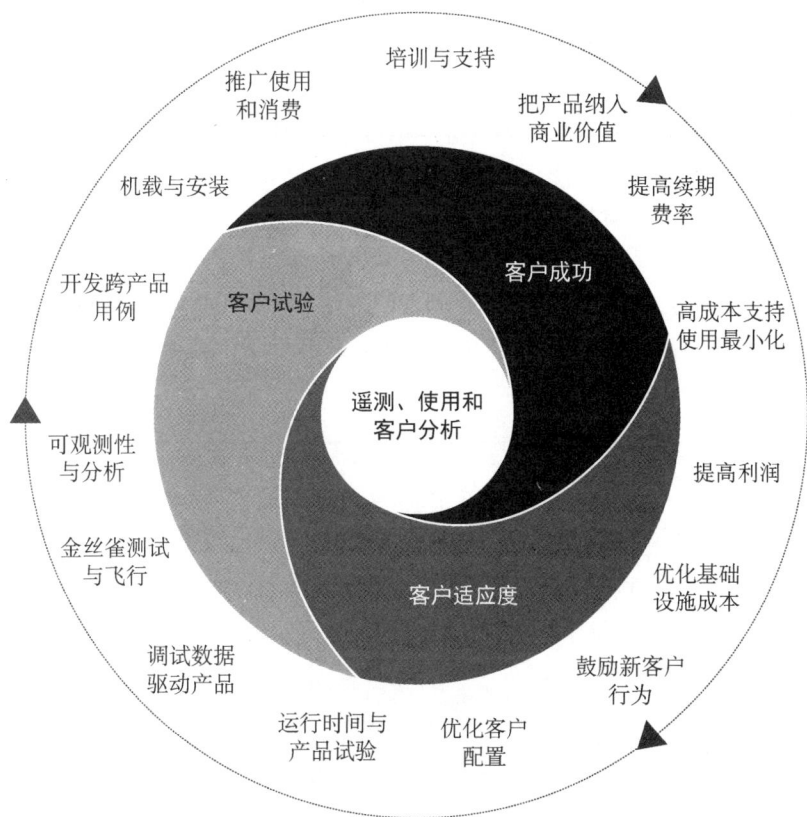

图 5.5 持续的客户参与

(4) 创建业务和产品平台,支持"即服务"模式。大多数产品公司内部的信息技术和产品设计部门相对孤立,但在"即服务"领域,两者必须密切配合。构思设计部门必须与产品生产部门紧密联系,产品基本数据需在全公司各部门间流通。例如,客户安装智能互联产品后,产品生成的数据必须接入公司系统,便于公司进行监测与修正。此外,公司需开发业务平台,使客户快捷方便地添加用户,升级产品功能,调整服务计划,目前鲜有公司支持此类业务。

（5）"即服务"模式对公司各部门间的协同配合提出了更高要求。所有部门都要灵活应变，否则效率最低的部门就会拉低整体水平。必须牢记，投入使用的产品会不断发生改变。此类产品以软件为基础，具有可重置性，公司需为其使用表现负责。为此，公司的运营模式必须跟上产品的变化速度和创新频率。转向敏捷平台设计模式是一项艰巨任务，相关方法将于第八章详细介绍。模块化的产品设计可快速重置设备或服务，也不失为有效的方法。其他设计方法很难使产品获得所需的敏捷性和灵活性。以流媒体服务公司声田（Spotify）为例，该公司仅出售软件，模块化设计提升了公司的敏捷性，保障了部落模式的正常运转。

要点回顾

（1）用户希望按需使用而不是拥有产品，催生"产品即服务"消费模式。

（2）软件产业已经证明这种转型可以创造巨大的经济价值。软件产业为汽车、工业设备或航空航天及国防工业等以硬件为中心的行业起到引领作用。

（3）这种转型不易实现，需要重新调整运营模式、产品创新流程、平台、文化和整个产品结构。

第六章

转型三：
从产品到平台

平台的概念并不新鲜，但在智能互联产品的数字时代，每个以硬件为中心的公司都迫切需要定制平台战略。虽然基于平台的业务模式拥有巨大的价值创造潜力，但并非所有传统产品公司都需要实现，也不可能实现此转型。一些互联网公司和软件公司已经建立成功的互联产品平台，许多传统硬件制造商要考虑是否作为合作伙伴加入这些平台，还是与之正面竞争。

软件和人工智能丰富了产品功能，也打开了新的市场。智能产品的协作性和响应速度不断提高，可以转化为平台。从单纯的被动产品到智能产品再到智能平台的转变，意味着设备和软件制造业发生了结构性巨变。

其中的主要问题是，智能互联产品在什么情况下能够成为且应该成为平台，即成为生态系统中心，给众多合作伙伴提供商业机会？

常见的例子是第三方开发者以智能手机为平台开发应用程序，并以此为自身和平台提供者创造收益。但要强调的是，这只是个例。平台领域尤为复杂，并非所有平台的性质都一样。也不是每款硬件产品都能转变为平台，因为很多平台只能支持软件。因此，我们必须广泛分析各种模型，以便更好地理解如何充分利用这种新颖的业务模式。

平台：价值创造的新兴核心驱动力

在过去十年中，互联网平台巨头已经实现前所未有的市场资本化，如亚马逊、谷歌、苹果、微软、阿里巴巴、腾讯、脸书等。2018 年 9 月，全球市值最高的 10 家公司中有 7 家是互联网平台公司。

另一批互联网公司也利用其软件实力，启用以平台为中心的业务模式，其中包括优步、爱彼迎（Airbnb）、网飞、推特（Twitter）、Grab、LINE、Pinterest 和日本乐天（Rakuten）。这些公司同样创造巨额财富。爱彼迎的估值超过 300 亿美元[1]，视频流媒体平台网飞公司估值远远超过 1500 亿元[2]。

图 6.1 揭示了市值最高的企业在短短十年内经历的巨变。残酷的现实是，这些相对年轻、"天生的数字平台"领军者，往往以牺牲现有产品制造业务为代价，来吸引投资者的关注，扩大收益。

---

[1] Trefis 团队福布斯专栏文章（2018）盈利大亨爱彼迎市值在 380 亿美元以上，福布斯，5 月 11 日［网址链接］https://www.forbes.com/sites/greatspeculations/2018/05/11/as-a-rare-profitableunicorn-airbnb-appears-to-be-worth-at-least-38-billion/♯211df9722741［2018 年 10 月 12 日获取］

[2] 内奥尔·兰代维奇（Neol Randewich）（2018）网飞股票市值首次超越迪士尼，路透社，5 月 24 日［网址链接］https://www.reuters.com/article/us-netflix-stocks-marketcap/stock-market-value-of-netflix-eclipses-disneyfor-first-time-idUSKCN1IP39C［2018 年 10 月 12 日获取］

起初,互联网平台给通信、媒体、传统计算技术公司带来了巨大的风险。2010 年以来,互联网平台在行业总市值中所占份额已经从 9％飙升至 30％。价值损失最大的是通信行业和计算机硬件厂商,前者从 30％降至 16％,后者从 23％降至 18％。传统软件行业保持在 13％的水平[①]。

全球市值排名前十的公司
(截至2018年12月)

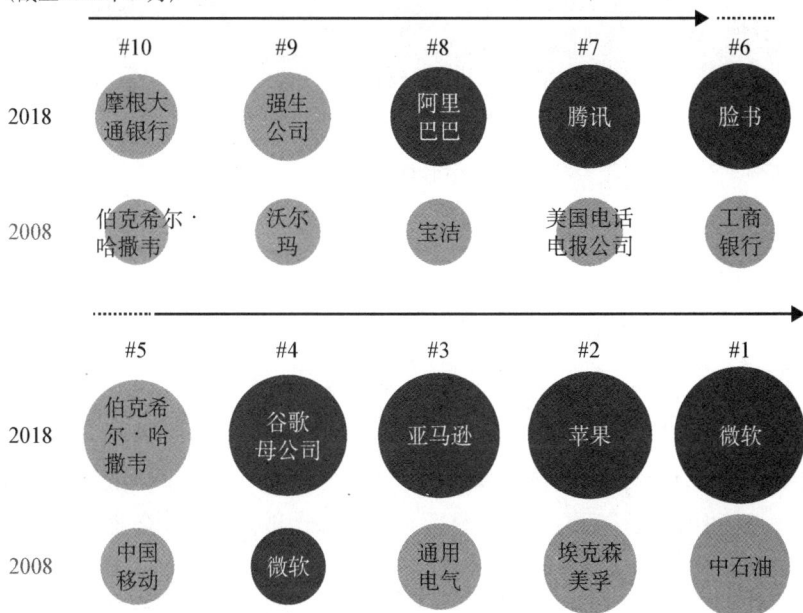

图 6.1 互联网平台的崛起

图 6.2 展示了信息技术相关领域的价值变化。有趣的是,其中半导体行业在这段时期的表现远超其他产品公司,价值份额有所增加。随着越来越多的设备可以联网,每台设备的智能程度也逐渐提高,半导体公司以及芯片和处理器制造商因物联网的崛起获益匪浅。全世界都需要越来越强大的芯片来支撑相关市场。此外,人工智能、区块链和增强现实等领域开始在半导体层面进行根本的数字化创新,这预示着半导体行业将实现长期繁荣。

下面不妨来看看工业企业和消费品企业受到的影响。我们的研究显示,2010 年以来,互联网平台在市场总价值中所占的份额增幅最大,从 12％飙升至 43％。同一时期,工业设备制造商等以硬件为中心的企业市值份额减少了一半以上,重型设备制

---

① 埃森哲

12月份总市值 2010年：5.2万亿美元	总市值年复合增长率 9.7%	12月份总市值 2018年10.8万亿美元

9%		
8%	互联网平台	31%
30%	媒体	6%
	通信	15%
13%	软件	16%
10%	信息技术服务	7%
9%	半导体	9%
23%	计算机硬件	17%

2010 2011 2012 2013 2014 2015 2016 2017 2018
年复合增长率

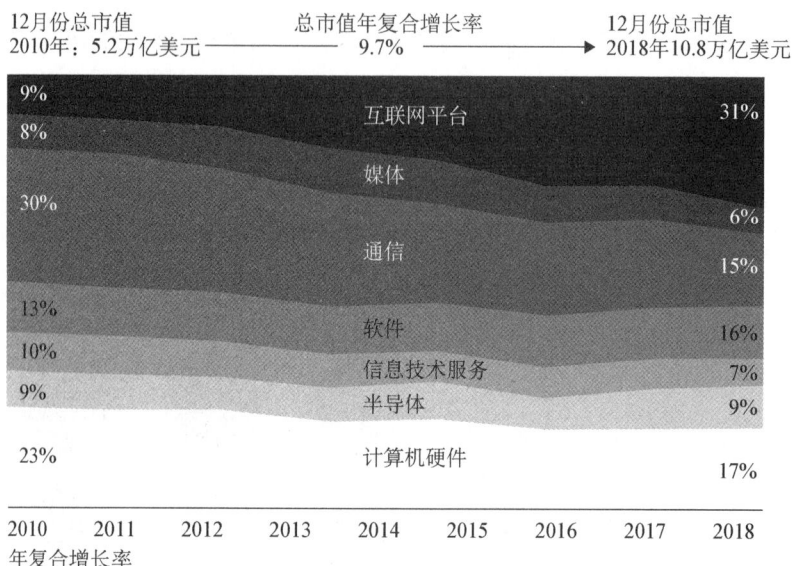

图 6.2　通信、媒体和技术行业内的价值转移

造商、汽车以及耐用消费品制造商的市值份额也大幅缩水(见图 6.3)。

　　各领域的传统产品制造商面临的真正风险,是由于平台公司和半导体公司不断推进根本性创新,传统产品制造商将在两者持续增长的价值之间夹缝生存。这与个人电脑行业有相似之处,目前个人电脑行业绝大部分利润由两家企业控制,软件公司

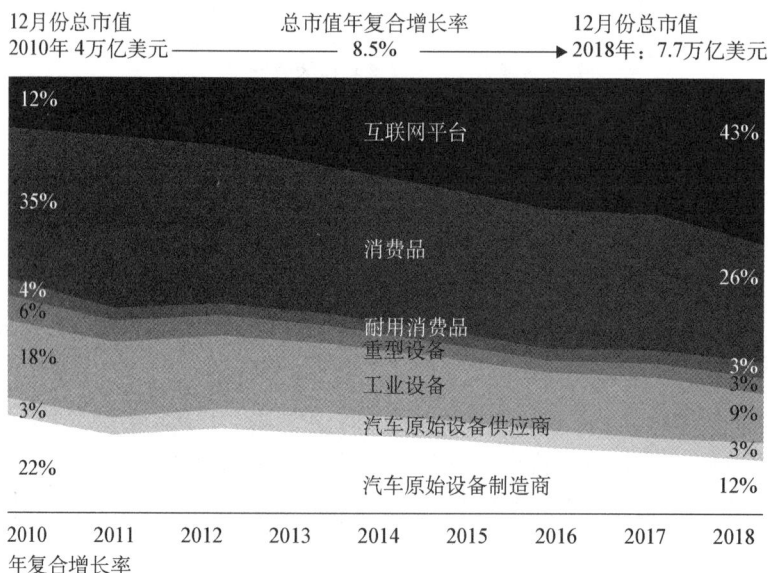

12月份总市值 2010年 4万亿美元	总市值年复合增长率 8.5%	12月份总市值 2018年：7.7万亿美元

12%	互联网平台	43%
35%	消费品	26%
4%		
6%	耐用消费品	
18%	重型设备	3%
	工业设备	3%
3%	汽车原始设备供应商	9%
		3%
22%	汽车原始设备制造商	12%

2010 2011 2012 2013 2014 2015 2016 2017 2018
年复合增长率

图 6.3　传统制造业的价值转移

微软和半导体公司英特尔。

市场资本化全球排名前十的公司中，只有苹果是硬件产品公司。但苹果是智能手机、平板电脑、语音助手、笔记本电脑和台式机等高端数字消费设备的制造商，在围绕产品创建平台方面处于领先水平，是真正意义上的混合型公司——产品＋平台公司。苹果的核心半导体大多是自主研发的，因此可以说这是一家产品＋平台＋半导体的企业。我们将在本章后面部分探讨苹果是如何做到这一点的。

苹果的硬件代表着最优质、最先进的工程技术，远胜智能手机市场上的普通设备。这一点相当关键，因为品质保证让苹果稳坐智能手机销量第一的宝座，同时使苹果公司获得并保持竞争对手难以打破的平台地位。因此，尽管软件与数字智能组件在智能互联产品中占据关键的价值权重，但高质量、高性能的硬件设计同样不可或缺。苹果的案例可以为所有面临转型挑战的硬件制造商提供指导，成功将硬件产品转化为平台。

汽车制造商特斯拉也可作为榜样，不同于苹果的高端智能手机，特斯拉汽车设计之初就被定义为平台。特斯拉互联系统工程部门的一位主管告诉我们：

> "必须把汽车视作传感器平台，通过摄像头、超声波传感器和雷达来感受和记录周围的道路情况。这些数据可用于开发驾驶员助手和自动驾驶功能，或开发驾驶员培训系统[1]。"

平台种类繁多，各不相同

简单来说，产品是销售的商品，而平台是支持不同参与者进行交互的基础设施。

所有成功的平台都会产生所谓的网络效应，平台的价值会随着用户数量和使用量的增长而提升。经济学家称之为"需求方的规模经济"，这与大多数硬件产品公司采用的传统"供应方的规模经济"大不相同。

在供应方面，公司的重点是扩大制造、供应链、采购和分销的规模。比如，生产一百万辆自行车，有了基础设施后，平均每辆自行车的生产成本比单单生产一辆低。同样，价值也随着用户数量的增加而上升，但用户并没有参与到网络之中，只是与销售公司进行一次性接触：购买一辆自行车。

相比之下，基于网络的平台公司更关注扩大用户数量，推广平台的使用。这种模式往往需要大量的前期投资来开发产品功能，建立用户基础，直到临界点出现，即平

---

[1] 埃森哲访谈

台提供的服务所累积的价值大于开发和运行该平台所需成本。一旦平台成功越过这一点，创造价值的潜力将不可限量。

最初以网络为基础建立的平台是一种物理系统，就好比公路、公用设备、铁路，后来的电话和现在的互联网。现在，平台业务活跃在交易、数据、社交社区、开发等领域，也有可能拓展到人工智能领域。

表6.1列出了目前实际可见的五种平台类型。

表6.1 五种主要的平台类型

		业务模式	简述
市场平台		业务匹配	方便销售商、分销商和终端用户之间的商品及服务的买卖
	实例	电子商务：亚马逊，阿里巴巴，eBay	
		酒店预订平台：缤客网（Booking.com），Trivago，Travelocity，好订网（Hotels.com），Kayak	
		点播平台：网飞，HBO Now，声田	
		支付平台：贝宝，苹果支付，亚马逊支付，谷歌钱包	
社交与合作平台		合作	发展合作关系，加强通信，建立交际关系，与用户共享数据
	实例	社交媒体：脸书，推特，Pinterest，Instagram，领英（LinkedIn）	
		即时通信：WhatsApp，Skype，LINE，微信	
		商务会议：Skype for Business	
共享平台		配对	利用共享经济和共享数据的力量
		共享数据：Waze，Flixster，Yelp!，Zillow	
	实例	共享经济：众筹（Kickstarter，Indiegogo），民宿（爱彼迎、沙发客），乘车/拼车（优步、Lyft、Zipcar、DriveNow、即行、Blablacar）	
物联网平台		创建编配	将来自传感器、设备、网络和软件的信息汇集在一起，共同释放数据中的价值
	实例	B2B：美国国际商用机器公司的 Watson 物联网平台，通用电气 Predix，施耐德电气 EcoStruxure，西门子 MindSphere，飞利浦昕诺飞平台物联网	
		B2C：海尔 U + 平台，苹果 HomeKit，谷歌智能家居	
开发者平台		创造	连接终端用户和开发者的一款基础设施或一套技术。平台作为其他应用程序、产品或开发流程的基础
	实例	云平台：亚马逊云计算服务，谷歌云平台，微软 Azure	
		操作系统：移动手机（苹果 iOS，谷歌安卓，黑莓 OS，Windows Mobile），桌面（Windows，Mac OS，Linux）	
		浏览器：谷歌 Chrome，微软 Edge，火狐	

构建成功的平台，九大要素缺一不可

虽然决定平台成功的因素视其类型而定，但是成功的平台通常有以下九个共同特征（见图6.4）：

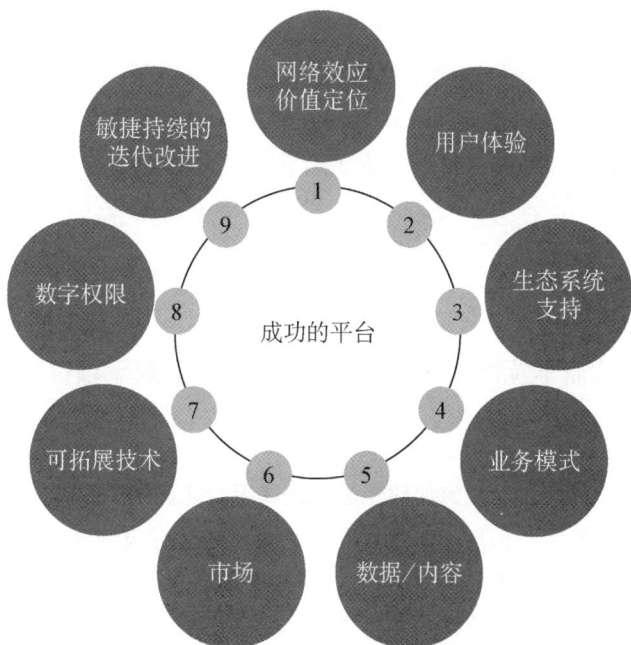

图6.4 成功平台的关键组成部分

（1）**基于网络效应的价值主张。**平台的价值随着用户数量和使用频率的增加而上升，这带来了循环、自我强化的效果。由于大多数平台都牵涉两个群体，比如买家和卖家、用户和开发者，因此为每个平台的利益相关者提供具有吸引力的价值主张至关重要。Waze公司就是一个很好的例子。Wave交通与导航平台于2007年推出，通过用户分享的群众性驾驶数据，惠及Waze用户，提高驾驶质量。如今，Waze已成为大众应用程序，用户遍布185个国家，每月有1亿活跃用户[①]。

（2）**富有吸引力的用户体验。**目前所有领先平台的核心是提供易于理解、易于使

---

① 克雷格·史密斯（Craig Smith）（2018）15个位智（Waze）统计数据及发现，数字移动无线电协会（DMR），10月27日［网址链接］https://expandedramblings.com/index.php/waze-statisticsfacts/［2018年10月12日获取］

用的体验。试想使用谷歌搜索引擎,在优步(或中国的滴滴)上预订出租车,或是在苹果应用商店或 Google Play 上购买应用程序有多么方便。

(3) **强大的生态系统。**领先的平台供应商拥有数千甚至数百万开发者、创新合作伙伴、系统集成商和服务合作伙伴支持他们的平台。这需要生态系统的强大支持,包括解决方案开发者工具(SDKs)、应用程序接口、开发人员支持和生态系统开发活动等。对于工业企业,平台合作伙伴甚至可以包括其他产品制造商或第三方服务供应商。我们将详细分析几个实例。在健康的生态系统中,所有参与者共存共生,共享价值。平台为合作伙伴提供各种透明的价值分享机制,但平台发起者必须确定平台的类型,海纳百川的开放式平台或者由平台协调者严格控制的封闭平台。Mindtribe 公司首席执行官史蒂夫·迈尔斯表示:"建造一个成功的平台绝非易事。要关注并尽快开发用户价值。尽你所能,让更多的潜在平台用户使用,使平台获得更多支持。"

智慧之声　伦敦商学院"Sir Donald Gordon 创业与创新"项目麦克·雅克比德 (Michael G. Jacobides)教授

在智能互联产品时代,如何评估生态系统和平台之间的关系?

从表面上看,智能手机操作系统或移动电话带宽标准等平台的开发比生态系统更为频繁。有时,平台无法催生生态系统,因为它们的成员之间没有共存关系。在我看来,平台和生态系统之间的根本区别在于,生态系统中,你关心的是系统中其他部分的开发,却不会关心平台内部的开发。在这方面,生态系统创造了更具体的关系,这基本意味着系统相对封闭,可对抗其他封闭系统。

这是否意味着平台与智能互联产品的战略相关性降低了?

不是的,我仍然认为平台非常重要。建立在相对松散的关系之上的平台变得更加通用,甚至可能在监管下会更加标准化。如果这些成为用户标准(比如 5G 无线标准),那这些平台就不再具有战略和经济意义。尽管如此,我认为智能产品仍要进行互联运作。产品之间的关系可能是依靠平台而建立的一般关系,或者是更加具体的关系,这意味着产品须无缝接入其他供应商,以提高公司价值,或改善用户生活,我相信后者会是主要价值来源。在我看来,智能产品、平台、生态系统之间有着清晰的联系,同时也会影响公司与其他平台和生态系统竞争时的战略选择。

（4）**业务模式清晰**。平台所有者通常不是依靠用户直接使用平台来获益，甚至大多数情况下与平台的使用无关。例如，谷歌和脸书不向使用其平台的用户收费，收益主要来自广告商，这些平台靠用户搜索信息时界面上投放的广告来赚钱。其他收入来源包括交易费、使用费和许可权。有趣的是，如今顶级平台的业务模式和业务组合各不相同。成功之路不止一条，但业务模式必须清晰明确。请参阅图 6.5 以了解互联网平台领军企业中的业务部门分类。

2017年各业务类型的收入份额

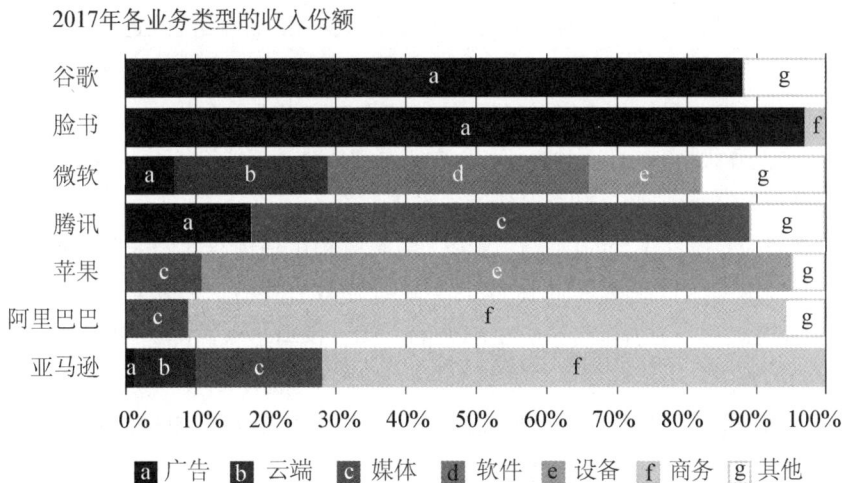

a 广告　b 云端　c 媒体　d 软件　e 设备　f 商务　g 其他

图 6.5　平台巨头拥有多样化的业务模式

（5）**数据和内容独树一帜**。基于数据的平台模型必须创建或聚合专门的数据集。像 Yelp 这样的消费者评论网站，用户数据就可作为其专有数据集。Zillow 房地产网站上聚合的公众数据或 ComScore 网站上的使用数据也是如此。

（6）**市场**。虽然并非所有平台都包含市场功能，但设有市场功能的平台必然可以达到买方和卖方的质量临界点。但这里的市场指的是广义的市场，如 B2B 模式中联系企业和个人的枢纽。特定用户群或行业中出现此类市场后，将创造巨大的网络效应。试想苹果应用商店和 Google Play 的力量，目前智能手机制造商有数十家，但基本应用程序市场只有这两家。

（7）**拓展性**。即拓展全球用户基础，让用户数量突破数百万甚至数十亿的能力。这种目标只能通过最先进的、基于云端的开放型基础设施实现。目前，很少有传统产品公司采用这种基础设施模式。

（8）**数字授权与安全**。这个问题的重要性日益突出，因为近期私人信息泄露和滥用的情况愈演愈烈，几家互联网平台巨头都受此影响。艾可菲(Equifax)的数据泄露之后,其首席执行官、首席信息官(CIO)、首席安全官(CSO)纷纷下台,公司的财务状况受到持续冲击①。eBay 1.45 亿用户的个人数据被盗②。2014 年,雅虎的数据泄露影响 5 亿用户,该公司不得不支付 3500 万美元解决此事③。所有的领导者都努力提高其平台安全性,以获得最大限度的用户信任。

(9) **迭代过程中不断提高敏捷性。**平台公司每天或每周发布新功能。虽然建立平台的初衷通常是便于进行关键交互,但是领先的平台会在发展过程中迅速添加新功能。以非初始的方式使用平台时,会发现其中大多数功能。传统产品公司的产品开发周期通常以月甚至以年为单位,公司通常只关注核心产品的改进。市场竞争中,创新速度是非常关键的"武器",大多数产品公司即将输掉这场战役。传统汽车与特斯拉汽车的差距就是一例。毫无疑问,特斯拉将自己视为平台公司,定期发布软件更新,从根本上升级汽车。我们的一位受访者说:"软件永远在升级,一位顾客在 2013 年购买的汽车升级到现在,功能已经远胜当年④。"

网络效应是制胜平台的决定性因素。供应商和用户创造共同的网络价值时,网络效应呈现出循环的、自我拉动式的发展势头,使双方获益。为发展平台、提高经济效益,供应商和用户双方都做了大量必要的工作。这与传统产品公司的线性价值链形成鲜明的对比。传统产品公司需要在营销和销售方面不断投入资金,以便在竞争激烈的市场上推销产品。这对品牌的创建也有影响,因为公司要根据平台中具体的推广渠道确定相应的品牌推广预算。

平台对产品制造商的重要性

尽管敏捷性平台快速发展,但许多传统产品公司发展缓慢,还没有意识到平台和清晰、引人注目的平台战略有多么重要。但除了高明的战略以及强大的管理支持外,还要确定实施方法。即使有着清晰目标,也需努力发展必要的技能和能力,以适应数字时代竞争的速度迅速行动。错过这一代转型或者对其理解有误,企业就可能陷入

① 埃琳娜·霍洛德尼(Elena Holodny)(2017)艾可菲数据泄露,首席执行官下台,商业内幕,9 月 26 日[网址链接]https://www.businessinsider.de/equifax-ceo-out-2017-9·r=US&IR=T[2018 年 10 月 12 日获取]

② 吉姆·芬克尔(Jim Finkle)(2014)黑客入侵 eBay,1.45 亿条购买记录遭泄露,路透社,5 月 21 日[网址链接] https://uk.reuters.com/article/uk-ebaypassword/hackers-raid-ebay-in-historic-breach-access-145-million-recordsidUKKBN0E10ZL20140522[2018 年 10 月 12 日获取]

③ 卡齐姆·舒伯(Kadhim Shubber)(2018)雅虎 3500 万美元罚款的教训,金融时报,7 月 12 日[网址链接] https://www.ft.com/content/4c0932f0-6d8a-11e8-8863-a9bb262c5f53[2018 年 10 月 12 日获取]

④ 埃森哲访谈

長期停滞或衰退。

智慧之声　PTC 公司首席执行官,詹姆斯·E. 海博曼

工业企业难道不能自己开发这样的软件平台吗?

制造商可能原本会想开发这种技术。但我认为,考虑到市场的发展速度,还有新用例的出现,他们意识到付出巨大的努力只能让一个终端用户受益。我们还认为,智能互联产品的物联网平台是"长尾"问题的经典案例。推特拥有数百万用户。如果有人想制造智能互联产品,那就要先开发一款应用程序用以监控。过了不多久,他们还需要另一款应用程序来分析和预测产品何时会出现问题,然后他们可能需要另一个应用程序来通知销售经理和客户经理,还需一个应用程序告知他们客户端可能发生的情况。所以我们谈论的是一系列的应用程序,而使用这些程序的用户可能非常有限,但是它们创造巨大的价值。在我看来,一个普适的平台是大家应该追求的目标。而行业客户似乎已经接受这一点——毕竟我们不是物联网平台市场上唯一的公司。

为了进一步增强紧迫感,越来越多的新兴数字领军企业从纯粹经营互联网和基于软件的平台转向硬件业务,以充分利用他们认为传统公司忽视的机会。谷歌、亚马逊、脸书和微软现在都设立了关键的产品部门。甚至像英特尔这样的半导体公司也在向价值链的上游移动,以提供完整的参考设计,有时还提供品牌产品。

这些互联网平台的领导者们已经或正在积极地考虑进入更传统的行业,他们已经从其平台业务中积累了丰富的资金。试想众多参与无人驾驶汽车项目的科技公司,正试图吞掉汽车制造商的午餐。其先进的运营模式、庞大的客户基础以及低廉的扩张成本,意味着他们能够迅速站稳脚跟,改变游戏规则,削弱现有企业的实力。

这种颠覆性的环境也为进入市场的新企业提供了机会。想想蔚来汽车、拜腾汽车(Byton)甚至戴森(Dyson)等企业是如何进入汽车行业的[1]。即使是以前的供应商

---

[1] 尼尔·温顿(Neil Winton)(2017)英国真空吸尘器制造商戴森计划涉足电子汽车领域福布斯,9 月 26 日[网址链接]https://www. forbes. com/sites/neilwinton/2017/09/26/dyson-british-vacuum-cleaner-plans-electric-carassault-with-2-7-billion-plan/[2018 年 10 月 12 日获取]

也开始追赶他们的长期客户,比如汽车内饰专家佛吉亚。

汽车制造商特斯拉互联系统工程部门的高管告诉我们:"在我看来,智能互联产品具有所有平台的特性。许多情况下,它们不是单一的平台,而是一个平台组合①。虽然平台战略对产品公司至关重要,但并非所有产品公司都能够或者应该直接开发平台。许多仍将选择与新建或现有的平台领导者合作。"

胜利者将掌控数字技术的战略应用,以建立成功的平台业务模式,失败者将错过一座金矿。预计到 2025 年,由数字化带来的 100 万亿市场价值中,有三分之二将由平台驱动的交互活动创造②。

产品制造商正在寻找出路

以苹果公司为例,该公司作为传统硬件公司进入平台并发展成业内领军者。苹果曾经仅是计算机硬件制造商,现已经转变为以智能互联产品为基础的平台公司。

事实上,今天的苹果拥有不止一个而是若干个成功的平台:苹果的应用商店是连接用户和开发者的应用程序的市场,苹果支付是连接商家和消费者的支付平台,苹果地图是基于数据的平台,汇集了大量的地理空间数据供消费者使用。事实上,苹果操作系统 iOS 也是开发者用来开发移动应用程序的平台。

苹果应用商店平台的成功尤其引人注目。2008 年,苹果推出应用商店,现已发展成拥有 2000 万注册开发者的生态系统③,他们开发了 220 万个应用程序④。每款应用程序都为苹果公司和制造商带来了收益,下载次数总计超过 1400 亿⑤。苹果公司与开发者的分成是七比三,所以迄今为止,苹果应用商店已为该公司创造了 380 亿美元

---

① 埃森哲访谈

② 埃森哲(2016)平台经济:由外向内的技术驱动型业务模式创新[网址链接]https://www. accenture. com/t00010101T000000Z__w__/gb-en/_acnmedia/accenture/Omobono/TechnologyVision/pdf/Platform-Economy-Technology-Vision-2016. pdfla=en-GB♯zoom=50[2018 年 10 月 12 日获取]

③ 英格丽德·隆登(Ingrid Lunden)(2018)苹果应用商店注册开发者达 2000 万人,收入高达 1000 亿美元,周访问量达 5 亿[网址链接]https://techcrunch. com/2018/06/04/app-store-hits-20m-registered-developers-at-100b-in-revenues-500m-visitors-per-week/[2018 年 12 月 6 日获取]

④ 吉夫·莱斯文(Kif Leswing)(2018),苹果公司分享旗下应用商店的运营数据,商业内幕,1 月 4 日[网址链接]https://www. businessinsider. de/apple-app-store-statistics-2017-2018-1? r=US&IR=T [2018 年 12 月 6 日获取]

⑤ 莱埃纳·拉奥(Leena Rao)(2016),苹果应用商店下载量突破 1400 亿,财富,9 月 7 日[网址链接]http://fortune. com/2016/09/07/apple-appdownloads/[2018 年 12 月 6 日获取]

的收益[1]。

值得注意的是,苹果公司的大部分收入和利润仍然来自硬件销售:iPhone、iPad 和 Mac 电脑。

在苹果的带领下,一系列工业企业已经朝着类似的业务模式迈出了重要一步。下面是六个突出的案例。

福特与 Autonomic 合作建设交通出行云端,这是一个开放的新平台,用于实时连接和协调城市内的出行服务,如汽车、共享汽车、公交车、火车和打车服务。

通用电气 Predix 是工业物联网平台,也是"即服务"平台,用以收集、存储和分析工业机械和设备数据。通用电气的目标是成为业内互联机器和设备的标准,类似于苹果的 iOS 和谷歌的安卓系统。Predix 平台设计了工业分析库和分析框架,用于提供针对数字孪生和应用程序的机器学习分析,其他制造商也热衷于沿着通用电气 Predix 的道路前进。边缘分析和云分析应用于物联网数据流时,可以检测异常、下达指令、预测维修发出警报等。

施耐德 EcoStruxure Power 是一款开放的,基于物联网的,可供使用中低压设备的客户共同使用的平台架构。它利用物联网、移动技术、传感器、云计算和网络安全等先进技术,使用次数已超过 48 万,支持超过 2 万个系统集成商,连接超过 150 万台设备[2]。

约翰迪尔开发了 MyJohnDere,这是一个开放的信息平台,为农业生产者提供关键信息,如生产或农场运营数据。数据来源于与约翰迪尔设备相连的机器、操作人员和经销商,并供他们共享。

佛吉亚利用派诺特(Parrot Automotive)和埃森哲的专长,研发开放平台,通过数据分析、人工智能、远程信息处理和云服务等技术,管理汽车座舱的所有功能。佛吉亚新开发的智能车载技术已给该公司带来了 15 亿欧元的订单。到 2025 年,销售额将达到 42 亿欧元,在 2020 到 2025 年间,年均增长率为 33%[3]。

中国家电巨头海尔打造了开放市场平台 Cosmoplat,方便消费者根据个人需求直接通过众多硬件生产商订购洗衣机、洗碗机或冰箱。海尔的角色从产品开发者和制

① 吉夫·莱斯文(Kif Leswing)(2018),苹果公司分享旗下应用商店的运营数据,商业内幕,1 月 4 日[网址链接]https://www.businessinsider.de/apple-app-store-statistics-2017-2018-1? r=US&IR=T[2018 年 12 月 6 日获取]

② 施耐德电气公司(2018)下一代 ExoStruxure 平台[网址链接]https://www.schneider-electric.com/en/about-us/press/news/corporate-2018/ecostruxure-power.jsp[2018 年 10 月 12 日获取]

③ 佛吉亚(2018)资本市场中佛吉亚的转型,5 月 15 日[网址链接]http://www.faurecia.com/sites/groupe/files/pages/20180515-investor-day-presentation-en_0.pdf[2018 年 10 月 12 日获取]

造商转变为生态系统协调者,领导、联系、协调、统筹、管理各利益相关方。

上述例子都证明了从传统产品向产品＋平台转型的可行性。毫无疑问,一家拥有150年工程经验的制造商,相比依靠软件驱动的年轻颠覆者,转型会更加困难,但依然可以实现,而且其智能互联产品应集中于平台之上。

互联网平台巨头：是敌是友

市场研究机构国际数据公司(IDC)预测,到2018年底,50％以上的大型企业以及80％以上实施先进数字转型战略的企业,将以某种形式创建平台或与平台建立合作伙伴关系[①]。传统产品公司必须将互联网巨头提供的平台视为值得信赖的潜在合作伙伴,同时也要视之为有力的竞争对手。在某些情况下,两者之间的竞争十分激烈,甚至会影响传统企业业务,但有时此类平台会扮演合作伙伴或者推动者的角色。你可以把苹果应用商店或Google Play单纯看作给你的硬件产品分发应用软件的渠道,对你的公司百利无一害。

我们认为,所有以产品为基础的公司在确定与互联网平台巨头和其他竞争对手的关系时,需要明确对方是敌是友。要明确是否需要构建平台,如果答案是否定的,则应考虑在何时何地买入平台或与之合作。

对许多产品公司来说,选择合作伙伴是更合适的做法,因为他们的技术几乎不可能赶超领军企业,投资也比不过他们。目前,世界上在研发领域投入最多的企业是亚马逊,谷歌的母公司Alphabet位居第二,微软排名第五,如图6.6所示。实际上,在全球研发投入最高的10家企业中,有7家不是互联网平台,就是高科技领军企业。

这些公司投资规模巨大,既是为了满足今天的需要,也是为了未来的战场做准备,包括自动驾驶车辆、增强现实、地图和地理空间数据、人工智能和语音助手以及支付平台。

因此,企业必须认真区分竞争与合作关系,这个问题绝不能含糊对待。产品制造商要考虑计划投资的平台类型。表6.2介绍了现有工业企业可能面临的平台模式。

不同的企业在做"是敌是友"的决策时思考的出发点不同。大众和宝马等汽车制

---

① 莎拉·默里(Sarah Murray)(2015),国际数据集团预测"DX经济"在数字化转型和各行各业第三平台技术大规模扩展的关键时期崛起,美国商业资讯11月4日[网址链接]https://www.businesswire.com/news/home/20151104005180/en/IDC-Predicts-Emergence-DX-Economy-Critical-Period[2018年12月7日获取]

2017年在研发方面的投入（以十亿美元为单位计算）

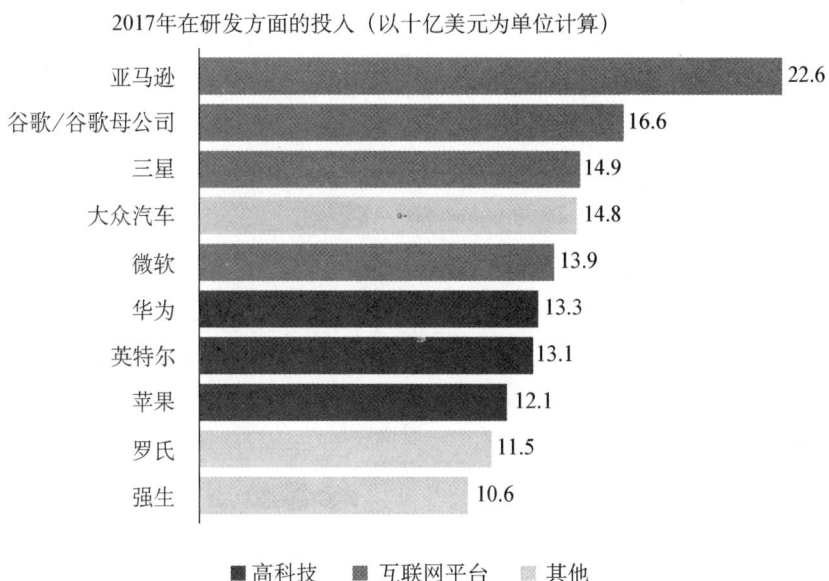

亚马逊	22.6
谷歌/谷歌母公司	16.6
三星	14.9
大众汽车	14.8
微软	13.9
华为	13.3
英特尔	13.1
苹果	12.1
罗氏	11.5
强生	10.6

■ 高科技　■ 互联网平台　▨ 其他

图 6.6　全球研发投入最多的十家企业

资料来源：福克斯，J(2018)亚马逊，最大的研发投资者，不相信研发，彭博社，4月12日［网址链接］https://www.bloomberg.com/opinion/articles/2018-04-12/amazon-doesn-t-believe-in-research-and-development-spending［2018 年 12 月 6 日获取］

造商在数据技术、数据处理中心甚至是在量子计算项目上投入了大量资金。德国科技巨头博世已经向谷歌发起挑战，大力发展智能家居解决方案的数据技术。通过开设新的智能家居子公司，博世将首次直接与终端消费者对接。

其他企业选择"做朋友"这条路，成为大型互联网巨头的盟友。沃尔沃是将数字技术和汽车生产相结合的先锋。它已向外部供应商，如瑞典电信设备制造商爱立信，寻求计算机技术的支持。该公司宣布将从 2019 年初在新车上安装谷歌的安卓操作系统，并与优步合作开发自动驾驶汽车。

最后，要注意的是，采用平台模式不代表放弃当前以产品为基础的业务模式。实际上，现有业务线往往给新平台打下了坚实的基础，很多时候给平台储备了资金。昕诺飞(Signify,前飞利浦照明)的核心业务仍是照明灯具。惠普仍将生产打印机；波音仍将生产飞机；米其林还是生产轮胎；奔驰仍旧生产汽车。但是平台业务模式为这些公司提供了机会，使其产品在数字时代得以创新，同时带来巨大的经济效益。

表 6.2　每种平台的竞争机会

	产品制造商的潜力	基本原理
市场平台	中等	成熟的消费者市场应对新的竞争对手的能力有限
实例 海尔开发的 COSMOPlat 亚马逊支付 苹果支付 eBL 区块链平台		产品公司可以依靠其客户基础来开创微型市场,尤其是在 B2B 领域中
社交与合作平台	中低等	成熟的社交能力,潜力有限 有机会创建特定行业或特定客户群体的"微型社区"
实例 约翰迪尔		注意:有助于增强产品特性,但考虑到用户基础较小,实现货币化比较困难
共享平台	高等	全球市场更加分散,有更多新的竞争对手进入市场
实例 通用美文 福特汽车		利用已安装的基础数据来创建数据平台和/或组织行业联盟来创建数据平台,包括利用区块链
物联网平台	高等	利用产品安装基础
实例 通用电气 Predix 飞利浦昕诺飞平台 卡特互联 智能家居平台		
开发者平台	低等	很难创建一个广泛的新开发者平台,但是可以创建一个"子平台",这个平台由当前允许第三方开发者访问和定制产品的行业领先企业建立
实例 以亚马逊云计算服务为基础的飞利浦秀智能照明 Fanuc Robots 佛吉亚座舱智能化平台		

要点回顾

（1）平台业务模式正创造巨大的市场价值。

（2）每家产品公司都必须有平台战略,决定是否建立自己的平台或寻找合作伙伴,决定参与何种平台类型,不可随意对待。

（3）许多产品公司会选择与当前的平台领导者,即互联网巨头合作,但所有公司都要了解该决策的风险与回报。

第七章

转型四：
从机械电子技术到人工智能

本章着重阐述人工智能技术对于加速产品智能互联的重要意义。目前由软件控制的产品是机械工程的产物，很快将通过人工智能技术实现转型。只有人工智能技术才能赋予软件驱动的产品以真正的自主思考和决断能力，极大地改变产品的创新方式、适应性及响应速度。下文将详细介绍此类重要变化，概述人工智能对于互联产品运作的意义。

软件的兴起和软件驱动型人工智能技术的兴起,标志着产品制造企业的重大变革,其重要性不亚于从蒸汽时代迈入电气时代。现代计算机的一些机械元件也在短时间内被软件所取代,例如,非机械的闪存技术取代了硬盘技术,现在又给云储存服务让路。

现在这种变革正在影响传统工业产品。一个世纪以来,汽车都由内燃机、各种工业零件、电子和微电子系统组成,其中电子与微电子的比重不断上升。如今汽车逐渐由软件主导:通过程序代码发动引擎,监控汽车安全,给乘客提供娱乐设施,控制导航系统等。

当前领先的产品与服务供应商提供了强大的软件和数字功能,而尚未实现这种功能的供应商将面临被淘汰的风险。由软件驱动的互联网平台娱乐供应商如网飞、声田及苹果 iTunes 商店等。自然资源行业已成为数据可视化软件的重要来源。软件跃升成为零售和物流行业的支柱,控制着车队和商店。Skype 和 Zoom 等软件通信产品引发电信行业的震荡。

几十年来,电子、微电子及数字科技在硬件产品及制造工艺方面的重要性显著上升,这为软件发展打下了基础,成为人工智能发展的基石。

人工智能：产品公司的巨大变革

即使与软件时代所有其他高速发展的产品改进相比,人工智能仍代表巨大的飞跃。大量成熟的人工智能技术意味着软件智能趋于先进水平,驱使产品向自动化发展。这一点正在改变制造商对产品的理解,影响产品的制作流程、用户的互动方式、产品的潜在性能,甚至产品的基本定义。

高管们对于人工智能的具体内涵仍有很多困惑,我们不妨先来解释一下基本概念。首先,人工智能不是单一技术而是技术集成,其中一些技术由来已久,另一些技术则是最新突破的成果。

更确切地说,人工智能结合了信息技术系统、研究工具和研究方法,如数据挖掘、模式识别、自然语言处理等。这些技术使机器得以感知、理解和操作,可使它们自主学习,或在极少的人工辅助下学习。人工智能支持的产品能够自主学习,并能以不断降低的成本调整和改进,发展极具颠覆性。

图 7.1 列举了人工智能基础技术,分类依据为主要产品功能对应的支持技术。

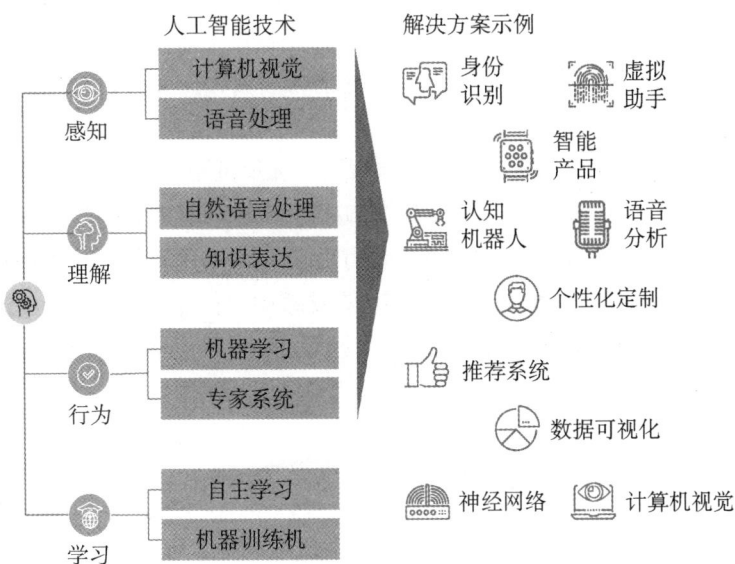

图 7.1　人工智能基础技术

如图所示,企业可在其产品中应用四种人工智能类人能力。

第一,人工智能技术赋予产品感知能力。目前,产品可以通过文字、图片、声音、对话主动感知世界。语音和人脸识别分别模仿人类的听觉和视觉,吸收周围信息用于分析处理,这两项技术早已广泛应用于人工智能系统。这些新型技能与旧有感知技术系统相辅相成,可以收集对智能产品的运作至关重要的物理数据。

第二,人工智能可使产品以类人方式进行理解,这一点也许是最重要的能力。得益于自然语言处理、推理技术和知识表达,人工智能系统可以添加意义和见解,分析和理解外部信息,这是自主决策的基础。

第三,产品行为和决策能力不断提高。自动驾驶汽车就是一个很好的例子。

第四,人工智能系统可以学习,这一点也相当重要。人工智能不断增长的知识储备意味着其对周围环境进行的合理干预中都渗透着自己的理解。尽管目前人工智能引擎仍需人为训练,但产品自主学习和修正的能力将不断提升。

这些基本性能打开了全新的未来。一时间,人工智能驱动的产品能以前所未有的速度为用户打造超个性化的成果,其准确率和便捷性都前所未有。

不同的人工智能技术相结合,可打造完美的用户解决方案,如虚拟助理或语言助手,比方说亚马逊 Alexa 或微软小娜。

此类辅助服务均需通过自然语言处理技术来理解人类语言。自然语言处理结合机器学习，可以分析人类问题，给予合理答复。每位从事人工智能研究的业内人士，包括很多业外人士，都听说过谷歌最近发布的人工智能算法，Duplex着实让人耳目一新。发布会上，Duplex给一家饭店打电话，它能与店员轻松交谈，并用流利的人类语言预订座位。

图7.2展示了这种辅助系统工作的原理图。优步机器学习平台前负责人丹尼·兰格(Danny Lange)表示："人工智能终于突破实验研究领域，迅速发展为行业变革的基石[①]。"智能硬件领域，人工智能主要改变了用户界面和用户与产品的互动方式，同时使产品提供优质服务。如今，人工智能已在诸多硬件行业得到不同程度的应用，同时在消费者和业务用户的日常生活中，人工智能的作用也将与日俱增。我们不妨快速全面地回顾下人工智能在制造业和产品使用中的日常作用。

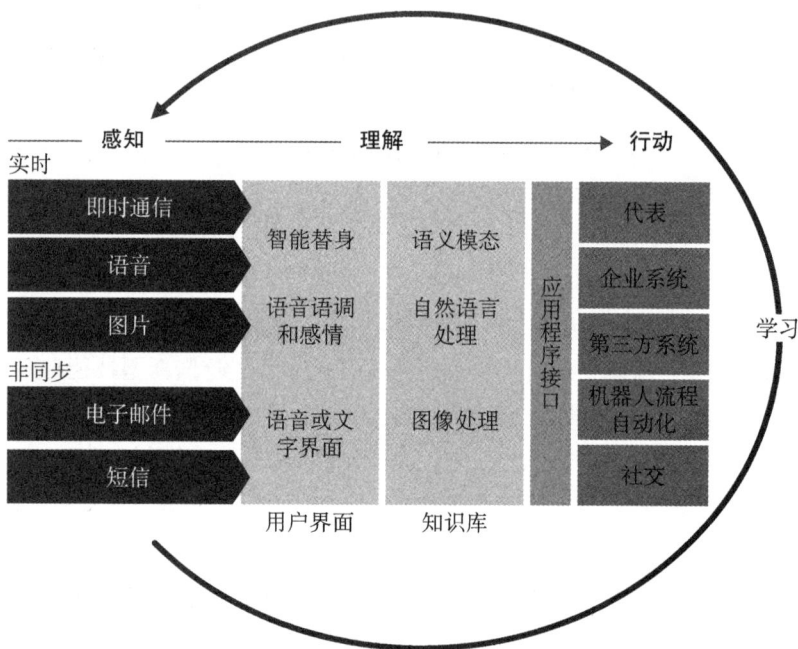

图7.2 虚拟客户助理的技术成分

（1）工业装配线可通过人工智能改装。弗劳恩霍夫原料周转与物流研究所(IML)的工程师已在测试嵌入式传感器，为汽车工厂开发可自我调适的装配线。

① 保罗·多尔蒂(Paul Daugherty)，詹姆斯·威尔逊(James Wilson)(2018)《机器与人》，哈佛商业评论出版社

该装配线可自动调节装备步骤,以满足不同特性需求,匹配高度定制化汽车的附加装置。因此,工程师们无须再为单个车型系列设计单种装配线,相反,这些装配线可根据需要进行调整,用于多种车型生产①。

(2) 工厂利用人工智能操控的机器人手臂,可以给装置上热胶,安装挡风玻璃,平滑不规则的金属边缘,等等。一般而言,当机器人的工作改变时,工程师需重新编程。而日本机器人行业先锋发那科(Fanuc)与日本软件制造商 Preferred Networks 联合研发的新型机器人手臂,却可以独立调试。为实现这一操作,他们使用了名为深度强化学习的人工智能技术,机器人接收成果画面,利用试错法寻找解决方案。首选网络的研究总监比户将平(Shohei Hido)表示,执行新任务时,该机器人手臂可通过 8 小时的自学达到 90% 以上的准确率,这两项数字几乎与编写程序的机器人相同。机器人手臂已实现自学,人类专家便可完成更复杂,尤其是需要判断的任务。此外,每当机器人学会了某项任务,便可与同一网络中的其他机器人共享知识。八个机器人手臂共同学习一小时,与一个机器人手臂单独学习八小时结果相似。比户将这一过程称为"分散学习",并表示"你可以想象工厂中成百上千的机器人共享信息"。包括丰田在内的汽车制造商已利用这一方法训练算法,用于自动驾驶汽车②。

(3) 医疗案例:考虑到可利用患者基因组、对不同化学成分的反应等大量个人数据,采用整齐划一的治疗方案显然是不合理的。得益于人工智能技术,我们将迎来以基因测试为基础的"个性化医疗"时代。过去,给每位患者单独分析、处理所有可能的治疗方案组合,几乎是不现实的。如今,智能系统正在取代这一工作。几十年后,甚至更短时间内,医生给众多患者采用相同的医疗方案就会贻笑大方。每位患者的治疗方案都将实现个性化定制。类似地,GNS 分析公司利用大量数据组,为患者匹配特定药物或非药物治疗手段。联合创始人科林·希尔(Colin Hill)称,这将帮助公司改善成果,降低成本,节约数十亿美元开支。个性化医疗还将解决临床试验中存在的严重问题:80% 的失败都是由患者和药物不匹配引起的③。

(4) 汽车行业及其供应商都在竭力开发车载人工智能技术的复杂功能。车载感

① 詹姆斯·威尔逊,艾伦·奥特(Allan Alter)和沙拉德·萨契戴夫(Sharad Sachdev)(2016)《业务流程正学会自我毁灭》,哈佛商业评论,7 月 27 日[网址链接]https://hbr. org/2016/06/business-processes-are-learning-to-hack-themselves [2018 年 10 月 12 日获取]

② 威尔·奈特(Will Knight)(2016)《该工厂机器人一夜间学会新工作》,麻省理工科技评论,3 月 18 日[网址链接]https://www. technologyreview. com/s/601045/this-factory-robot-learns-a-new-job-overnight/ [2018 年 10 月 12 日获取]

③ PPD 公司(2018)PPD 任命 GNS 医疗首席执行官科林·希尔为董事会成员,7 月 3 日 https://www. ppdi. com/News-And-Events/News/2018/PPD-Names-Colin-Hill-CEO-of-GNS-Healthcare-to-its-Board-of-Directors [2018 年 10 月 12 日获取]

应器可收集大量驾驶人及行驶条件的数据。人工智能可以兼容用户个人数据，如驾驶行为、疲劳程度、使用习惯等，还有专门测量的情景数据，如天气或交通状况等。启用人工智能的汽车随后可更改用户界面设计，激活或关闭特定功能，重新配置整车性能。

人工智能发展的三大要素

人工智能技术成为未来智能互联产品的核心，主要是通过以下三项技术成果实现的：①不断提升的设备及云端运算能力和数据存储空间；②大数据分析；③人工和机器工具的发展，运用相关技术解决业务问题的员工团队的壮大。

人工智能技术往往蕴含庞大数据，而云端及储存空间几乎拥有无限容量，对人工智能快速发展不再构成阻碍。全球公共云计算的价值预计将于 2021 年达 3 020 亿美元，数据存储空间也将无所不在[①]。据国际数据公司统计，全球信息技术云服务收益预计将从 2016 年的 1030 亿美元增长到 2021 年的 2 770 亿美元，同时，云存储市场将以 29% 的复合增长率扩大，市场规模将于 2022 年达 925 亿美元，而 2017 年此数字仅为 252 亿美元[②]。

大数据分析是第二大要素，它以强大的处理器和存储技术为基础，在工业领域发挥着重要作用。随着接入装置数量的上升，全球数据规模将在 2025 年增长 10 倍，达 163 泽字节[③]。

人工智能几乎可以利用任何类型的数据，无论是图像、文字、音频，还是结构化或非结构化数据。因此，一些学者用食物与人类的关系来类比数据对于人工智能的重要意义。海量数据管理和强大的计算速度为人工智能注入庞大能量，使其智能应对，自主学习，从而获得更加个性化的结果。

随着人工智能技术的突飞猛进，长期以来的经济理论模式将悄然改变。传统认为劳动力、资本、知识产权、物质资产是经济生产的五大要素。人工智能时常被称为"第三种劳动力"，其实质是人类劳动与资本资产结合的产物，但多数经济学家将其认

---

① 高德纳(2018)高德纳预测 2018 年全球公共云计算营收将增加 21.4%，4 月 12 日[网址链接]https://www.gartner.com/newsroom/id/3871416[2018 年 10 月 12 日获取]
② 美国商业资讯(2017)研究与市场预测：2017 到 2022 年，云储存市场将达 924.8 亿美元[网址链接]https://www.businesswire.com/news/home/20170614005856/en/92. 48-Billion-Cloud-Storage-Market-Forecasts [2018 年 10 月 12 日获取]
③ 尼克·伊斯梅尔(Nick Ismail)(2017)数据的价值：预计到 2025 年将十倍增长，信息时代，4 月 5 日[网址链接]https://www.information-age.com/data-forecast-grow-10-fold-2025-123465538/[2018 年 12 月 6 日获取]

定为第六大要素,认为其具有提高效率和生产率的巨大潜力。新型人机关系解决方案将人工智能技术融入人类执行的特定任务中,我们认为这是人工智能得以快速投入使用的第三大要素。

图 7.3 展示了未来人工智能将如何有效促进企业发展、提高盈利能力及可持续性。

人工智能价值杠杆可显著加快增长,提高盈利能力和可持续性
未来十年企业价值增长示例

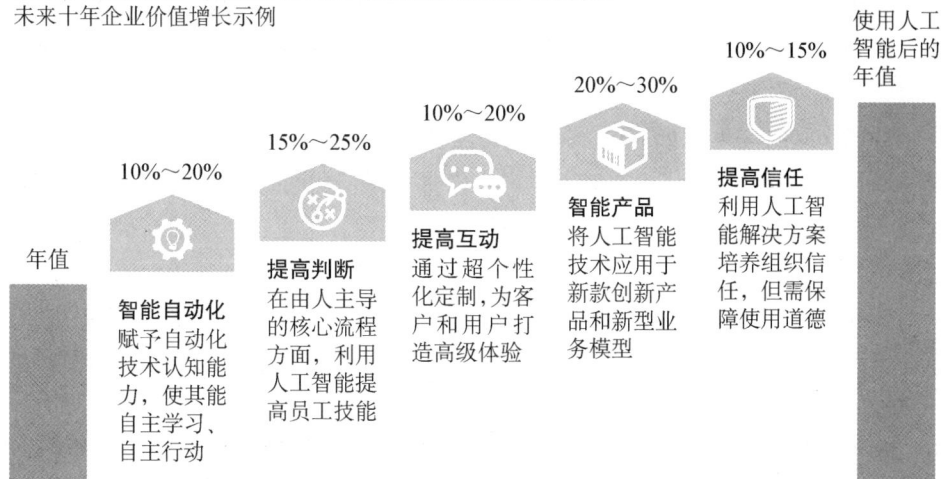

图 7.3　人工智能可恢复与加速盈利能力

语音技术势不可挡

语音助手功能是产品公司采用的主要人工智能技术。语音将取代键盘或触屏成为新一代用户界面,作为用户与产品互动的主要途径。一些分析人士预测,到 2020 年,全球语音助手技术用户将达 16 亿以上[1]。

过去五年间,语音助手技术发展态势良好。它首先在智能手机上亮相,随后又应用于智能家居音箱,如亚马逊 Echo 和谷歌 Home 等。语音助手技术受到消费者热捧,甚至引发了业内人工智能风潮。从汽车到家用电器,各类设备都迫不及待地嵌入人工智能技术。

---

[1] 菲利普·贝斯坦(Philippe Pestanes)和本杰明·戈蒂埃(Benjamin Gautier)(2017)智能语音助手的崛起,*Wavestone* 公司［网址链接］https://www.wavestone.com/app/uploads/2017/09/Assistants-vocaux-ang-02-.pdf［2018 年 10 月 12 日获取］

Siri 是第一款商业产品的内置语音助手,2011 年 10 月发售的苹果 iPhone4S 首次揭开其神秘面纱①。谷歌紧随其后发布了谷歌助手,并于 2017 年广泛应用于安卓手机②。

2015 年亚马逊 Echo 的发售标志着智能音箱的诞生③,短短三年,智能音箱已成为消费类电子产品史上最成功的案例之一。Echo 发布一年后,谷歌推出谷歌Home④,苹果随后于 2018 年推出 HomePod⑤。三年前,智能音箱市场尚未出现,如今蓬勃发展,2018 年全球销售量达 5 600 万名。⑥ 语音助手装置已显著改善了公司培养客户互动关系的能力。人工智能家居设备发售后,亚马逊和谷歌的市值都直线上升。

此类产品的快速发展离不开全球语言支持的持续扩展。2018 年底,谷歌助手支持 30 种语言,覆盖 95％的全球智能手机用户⑦。助手服务的质量和准确率也在飞速提升,现在领先的语音助手能够理解全球 95％的词汇,而回答问题的准确率也已超过 80％⑧。

毋庸置疑,语音助手技术已日臻完善,足以实现较高的用户满意度和使用率。2018 年埃森哲数字消费者调查显示,来自 19 个国家的 2.1 万名消费者对使用"独立

---

① 卢克·多梅尔(Luke Dormehl)(2018)苹果历史上的重要一天：Siri 在 iPhone4s 上首次亮相,苹果崇拜组织,10 月 4 日[网址链接]https://www. cultofmac. com/447783/today-in-apple-history-siri-makes-its-public-debut-on-iphone-4s/[2018 年 10 月 12 日获取]

② 玛吉·蒂尔曼(Maggie Tillman)和丹·格拉汉姆(Dan Grabham)(2018)谷歌助手是什么以及能做什么? *Pocket Lint*,10 月 9 日[网址链接]https://www. pocket-lint. com/apps/news/google/137722-what-is-google-assistant-how-does-it-work-andwhich-devices-offer-it[2018 年 10 月 12 日获取]

③ 琼·卡拉汉(Joan Callaham)(2018)亚马逊 Echo 智能音箱现已上市,定价 179. 99 美元,7 月 14 日发售,安卓中心,7 月 23 日[网址链接]https://www. androidcentral. com/amazon-echo-now-available-everyonebuy-17999-shipments-start-july-14[2018 年 10 月 12 日获取]

④ 内皮尔·洛佩斯(Napier Lopez)(2016)谷歌家居最终发布定价与售价信息,*The Next Web*,10 月 4 日[网址链接]https://thenextweb. com/google/2016/10/04/googleshows-off-home-can-take-amazons-echo/[2018 年 10 月 12 日获取]

⑤ 苹果产品消息咨询博客(2018)Homepod：采用 Siri 的苹果智能音箱现已上市[网址链接]https://www. macrumors. com/roundup/homepod/[2018 年 10 月 12 日获取]

⑥ 布雷特·金塞拉(Bret Kinsella)(2018)Canalys：2018 年智能音箱销量为 5600 万台 Voicebot,1 月 7 日[网址链接]https://voicebot. ai/2018/01/07/56-millionsmart-speaker-sales-2018-says-canalys/[2018 年10 月 12 日获取]

⑦ 雅各布·卡斯特里纳克斯(Jacob Kastrenakes)(2018)谷歌助手很快能识别用户所用语言,*The Verge*,2 月 23 日[网址链接]https://www. theverge. com/2018/2/23/17041920/google-assistant-languages-multilingualdetection[2018 年 10 月 12 日获取]

⑧ 基夫·莱斯温(2018)谷歌助手与苹果 Siri 和亚马逊 Alexay 在智能领域迎面竞争,*商业内幕*,8 月 4 日[网址链接]https://www. businessinsider. de/google-assistant-vs-apple-siri-amazonalexa-comparison-2018-7? r=US&IR=T[2018 年 10 月 12 日获取]

数字语音助手"表现出强烈兴趣,而用户满意度反馈也颇高,94%的用户对语音助手设备表示满意或非常满意,这一评价对于新型设备产品而言是难以置信的[①]。

因此,众多制造商都在考察在其产品中嵌入语言助手技术。消费品领域的早期实例有搜诺斯(Sonos)的语音控制音箱、微软的 Windows 10 系统、家居科技领导品牌 Nest 推出的家用摄像头。事实上,亚马逊和谷歌正在展开一场"军备"竞赛,欲将各自的人工智能技术尽可能融入第三方产品。

数字家居助手执行任务的过程,充分彰显了人工智能技术的先进程度和潜能。音箱可播放音乐,提供信息,播报新闻及体育比赛成绩,可播送天气预报,随你的心情变化改变智能家居光线,可通过云端自动更新,不断学习语音对话要求。设备的使用频率越高,对个人用语习惯、词汇和个人喜好的适应性越强。下一代助手平台将会更加出众,未来它们将理解复杂的句式,并用之进行交流,同时还可识别用户的情绪和心情,做出合理回应。总而言之,这些系统表现将更加人性化。

图 7.4 展示了未来几年虚拟助手设备的用户群将如何增长。

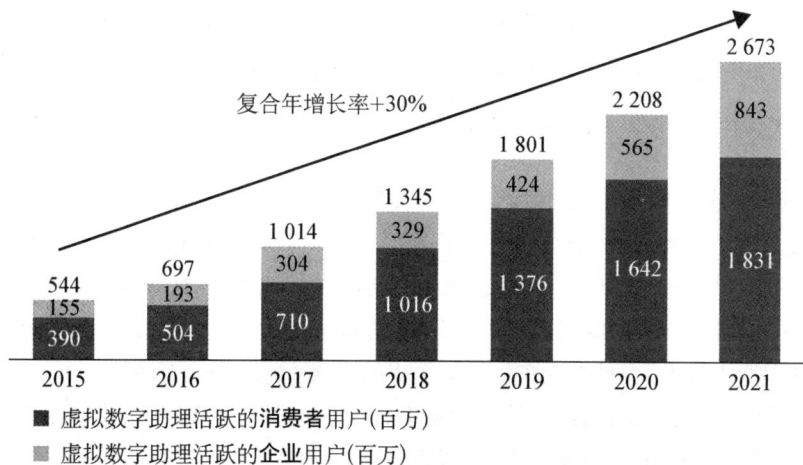

图 7.4　虚拟助理的增长

消费领域已成为工业及其他制造商发展的风向标。在工业领域,特斯拉、宝马、捷豹路虎等**原始**设备制造商(OEMs),还有包括佛吉亚在内的一线车饰供应商,已在车内配置亚马逊 Alexa 语音助手和其他智能助手。其他传统制造商若能以相同的方式利用人工智能技术,其营收增长也将直冲云霄。打造智能互联产品及配套服务,持

①　埃森哲(2018)找到专属你的超级智能[网址链接]https://www.accenture.com/us-en/_acnmedia/PDF-69/Accenture-2018-Digital-Consumer-Survey-Findings.pdf [2018 年 10 月 12 日获取]

续改善用户体验是成功的关键。本书"产品再造实例"章节将围绕此重要话题展开分析,介绍更多实例及学习成果。

新型用户体验的案例之一就是一种人工智能家居助手,它能随时根据厨房、食品柜和冰箱的食材研制菜谱。主要食材用完后,它还能自动购买,并追踪餐前准备动态。这项技术将彻底改变人们的用餐习惯和用餐时间,可以说,无论在家里,在车内,还是在工作中,人工智能将以相同的方式改变人们生活的方方面面。

然而,工业企业也应谨慎对待消费领域的发展。随着时间的推移,人工智能将不再被视为一种技术工具。正如 Alexa 逐渐成为亚马逊的代言人一样,人工智能品牌可能会掩盖制造商的品牌身份,给发展技术的制造商带来挑战。

各产品中的人工智能

通过数字人工智能助手实现的语音控制不过是一个开端,智能程度更高、自控能力更强的设备是大势所趋。除了语音领域的技术进步,人工智能在影像、图片和声音领域的发展也同样振奋人心。例如,Nest 影像门铃可利用人脸识别软件**识别**访客,而后决定是否开门。新兴的自动驾驶汽车市场,制造商利用一系列人工智能摄像头和超声波技术来设计自动驾驶仪。这些用例表明,智能产品提供的数字服务将以人工智能为核心因素。

智能产品的发展趋势很可能与半导体相似。著名的摩尔定律曾对半导体做出如下预测:处理器性能不断增强,而芯片价格持续下降。本书曾提过,今天普通联网设备的处理能力已远超 20 年前的超级计算机。如英伟达(Nvidia)、英特尔、高通(Qualcomm)等厂商生产的最新芯片,其本质是物联网产品的嵌入式人工智能超级计算机,处理能力惊人,一秒内能在信用卡大小的模块上运算一万亿次。

回顾智能度的框架,每位产品经理都会提出这一关键问题:"产品最终将有多智能?"答案尚未可知,但显而易见的是,智能度有望持续上升。有时基本的联网产品也有极高的智能度,但我们相信大多数产品将发展为智能产品,拥有卓越的人工智能技术和非凡的智能度水平。其中小部分会发展成完全自动化的模式,使产品自主决策,如一款植入人体内的医疗仪器,可测量血糖值,自动计算并匹配适合剂量的胰岛素[1]。亚马逊网络服务部门技术副总裁马可·阿根蒂(Marco Argenti)表示:"尽管多数设备的智能性得以提升,功能强大的设备与周边廉价智能装置连接形成"中心对话"模型,

---

[1] 李胜浩等(2017)按需和脉冲注射胰岛素的可植入无电池装置,*自然杂志*,4 月 13 日[网址链接]https://www.nature.com/articles/ncomms15032[2018 年 10 月 12 日获取]

但功能简单、成本低廉、云端智能的设备也将并驾齐驱[①]。"

在独立"大脑"的指挥下,自动操控的机器人技术可自主决策。可想而知,相较于功能类似但认知能力较弱的产品,这一点可为用户创造更多价值潜能,为制造商提供市场独占权。这里的主要区别在于,纯粹的服务只能准点提醒患者注射胰岛素,而另一款产品却能使患者的健康水平保持持续稳定。

可以说,现代人工智能技术带来的巨大变革,是 20 世纪下半叶计算机硬件革命以来前所未有的。它将成为 21 世纪的突破性技术,使所有制造业部门重回持续扩张之路。制造商们必须意识到这一点,并决定其发展模式。

由于支持人工智能的各类技术组合价格合理,人工智能早晚会得到普及。最终,所有工业产品都将全面改造以匹配人工智能技术,并尽可能实现自主自控,无论是医疗设备、水泵、工业器械、建筑设备,还是汽车。新增智能将赋予产品交流和适应的能力,使产品通过整个工业价值链的软件平台交换数据,最终实现 B2B 和 B2C 产品系列的全面数字化改造。

随着产品进入高价值的数字化市场,同类产品中首先完成改造的企业将抢占先机。所有硬件制造商都要提高警惕,防止初创企业或软件公司等市场挑战者分一杯羹。

人工智能技术探索者

研究表明,将近 70％的制造商认为人工智能是未来几年产品创新和理论增长的核心。实际上,有 73％的制造商认为人工智能正渗入或改变工业产品与服务的方方面面,这是大势所趋。91％的中国制造商和 96％的美国制造商持此观点,而德国只有 51％的制造商表示认同。过半的制造商表示,未来 3 年内(到 2021 年),至少30％的产品与服务组合将由人工智能驱动,其中 25％的制造商认为这一数字将达 50％[②]。

值得注意的是,98％的受访者早已以不同方式将人工智能嵌入其产品,虽然大多数都是与其他技术相结合,而非作为独立的产品部件。同时如图 7.5 所示,制造商清楚地认识到,将人工智能技术与其他数字技术相结合,尤其是与移动计算和大数据分析技术相结合,可以提高运营效率,丰富用户体验。

---

① 埃森哲访谈

② 埃森哲(2018)将可能性转化为生产力［网址链接］https://www.accenture.com/t00010101T000000
Z__w__/gb-en/_acnmedia/PDF-76/Accenture-IndustryX0-AI-products.pdf［2018 年 10 月 12 日获取］

总体		最快吸收速度	最慢吸收速度
移动计算	65%	卡车生产商 70%	工电和重型生产商 64%
大数据分析	61%	卡车生产商 90%	重型生产商 53%
量子计算	54%	汽车供应商 58%	汽车供应商 45%
物联网	51%	工电生产商 62%	卡车生产商 20%
区块链	47%	工电生产商 53%	汽车生产商 20%
自动机器人	41%	卡车生产商 50%	汽车供应商和重型生产商 34%
浸入式体验(如增强现实和虚拟现实)	34%	汽车生产商和卡车生产商 50%	耐用消费品生产商 20%
数字产品孪生/数字主线	34%	汽车供应商 38%	卡车供应商 20%
增量制造	28%	汽车生产商 35%	汽车生产商 19%

工电(IEE)=工业和电气设备
重型(HE)=重型设备

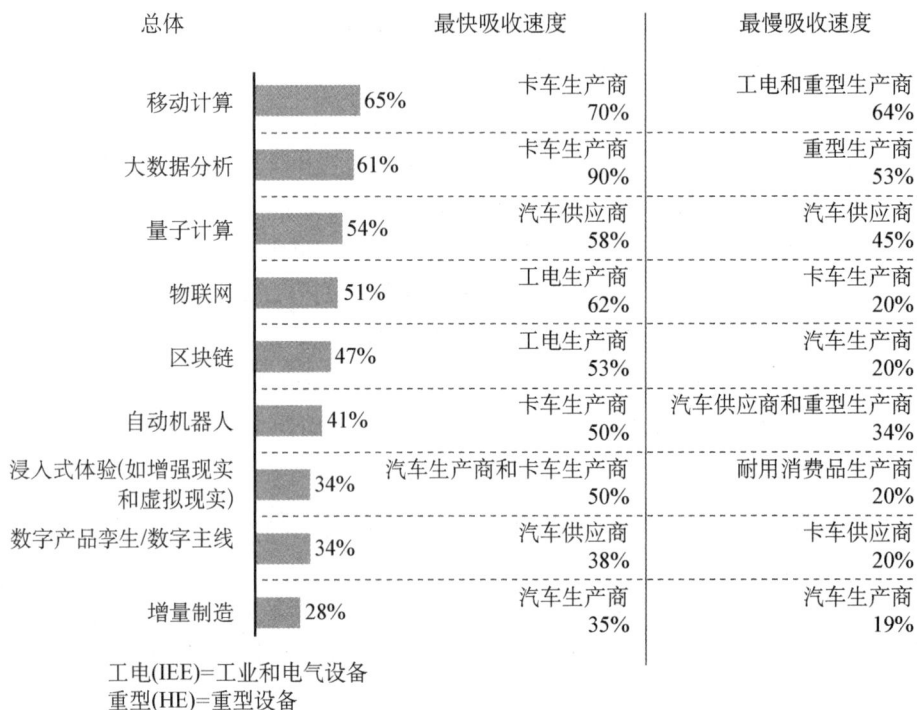

图 7.5　人工智能与数字技术组合可获得多样化的用户体验

　　尽管大部分企业都明白改变的重要性,但很多企业仍面临重重困难。只有 24% 的企业意识到数字变革会提高其营业收入和利润的增长。超过 75% 的企业完成方式混乱、毫无章法,把组织内所有部门的资源全盘投入。另外,大多数企业仅仅利用其最直接的生态系统,而不是利用外部初创企业、供应商、客户和学术机构来弥补其现有能力,结果导致数据质量与网络安全面临更大的挑战[①],如图 7.6 和图 7.7 所示。

　　如图 7.8 所示,只有 16% 受访者的商业愿景切实可行。很多时候,首席执行官需迈出数据驱动的第一步,授权顶尖团队制订投资和生态系统战略,以获取、处理并保障数据,从人工智能技术中攫取最大价值。这些行业家们应俯瞰全局。82% 的受访者将以下两项视为价值提升的关键:培养客户忠诚度,从产品与服务的使用中获得深入洞察。相同比例的受访者认为,更高的安全性及更智能的服务与解决方案对客户而言至关重要。

　　因此,虽然人工智能驱动的市场战略能制造大部分智能互联产品,但目前还没有相关战略的规划师或实践者。

---

① 埃森哲访谈

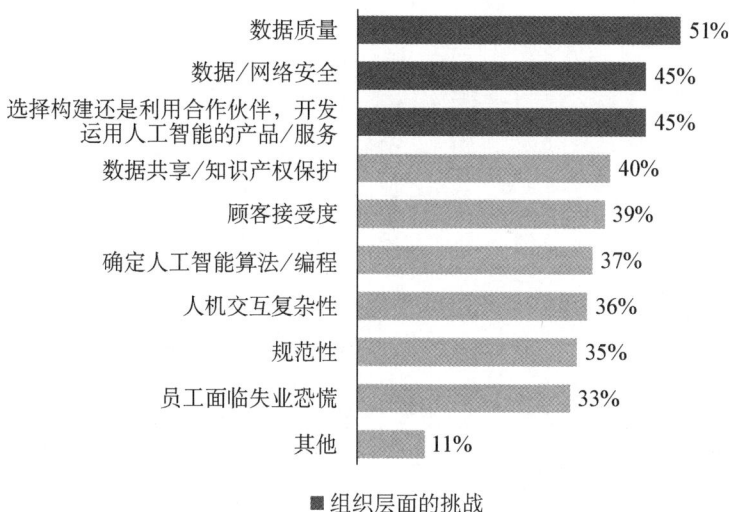

数据质量　51%
数据/网络安全　45%
选择构建还是利用合作伙伴，开发运用人工智能的产品/服务　45%
数据共享/知识产权保护　40%
顾客接受度　39%
确定人工智能算法/编程　37%
人机交互复杂性　36%
规范性　35%
员工面临失业恐慌　33%
其他　11%

■ 组织层面的挑战

图 7.6　工业制造商在其产品服务中嵌入人工智能与数字技术时面临的主要挑战

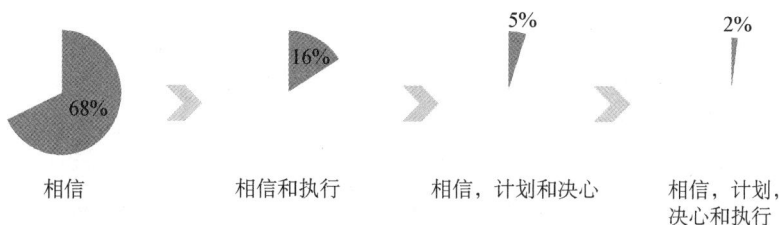

相信　68%　　相信和执行　16%　　相信，计划和决心　5%　　相信，计划，决心和执行　2%

图 7.7　从相信到执行：长路漫漫

众所周知,目前消费类产品最显著的特征即利用人工智能技术将产品无缝融入用户生活,给予用户真正个性化的体验,硅谷的科技巨头早已奠定大局,工业领域也有先锋案例。

以美国跨行业巨头 3M 集团为例,它每年为各类企业及消费者用户生产 55 000件产品。3M 集团的 360 全覆盖系统(360 Encompass System)采用计算机辅助编码技术以及由自然语言处理支持的临床文档技术。这一工具能从非结构化的数据中自动提取临床信息和概念,如电子健康或临床报告中结构松散的文本信息,这些信息包含医疗机构 80％的数据,但却往往没有得到充分利用。而采用 360 全覆盖系统的医院,其收入平均上涨 19％[①]。

---

① 3M 集团官网　自然语言处理,用于挖掘不可见数据[网址链接]https://www.3m.com/3M/en_US/health-information-systemsus/providers/natural-language-processing/[2018 年 10 月 12 日获取]

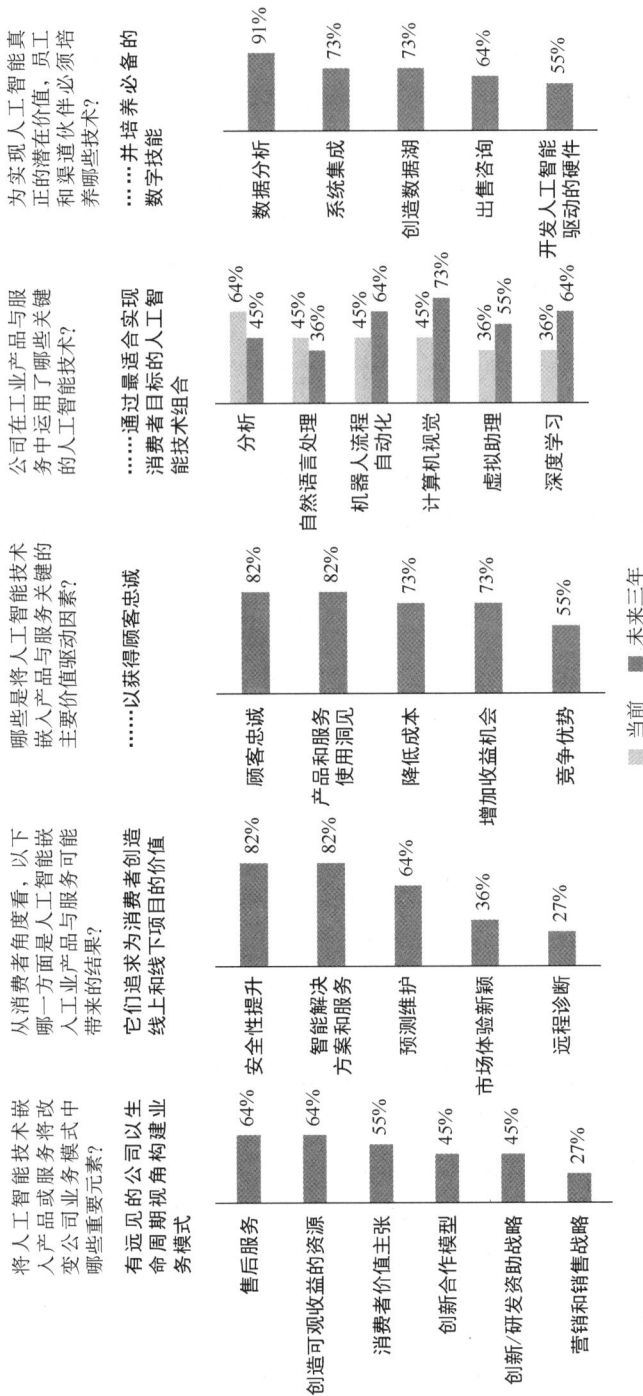

将人工智能技术嵌入产品或服务将改变公司业务模式中哪些重要元素？

有远见的公司以生命周期视角构建业务模式

- 售后服务 64%
- 创造可观收益的资源 64%
- 消费者价值主张 55%
- 创新合作模型 45%
- 创新/研发资助战略 45%
- 营销和销售战略 27%

从消费者角度看，以下哪一方面是人工智能产品或服务嵌入工业公司业务可能带来的结果？

它们追求为消费者创造价值线上和线下项目的价值

- 安全性提升 82%
- 智能解决方案和服务 82%
- 预测维护 64%
- 市场体验创新 36%
- 远程诊断 27%

哪些是将人工智能技术嵌入产品与服务关键因素？主要价值驱动因素？

……以获得顾客忠诚

- 顾客忠诚 82%
- 产品和服务使用洞见 82%
- 降低成本 73%
- 增加收益机会 73%
- 竞争优势 55%

公司在工业产品与服务中运用了哪些关键的人工智能技术？

……通过最适合实现目标的人工智能技术组合

- 分析 64% / 45%
- 自然语言处理 45% / 36%
- 机器人流程自动化 45% / 64%
- 计算机视觉 45% / 73%
- 虚拟助理 36% / 55%
- 深度学习 36% / 64%

为实现人工智能真正的潜在价值，员工和渠道伙伴必须培养哪些技术？

……并培养必备的数字技能

- 数据分析 91%
- 系统集成 73%
- 创造数据湖 73%
- 出售咨询 64%
- 开发人工智能驱动的硬件 55%

当前　未来三年

图 7.8 消费者相关性和消费者价值创造方面的前瞻性重点

再以工业及矿产设备生产厂家卡特彼勒为例。采用卡特互联后，其市值迅速攀升。卡特互联以人工智能技术为支持，以智能设备为基础，为客户提供重型设备使用信息，提高生产力。卡特互联能监测地理位置、燃料消耗、使用模式等服务，还可提供轮胎监测和非车载安全报告，便于维修管理。

再以德国工程集团博世公司为例，博世旗下的初创公司 Deepfield Robotics 发布了一款由人工智能支持的自动农业机器人 Bonirob。利用卫星定位，Bonirob 在农田上的移动可精确到厘米。该机器人可识别有害植物的叶子形状，并予以剔除[1]。

类似的还有专业工程公司蓝河科技，它设计的 Lettucebot 机器人系统融入了计算机视觉和机器学习技术，必要时可逐株施肥除草[2]。

人工智能在实际应用中潜力无限。以商业建筑的用水系统为例，水暖设施及供水系统故障在很大程度上仍难以把控。在现代水暖系统中，水压、水温、水流等基础信息也少有可用数据。漏水占了用水总量的很大比重，而漏水的确切位置却往往难以定位。本书第十二章将选取美国水暖产品厂商西蒙斯（Symmons）进行案例分析，西蒙斯计划围绕智能互联的水暖产品元件研发新型业务和产品线。

另有著名的全球消费品公司，计划将全部现有商用咖啡机实现智能互联，提升其在印度市场的咖啡零售业务。该公司采用人工智能技术改善用户体验，推广个性化服务，提高运行时间，提升品牌知名度，还以较低成本更新了全印度 13000 台机器，通过人性化服务和产品知名度促使其零售业进入新阶段。

成功转型人工智能的产品公司往往具有独特特征：以终身视角构建商业模式；提升客户利润价值；采用符合客户需求的人工智能技术组合，培养必备数字技能，打造关键生态系统，实现以上特征。公司充分意识到，超级智能产品与服务是行业的未来。即刻加入这场数字转型，时不我待。

适时转型人工智能

正如前文所述，提升产品的智能性和互联度，增加人工智能驱动产品的比例是大势所趋。未来五到十年内，这一趋势只会加速发展。目前相关技术已广受好评，用户需求也非常旺盛。制造商只能改造产品，融入人工智能技术，除此之外别无他法。随着人工智能使用率的攀升，对人工智能表现的分析和验证也将进一步加强。在自动

---

[1] 农业用具展示　博世：多用途农业机器人/用于杂草[网址链接]http://www.agriexpo.online/de/prod/bosch-deepfield-robotics/product-168586-1199.html［2018 年 10 月 12 日获取］

[2] Blue River 科技公司　关于我们[网址链接]http://about.bluerivertechnology.com/［2018 年 10 月 12 日获取］

驾驶汽车领域,观察自动驾驶仪的运作方式对于工程师更新软件或硬件功能大有裨益。

但谁会是这场人工智能革命的最大获利者? 是传统制造商,还是人工智能平台和半导体技术的供应商? 人工智能芯片组的市场领导者是英伟达和英特尔,2018年7月,两者市值分别为1 500亿和2 400亿美元。亚马逊和谷歌是智能语音助手的领军制造商,两者的市值均为9 000亿美元左右。而反观传统制造商,市值大多停滞不前,与前者有着天壤之别。传统制造商们必须奋起直追,迎头赶上①。

要点回顾

(1) 人工智能技术很快将在众多产品中投入使用,其智能度将显著提升,并将具备感知、理解、行动及学习等能力。

(2) 对于产品嵌入人工智能技术,多数产品公司仍处于起步阶段。尽管有近70%的工业企业相信人工智能将改变其产品和服务,但只有16%的工业企业对于发展人工智能有着清晰的规划,而其中有坚定决心并提供资金支持的更是寥寥无几。

(3) 产品制造商必须抓紧培育人工智能技术,规划产品和体验。

---

① 埃森哲研究

第八章

转型五：
从线性模式到新时代的敏捷工程

智能互联产品的诞生意味着在企业内部，尤其是产品创新和工程部门的业务流程将发生巨大变革。本章首先描述所需的新型研发能力，随后解释新型工程概念，讨论其对于营销和品牌管理的重要意义，以及对供应链和生态系统管理产生的影响。最后，我们将引入数字主线的概念，阐述其在未来的关键作用。

　　打造智能互联产品，提供响应能力极强的优质用户体验，这一需求将深刻影响制造商的组织架构，极大改变产品构想、概念化、制造与管理方式和用户使用方式。

　　变化的规模不容小觑，几乎所有的商业流程、组织架构和文化标准都将悄然改变，最终实现全方位的变化(见表 8.1)。

表 8.1　过去与未来的产品对比

过去的产品	未来的产品
研发—可预测、渐进的	研发—未经验证的技术和解决方案、价值来源转变(从产品到服务到成果)……研发预算上升(原始设备制造商增加 2～3 倍)
创新—渐进、技术逐步发展、注重能力	创新—变革式(专业、方法、预算……)随着数字技术渗透进产品，尤其需要更新能力
方式—线性、以年为单位	方式—敏捷、以不同计算机处理速度冲刺—核心产品和新产品研发、硬件/软件/体验研发
公司内部	向外部开放—创新生态系统、获取新能力

　　产品将生成用户使用习惯、产品使用状况、用户需求等方面的数据，这将是未来产品的主要特征，并将作为公司主要价值来源，在公司各部门间流通。只有放弃严格线性的价值链结构、内部流程和等级，公司才能有效应对转型。与此相对应，企业需要连接不同功能的信息和数据环，提高产品敏捷度，缩短反应时间。这些将是企业从巨大数据流中提取重要信息，创造价值的唯一途径。

从线性到"试验与规模化"的转变之路

　　首先我们来回顾一下大多数产品制造商的发展起源。传统公司依靠技术工程师对产品的物理改变来发展，这一过程往往耗资巨大。创新灵感大多源于用户体验，通常靠焦点小组访谈或现场观察用户使用情况获得。产生的新功能一般有几年的保质期。新产品投入生产一般会经历以下几个步骤：将产品的实体模型与工艺图交给生产部门，由他们安排流水线进行生产。

　　我们首先从创新和工程两方面入手来探寻制造商的发展方向。智能互联产品与传统产品制造商的创新和工程大相径庭。由于创新和工程对于整个产品生产流程和其他业务部门都有着重要影响，甚至会决定整个公司的发展方向，公司需对这两方面的改变引起重视。

在许多制造企业,硬件的重要性正被软件所取代。软件可迅速提高企业的发展速度和灵活性,降低产品改造成本,缩短产品改造时间。除了人为改变产品性能,还可随时修改软件程序,自动远程更改性能。但若管理不当,可能随时导致各类产品变量对应不同软件版本或衍生物,这样一来,附加的软件则会增加实际成本,安装基础测试和兼容性检测的要求也将急剧扩大。

例如,农业机械制造商约翰迪尔的引擎依靠软件(而非硬件)产生动力,从而使不同功能的引擎更方便快捷地生产运输[①]。类似地,洗衣机、洗碗机等家用电器的用户基本都会下载软件以添加程序或使机器适应当地水质。

内置的产品基础产生稳定的数据环,是研发工程师的灵感源泉。不出所料,其中的许多灵感都可通过软件更新应用于现有产品,迅速改善用户体验。

数据环还为探索性自由试验提供空间,此类试验的直接目的并非改进产品。工程师可以创造全新的产品类别,如五年前尚未出现的人工智能家居助手——亚马逊Echo。也可以开发补充产品功能的新型数据服务,如音响设备制造商博士(Bose)推出的"查找我的耳机"功能。

要想充分利用这一机遇,需尽可能提高流程和团队的敏捷度。为实现转型,公司必须改变企业文化,提升业务能力,而要做到这两点困难重重。所谓的指数型组织(ExO)为自身发展系统地部署了重要技术,表8.2通过对比传统的线性模式与指数型组织揭示了转型的重要性。

表 8.2　线性组织与指数型组织的特征

线性组织特征	指数型组织特征
组织内由上而下的等级制度	自治、社交技术
财务收益驱动创新	邮件传输协议、仪表盘
线性、连续思维	试验、自治、敏捷是常态
创新主要由内部产生	社区和人群、员工需求、资产杠杆化、界面(边缘创新)
战略规划主要由过去推断而来	邮件传输协议、试验
不可容许风险	试验
流程不灵活	自治、试验、创新是常态

---

① 迈克尔·波特(Michael Porter)和詹姆斯·贺普曼(James Happlemann)(2015)智能互联产品如何改变公司,哈佛商业评论,10 月[网址链接]https://hbr. org/2015/10/how-smart-connected-products-are-transformingcompanies[2018 年 10 月 12 日获取]

线性组织特征	指数型组织特征
大量全职人力工时（FTE）	算法、社区和人群、员工需求
控制/拥有独立资产	资产杠杆化
大量投资现状	邮件传输协议、仪表盘、试验

来源：埃森哲依据指数型组织工作

除了传统的研发之外，还需培育"试验与规模化"的文化，建立循环的新发展模式。智能产品的构思过程、快节奏的顺序建模和调试方式将成为常态，高速循环试错模式和先锋性"失败-前进"文化将成为创新支柱。研发团队会在产品中嵌入仍未成熟的新数字技术，他们往往需克服心理障碍，面对新技术给流程和产品带来的不确定因素。

相比传统产品，智能互联产品通常涉及更多技术组合，这也是转型过程中的常见难点。除了技术与工业设计工程师，还急需设计思维专家、软件工程师、体验设计师、体验工程师、物联网与互联工程师、网络安全专家、人工智能专家，等等。许多行业的公司缺乏以上相关技术人员，或是他们分布在不同的部门，互不了解。在更多情况下，公司根本就没有相关技术人员。

此外，跨部门合作类型目前还很稀缺。不同部门一般位于不同大楼甚至不同城市。一些职能甚至外包给外部服务供应商，而他们往往会同时承接多个项目。数字时代，把握营销时机至关重要，而以上均可能拖延营销时间。

因此，改变生产线创新文化的公司将抢占先机。电气设备生产商施耐德电气将产品上市时间由两年缩短至几个月。汽车生产商福特利用 3D 打印技术提高敏捷度，只需四天时间便可打造一款汽车模型，而在此之前，工程师则需提前准备四个月。

Mindtribe 是一家硬件工程公司，曾与硅谷诸多领先企业合作。对于仍未提高敏捷度的公司，Mindtribe 首席执行官史蒂夫·迈尔斯直言不讳："开发互联硬件已然过时，很多硬件开发的产品质量不高、从不发售或是生产时间过长（成本过高）。"他认为灵活的技术开发方式是当前所需的：

> "敏捷流程的核心目标就是尽快打造体验模型，使用户在真实场景中体验该产品。随着 3D 建模、3D 打印等技术的不断进步，我们每天都可推出新款模型，有时甚至每天可推出多款周期性迭代模型。未来，我们将利用虚拟现实或人工现实等技术，为用户打造体验原型，免去实体产品的生产步骤。"[①]

---

① 埃森哲访谈

构想、发布、周期迭代

有关产品使用情况的三项核心信息现可随时获取：使用位置、使用方式、用户。一些公司利用这些信息更好地满足顾客需求，提高收益。另一些公司将信息与其拥有的或通过生态系统获得的共享数据结合，获得进一步发展。智能技术组合扩大了新款产品的设计空间，使产品的性能与功能日臻完善。

互联网行业激发了现有产品工程公司的灵感。亚马逊和谷歌等公司拥有敏捷且非线性的云平台，处理速度极快。它们的产品更新几乎全部依靠不间断的数字试验，还有社交网络、搜索引擎、视频门户网站等"活"服务。其目标是尽快发布所谓的"最小可用产品"，并在投放市场的早期阶段尽可能获取充分信息。因此，新款产品不断火速推出，通常每周甚至每天都会带来新功能。

智能互联产品将逐渐成为实况测试与试验的副产品，公司需建立合理结构，适应这一创新模式。尝试新事物与注重质量同等关键，多个普通想法比一个好想法更有价值。亚马逊创始人兼首席执行官杰夫·贝佐斯(Jeff Bezos)曾说："如果你每年所做的试验数量增加一倍，那么发明的可能性也将提高一倍。"[1]终端用户市场的实况迭代可有效改进软件，由数字流动性驱动的产品硬件越多，采用此生产模式的实体产品制造商也就越多。

市场不乏通过试验产品获得巨大收益的传奇案例。亚马逊35％的销售都得益于该平台的推荐引擎，它可依据用户过去的消费行为推荐产品[2]。这款软件是亚马逊在自由化的创新过程中开创的，而非来源于战略性发展规划。低成本的快速迭代试验和高速规模化是此创举的摇篮。

扁平化管理与流动性组织提高敏捷性

如前文所述，敏捷工程与传统发展模式中常见的垂直性组织有着显著区别。传统项目经理协调多个团队的各种任务。而在敏捷模式下，任务数量以及所需的垂直管理都得以简化。剩余任务由平行的敏捷团队自行处理。因此，为提高组织运营速

---

① 迈克尔·施拉格(Michael Schrage)(2016)快速、迭代"虚拟研究中心"正取代传统研发方式，*MIT 斯隆管理评论*，5 月 11 日［网址链接］https://sloanreview. mit. edu/article/rd-meet-es-experiment-scale/［2018 年 10 月 12 日获取］

② 托马斯·克拉维茨(Thomas Krawiec)亚马逊推荐销售秘诀，*Rejoiner*［网址链接］http://rejoiner. com/resources/amazonrecommendations-secret-selling-online/［2018 年 10 月 12 日获取］

度,有必要大规模简化决策与审批流程,尽可能实现产品测试的数字化和自动化。

以产品为导向的自我管理团队,在智能互联产品的相关开发活动中占据核心位置。产品与供应商紧密结合的当下,只有这样的团队才能捕获敏捷性,进行快速重组。传统模式中,软件开发团队在技术主管的协调下,将软件工程师提出的要求转变为具体的技术操作,而敏捷模式则去除了繁文缛节,开发者甚至可直接与工程师或用户对话,以便更好地理解用户需求,适当调整软件。

团队规模可能对敏捷性有着决定性影响。小团队在推行新构想时有更稳定的保障,而大团队则由于保守或决策过慢,新构想往往寸步难行。亚马逊著名的"两块比萨"原则就体现了这一思维,该原则认为所有团队都不能超过两块比萨能吃饱的人数。即使随着项目扩大,团队人数上升,也应按此原则将该团队拆分成小团队[1]。

扁平化组织应赋予产品开发者与创新者相对的独立空间由其探索。如果试验性探索只是为满足管理者的想法,成功的可能性就会大打折扣。管理层的想法作为试验的选择性推动因素,以合作方式传达给试验团队本无可厚非,但若高管层设定具体目标,预设试验结果,则非但不会促进试验,反而会使试验流程僵化。试验的关键就是朝着不同方向自由探索,因为没有人能确切知道靶心所在。

在谷歌、亚马逊等互联网平台公司,此类扁平组织的敏捷创新环境已成主流。开发人员无需上层决策,可自行决定追求或放弃其想法。这种自由化流程效益显著,而传统硬件生产商往往对此缺乏认识,应尽早了解并迎头赶上[2]。

中国家用电器生产商海尔集团就将扁平化组织理念运用到极致。海尔将它们的巨型集团拆分成数百个小公司,配设各自的首席执行官、财务核算以及市场职能。第十二章的案例分析将对此进行详细讨论。

获得 10 倍数量级的"新时代工程设计"

我们将研发领域的众多转变统称为"新时代工程设计",培养新技能、应用本章描述的生产方式是这一转变的重要表现。我们认为所有这些改变将给产品创新效率和有效性带来 10 倍数量级的改进。图 8.1 总结了这些变化。

---

[1] 亚历克斯·霍恩(Alex Hern)(2018)两块比萨原则与亚马逊的成果秘诀,*卫报*,4 月 24 日[网址链接] https://www.theguardian.com/technology/2018/apr/24/the-two-pizza-rule-and-the-secret-of-amazonss uccess[2018 年 10 月 12 日获取]

[2] 迈克尔·施拉格(Michael Schrage)(2016)快速、迭代"虚拟研究中心"正取代传统研发方式,*MIT 斯隆管理评论*,5 月 11 日[网址链接]https://sloanreview.mit.edu/article/rd-meet-es-experiment-scale/ [2018 年 10 月 12 日获取]

改进想法和产品
- 众包
- 设计思维
- 服务与解决方案结合

概念化／构想

质量

发布

提升质量
- 互联资产
- 反馈闭环

产品互动提升
- 产品可视化以进行数字销售
- 实时产品使用洞见和用户反馈
- 新数字服务和业务模型

生产

提升制造灵活性
- 工业 4.0
- 增量制造
- 人工智能驱动
- 按需生产

改进系统规划和建构
- 软件驱动创新
- 系统工程

系统工程

服务

员工效率提升
- 可预测／预测性维护
- 自动化的门店服务
- 保修期优化

虚拟验证

实体测试减少
- 仿真
- 数字模拟

制造工程

生产过程更快
- 数字工厂规划
- 虚拟委托

改进构建
- 增量制造
- 生成设计
- 统一的应用程序生命周期管理—产品生命周期管理

设计工程

供应商／伙伴

增强合作
- 与供应商
- 生态系统伙伴
- 内部团队

创新与合作的驱动因素

数字平台工程和制造　　分析　　人工智能　　增强现实／虚拟现实　　联网员工　　数字孪生

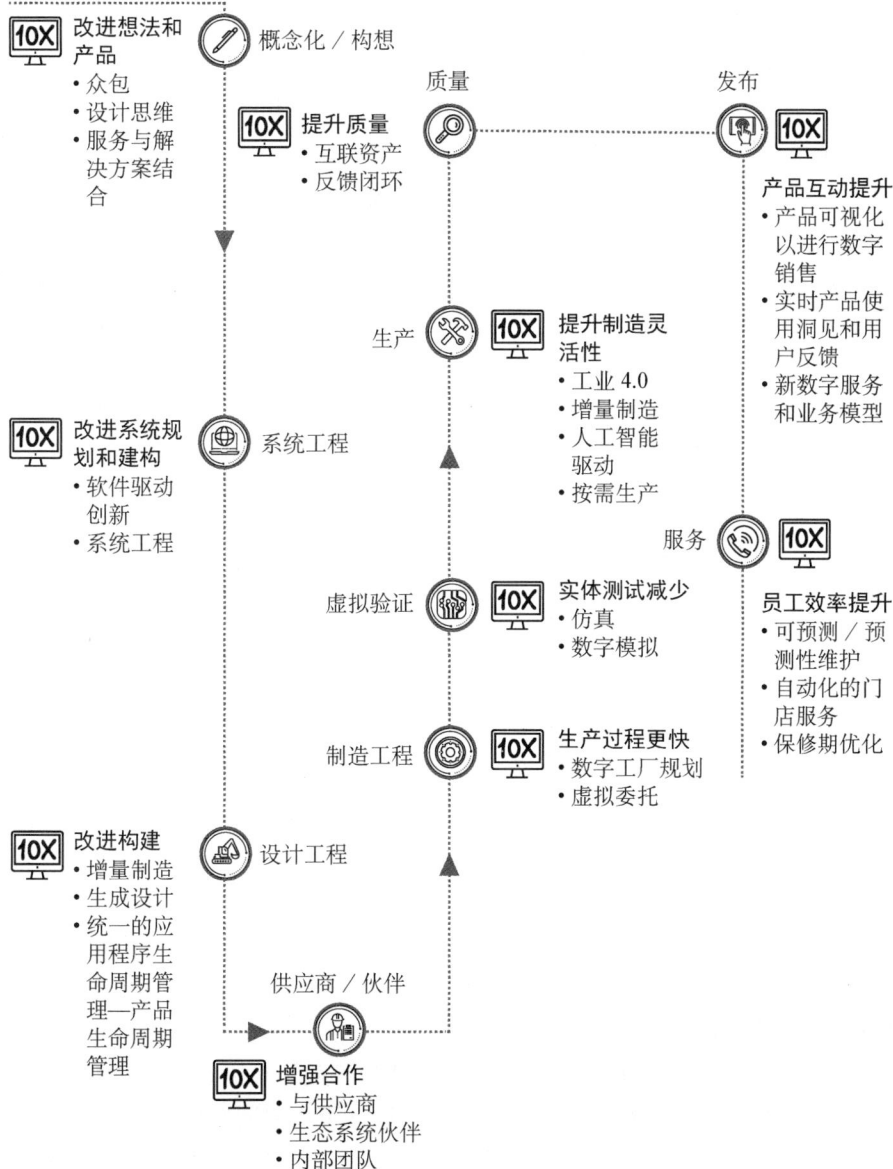

图 8.1　产品开发过程中数字因素带来的 10 倍数量级改进

获得 10 倍"新时代工程设计"数量级需要重新审视每一步流程。以构思过程为例，需要建立更全面的商业伙伴开放生态系统，进行众包、开放创新和合作创新。需以更完善的模型重新设计产品与系统架构，促进平台工程模式的应用，推动任意渠道元件的融合。原型设计及开发过程必须以设计思维为导向，兼具敏捷性。产品设计必须考虑生命周期使用模型及其所需数据，尤其是"即服务"模型。简而言之，这是工程文化与流程的巨大转型。

新模式意味着新技能和新型合作方式。跨专业合作日趋频繁，机械工程师的合作对象可能包括微电子或软件工程师、数据科学家、服务设计者、平台与生态系统架构师及管理人员、数字叠加与人机界面专家，还有其他专业领域的人才。

传统实体产品公司已经意识到软件工程团队的重要性，而数字专家在开发团队中所占比重显著上升，通常占团队人数的一半。汽车制造商佛吉亚准备推出"车载智能生活"系列产品，计划在几年内增加一倍的软件专家①。通用电气、空中客车公司、戴姆勒、蔚来等其他工业企业也纷纷招揽各路软件工程师、系统集成商和数据科学家。硅谷是全球英才的汇聚地，因此它们聘用的人才往往在硅谷的设计中心开展工作②。

一些领先的技术公司将这一理念从设计中心延伸开去，建立新一代产品创新和生产集成中心——利用敏捷开发手段，在同一屋檐下集聚所有必要技术人才，建立联系纽带。

图 8.2 详细展示了一则商业实例。电气设备制造商施耐德用三大理念规范其产品团队：渴望、可行、可见。明晰每个团队所负责的微任务，对于充分挖掘分工潜力，实现智能产品的整体开发战略，都起着指导作用。

数字用户界面的普及表明机械工程地位大不如前，数字用户界面已能操控车辆或工业机械。相比实体操控系统，数字界面更易修改，操作弹性更大，不仅能给用户带来更大便利，最重要的是还能提供更精细的定制化体验。数字界面的外观设定也能快速更改，可满足用户群的特殊操作需求。

以中国家电巨头海尔生产的洗衣机为例，客户可通过触摸屏修改程序使其在室外运作，符合中国某些地区的需求。同样，触摸屏还可用来调试机器，使其适应特定地区的水质状况。一些设备可通过智能手机或平板电脑的应用程序实现远程操控，另一类设备的用户界面甚至融入了增强现实，用户可通过专门的智能手机或智能眼镜监控设备表现，了解运行状况，获取服务信息。

---

① 埃森哲
② 迈克尔·波特（Michael Porter）和詹姆斯·贺普曼（James Heppelmann）（2015）智能互联产品如何改变公司，*哈佛商业评论*，10 月［网址链接］https://hbr. org/2015/10/how-smart-connected-products-are-transformingcompanies［2018 年 10 月 12 日获取］

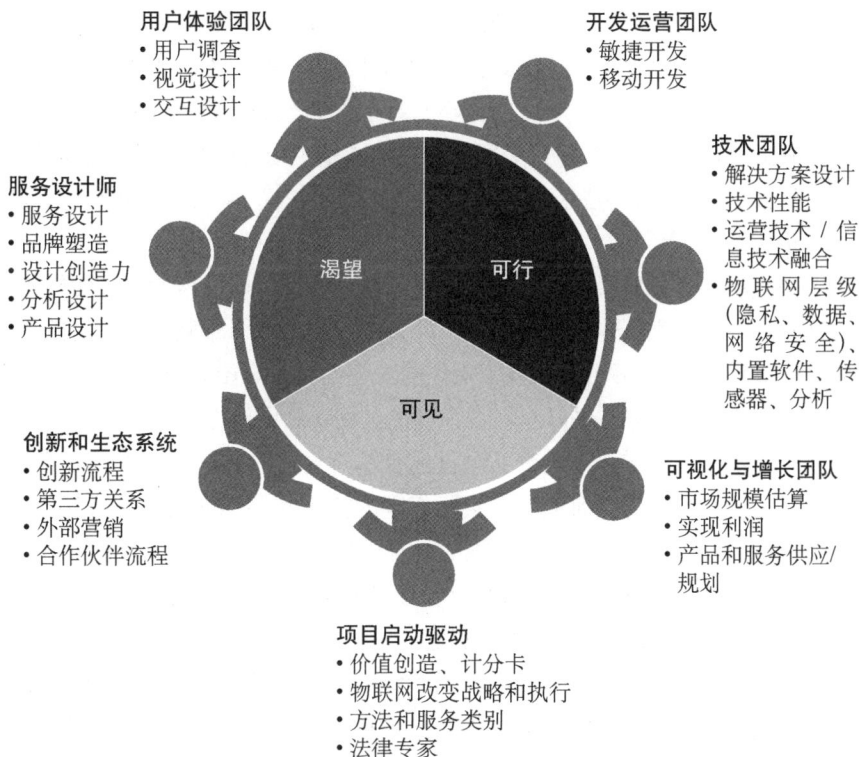

图8.2 设计中心实例

结合软件和硬件特性开发一系列功能，以满足多样化的用户需求，是一项重大的新型工程与设计挑战。智能互联产品的制造商必须聘用相关领域的专家才能立于不败之地。

告别陈旧产品，拥抱常青设计

这些产品的每一位开发人员都应秉持"常青设计"的理念。这意味着从开发不同代模型版本，转变为持续性编辑更新，甚至包括售后阶段，直到整个产品生命周期。产品发布、产品生命周期管理等传统方式会退出历史舞台。与此相反，不同开发单位的设计与工程团队需明确，他们对智能互联产品的监管职责贯彻产品生命周期始终。

亚马逊、谷歌等互联网行业领军企业聘请平台经理，包揽产品的方方面面，管理整个生命周期的产品体验。传统产品经理只负责成功发布产品，随后尽快开发新产品，与上述平台经理的职责截然不同。平台工程师在硬件产品公司中更为关键，因为他们不仅需要和生产商沟通，还需通晓内置基础服务。

对制造部门而言，将硬件或软件转变为常青产品，意味着生产的迅速重置。对服务部门而言，门店工程师需持续接受训练，了解更新产品。此全局思维模式被称为"面向 X 的设计"或"面向 X 的开发"(DevX)，其中 X 指代面向设计或服务的诸多开发领域。尤其通过产品交付服务时，必须有专人负责整个服务生命周期的各项职责，否则就可能导致服务失联，无法带来所期的用户体验。未来，这一产品管理角色还将提高消费者价值。

以下迭代流程案例值得详细讨论。特斯拉在开发自动驾驶功能时，使机器通过人工智能软件学习人类最佳的驾驶技术。人工操控的汽车与车载电脑后台的软件仿真程序展开竞赛，只有当后台程序模拟操作的安全性持续高于人类驾驶员时，自动驾驶汽车才能在实战中亮相。届时特斯拉将通过远程软件更新将程序安装到车。

这是一项革命性巨变。传统产品测试通常基于对用户实际使用情况的猜测，主要是为了避免保修和投诉。而现在对实际表现的持续监测和使用数据反馈，使产品生产商及时发现并修改产品测试中忽视的设计问题。再次以特斯拉为例：在一次远程软件更新中，特斯拉发现路面扬起的碎石穿过电池，会导致部分电池起火星，相关人员对此极为重视，有效避免了事故的发生。

不过一款经过反复测试的智能产品的确能带来实用性体验，省去种种烦恼。同时相较于传统产品，3D 展示技术等数字科技可在发布前对产品进行更全面的测试、原型设计和仿真模拟，为生产商提供重要信息。

包括 Scrum(一种迭代式增量软件开发过程)在内的方法都是成功实现敏捷开发的关键。Scrum 概念如星星之火，在硬件和软件开发的自动化行业快速蔓延。其目的在于依据市场反馈，保持产品更新设计状态。Scrum 的早期创始人受"检测并调试"的危机应对模式启发，开创了这种模式。从现实中获取的信息将影响 Scrum 的决策过程。冲刺阶段的产品设计往往在短短一到两个星期内就会被颠覆。

"即服务"商业模式决定硬件特性

"即服务"模式逐渐取代不同产品的交易型销售模式，随着智能互联产品采用"即服务"商业模式，敏捷性与高速度就显得尤为关键。这通常意味着规模、职责、供应、监管、支持系统的巨变，以满足安全性、规模性、可行性、兼容性等要求。

提供付费服务的设备必须配备记录使用数据的功能，以提供相应的使用账单。因此设计工程师必须明确收费标准，配置合适的感应装置。例如，打印机是按纸张数量还是用掉的墨水收费，不同收费标准所需的硬件设置大相径庭。

开发工程师必须牢记，有时候智能产品虽作为服务出售，但维护费用仍需由制造商支付,这就会在很大程度上改变设计参数。因此自行车租赁行业采用先进技术,如无链驱动轴、防刺轮胎、防破坏螺母等,保障产品持久耐用①。

围绕生态系统构建智能互联产品平台时,敏捷性的作用更为凸显。应保证生态系统的伙伴可无缝接入产品形成的数据环,才能交付共同创造的用户体验。

因此产品必须在软件和硬件层面实现系统交互操作,开发者必须仔细考虑设计模式,以实现无缝接入。若产品交付的功能是所有系统伙伴的合作产物,那么产品设计时就需要通力合作。开发团队必须调整心态迎接此创新模式,由于他们已经习惯传统模式,创新模式可能会带来诸多挑战。下面举例阐述他们可能需要适应的伙伴关系:家居科技领导品牌 Nest 的智能恒温系统可与 Kevo 生产的智能锁共享数据,Kevo 也是家居科技领导公司,在其他产品市场与 Nest 有着激烈竞争。而在亚马逊的电子书生态系统中,亚马逊的合作对象包括 Kindle 生产商以及一系列出版商,但合作伙伴间保持相对独立。

在当今的许多情境中很多时候需求不断变化,目标难以把握。潜在合作伙伴需要协调者平衡参与各方的共同利益,鼓励各方合作挖掘新商机。他们的共同目标是打造可调试的生态系统,使合作伙伴在敏捷配置下合作创新、共同开发项目,而不是建立由单一伙伴主导的集中化系统。

整合工程与信息技术以获得敏捷性

敏捷性与高速度所需的融合程度不容小觑,报告数据的产品必须在多方面与内外部信息技术系统结合。要想获得智能互联产品的性能,如循环数据、可配置性、实时监测和功能灵活升级等,需要提高支持水平、安全性、可操作性和后台企业系统性能。PTC 公司首席执行官詹姆斯·E. 海博曼认为传统产品很难实现这一点。根据他对商业客户的观察,他说:

"工程团队对公司的数据、安全、漏洞、云端分析能力缺乏了解,实体产品的生产团队对此全然陌生,公司信息技术人员了解很多相关信息,但却缺乏产品生产经验"②。

为使硬件组件的开发具有与软件组件同等的敏捷程度,企业通常采用单独的应

① 迈克尔·波特(Michael Porter)和詹姆斯·贺普曼(James Heppelmann)(2015)智能互联产品如何改变公司,哈佛商业评论,10 月[网址链接]https://hbr. org/2015/10/how-smart-connected-products-are-transformingcompanies[2018 年 10 月 12 日获取]
② 埃森哲访谈

用程序生命周期管理(ALM)和开发运营(DevOps)来构建、引导和加速软件开发过程。此方法包括一套精心构建和集成的软件工程工具,从需求和配置管理到自动测试和部署,应有尽有。这套覆盖全公司的方法使工程师专注创新,还能避免因内部工具维护而增加的成本。产品生命周期管理(PLM)指的是实际智能产品从构想到实际应用再到报废的全过程管理,产品生命周期管理工具与用于开发软件的应用程序生命周期管理工具,两相结合将释放巨大潜能,惠及软件驱动的连接设备。相同的工具组还可为产品开发领导层提供必要的透明度和数据,以便其就供应、需求、投资组合和生产力做出合理决策。同时它还为重新利用多种产品组件提供了所需信息。

产品开发团队和首席信息官必须始终将新需求作为内部信息技术架构和服务的核心内容,合作规划部署。新一代智能互联产品的数据和交易流的出现,要求公司升级基础设施、软件监测和操作流程,且升级规模往往史无前例。

传统信息技术系统的设计往往并不符合当前的交易量、数据量和处理能力,因此通常很难适应此产品领域的需求。多数领先企业都需将信息技术系统一分为二,一部分是所谓的"参与系统",此系统是与顾客或用户互动的桥梁,需具备高度灵活性与可定制性。产品开发和业务团队需与"参与系统"密切配合,进行实验和创新。另一部分是"记录系统",记录重要数据和交易记录,这一部分相对固定,灵活度较低。两个系统的开发、管理和维护方式截然不同。

所有这些都意味着,信息技术的预算和资源应当与产品开发规划同步。新款敏捷产品开发将面临巨大的上市时间压力,资源预算规划必须将此考虑在内,按产品开发和上市时间同步配置资金。信息技术团队甚至可能需要向产品开发部的同事取经,采取精敏工作方式,使用迭代模式开发解决方案。

由于目前信息技术和工程两大部门的结构和文化相对独立,两者的整合会带来巨大的管理困难。但如果内部信息技术系统成为产品与体验设计的关键,那么决策与创新过程也必须融入信息技术。反之亦然,产品开发主管需提高核心信息技术系统尤其是参与系统的决策权。

产品孪生与产品主线

将传统产品改造为智能互联的设备和服务,在硬件产品的生命周期内始终提供全新用户体验,是产品公司的核心任务。敏捷开发人员与生产商团队、制造工程师、现场技术人员和销售与营销团队,都必须在其数字绘图板上实时展示所有现实使用情况。这对当前大多数产品公司而言都极富挑战,因为工程、制造、服务、支持部门中的数据模型和技术支持系统往往都十分孤立。

不过,这种受系统支持的端对端理念是未来产品再造的必由之路(见图 8.3)。

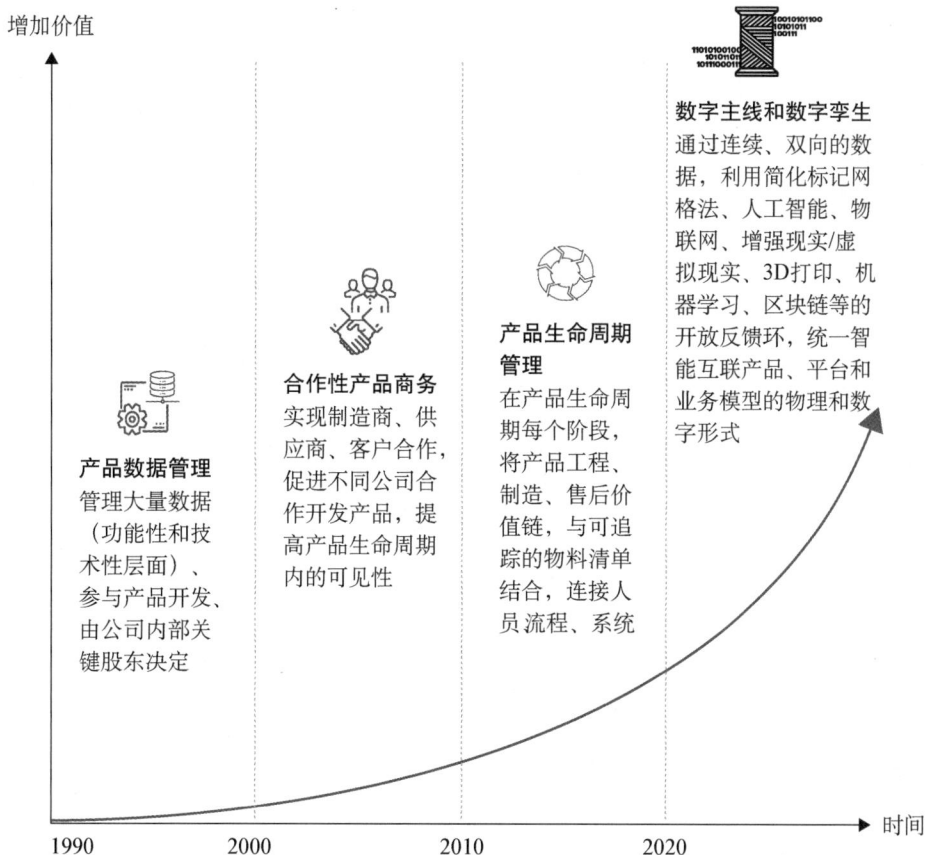

增加价值

数字主线和数字孪生
通过连续、双向的数据,利用简化标记网格法、人工智能、物联网、增强现实/虚拟现实、3D打印、机器学习、区块链等的开放反馈环,统一智能互联产品、平台和业务模型的物理和数字形式

产品生命周期管理
在产品生命周期每个阶段,将产品工程、制造、售后价值链,与可追踪的物料清单结合,连接人员流程、系统

合作性产品商务
实现制造商、供应商、客户合作,促进不同公司合作开发产品,提高产品生命周期内的可见性

产品数据管理
管理大量数据(功能性和技术性层面)、参与产品开发、由公司内部关键股东决定

时间

1990　　2000　　2010　　2020

图 8.3　从产品数据管理到数字主线与数字孪生,支持新产品和商业模型

两大相关战略概念成为解决方法,现已在智能互联产品领域博得高度关注。其一是数字孪生,它以高清的数字仿真展现产品现貌。另一个是数字主线,它是产品自身与制造商、用户、外部生态系统合作伙伴和赞助商之间的联系纽带,贯穿产品生命周期始终(见图 8.4)。

这两大概念源于军事实践,起初用于处理作战飞机的开发和运行所产生的复杂数据流和数据结构,但目前广泛应用于工业制造业。例如,耐克鞋拥有 25 000 种不同特征的备选项生产组合,而这种复杂程度对孪生技术而言根本不在话下[1]。

———————————

[1] 埃森哲

项目和组合管理　　　　　　　　　　产品生命周期管理

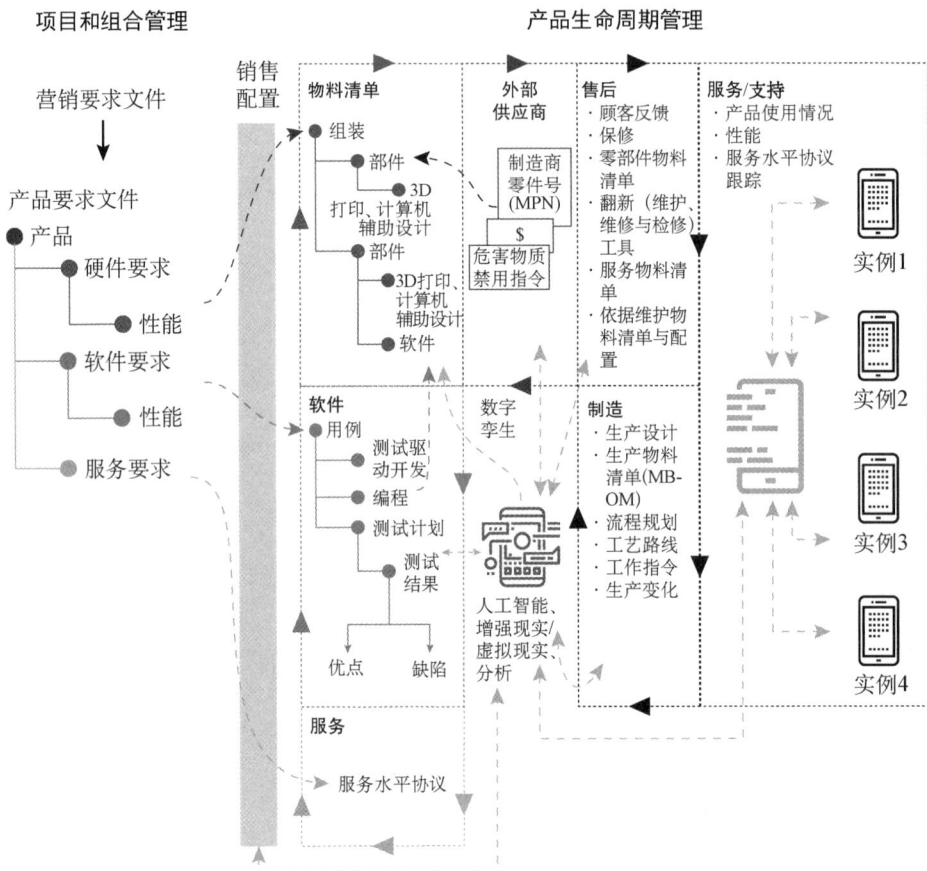

图8.4　数字主线与孪生组合

智慧之声：达索系统执行副总裁，奥利维尔·里贝特

试想一款智能洗衣机。公司决定将其销往日本市场。这款洗衣机必须小巧便携，可在日本的任何一座城市安装。它每年能使用不少于200次，定价不超过200欧元。公司还决定，除洗衣、烘干等基本功能，这款洗衣机还需具备提高房间湿度的附加功能。同时它不能超过150千克，从卡车摔下时能承受200牛顿的冲击。当然在实际开发过程中，还需要确定更多的物理特性和逻辑功能，不过以上所有特性都可利用三维数字孪生技术展现，供所有参与产品建模、仿真、生产、营销、服务的工作人员使用。

数字孪生技术可模仿各种实况表现,甚至包括微小细节。按下虚拟开关,就可模拟将温度为 75 摄氏度、pH 值为 2.6 的水倒入机器中,观察机器反应。所有参与者都可看到模型和仿真操作,从设计到机电一体化到系统和软件,数字连贯性一目了然。所有领域都由同一数据模型管理和监测,玩转数字 3D 模型的营销梦想触手可及。它完美地展现了原创产品的所有工程角度。由于数字孪生充分再现了生产线上的组件,选择所有元件,就能看到即将生产的产品。届时你就可以与本地电子销售商讨论是否可将此新产品纳入销售列表。

数字可以"始终在线"且近乎实时地对产品或平台设备进行电子化展示(硬件和软件兼备),显示其开发和使用时的实时配置。这种展示包括计算机辅助设计可视化以及相关工程信息,如产品规格、几何模型、材料属性、验证结果、物联网传感器读数和相关仿真信息。安装在智能产品设备或产品平台上的传感器可收集相关数据,供虚拟孪生技术所用,展现产品的工作状态、工作条件或地理位置。这些数据文件可与业务和其他情景数据相辅相成,在虚拟环境中获得洞见,改善产品体验。

这些高度的细节可以为机械与软件开发,还有未来的服务主张提供切实可行的论断。随着智能产品的互联度提升,智能产品及其孪生产品将发展为日趋丰富的数据平台,成为差异化的价值来源。因此,这些平台往往拥有提供新型服务(通常由第三方提供)的潜质,打造更密切的客户与合作伙伴关系,最关键的是创造新利润。

智能互联产品的数字孪生有四大优势:智能产品的数字化版本能更有效地测试硬件当前与未来生命周期内的性能。利用仿真结果,能在实体产品与服务开发前尽早发现产品性能缺陷。孪生版本还加强了总体可操作性、可制造型、可持续性及监测效果。另外,还可持续更新设计性能及模型蓝图,以适应用户喜好。

从汽车制造商到医疗设备、发动机、泵、洗衣机制造商,再到运动鞋等"简单"消费品制造商,数字孪生技术现已广泛应用于产品制造业。我们进行的采访调查揭示了数字孪生的优势所在。调查结果表明,大多数高管认为首次应用数字孪生技术的企业将实现 30% 的新增收入上行,目前 90% 的高管正评估数字孪生技术应用于现有或新款产品与服务的可行性,数字孪生技术的普及率预计在未来五年翻番[1]。

另一项技术是数字主线。它是智能互联产品永远切不断的脐带,每当智能产品经过各大复杂渠道进入市场,数字主线便伴随左右。数字主线通过流程和技术,在物理空间与数字空间两端建立双向联系。数字主线将数字孪生的概念扩展到产品的整

---

[1] 埃森哲

个生命周期,从构思、设计、工程、性能、实现、可制造性、可用性到报废。它利用分析技术、物联网和其他先进技术,从产品构思到报废的整个周期内,支持产品数字孪生版本的开发和更新。

数字主线还将平衡公司不同智能互联产品的信息技术系统。它连接参与产品或服务交互的所有单位、相关人员和数字情景。就此而言,数字主线建立起衔接的数据流,打破传统的孤立视角,构建产品生命全周期的综合视角。因此,它是数字时代有效迭代开发过程的基础特征[①]。

随着工业领域资源的不断减少,资源重复使用的需求上升,循环经济业务模式比重与日俱增,成为企业热门话题。

循环经济摒弃了“生产、使用、废弃”的生产与使用方式,倡导自然资源、产品与服务的延续使用,减少浪费。因此,智能互联产品本身就是可持续发展的强劲推动力。

随着软件的定期更新,硬件产品的生命周期延长,大量资源得以节省,企业也将事半功倍,这一点在智能互联产品时代至关重要。因此,采用循环经济理念的产品生产公司越来越多,对智能互联产品的设计、制造、售后都有深远影响。

要想以循环的方式提供产品与服务,产品设计是首要任务,需以可反复利用的方式使产品价值最大化,提供最优用户体验,直到产品生命周期结束。

要点回顾

(1) 传统硬件产品开发过程已然过时,不适用于智能互联产品领域。敏捷性、迭代和体验是新产品领域的关键。

(2) 利用“新时代工程设计”概念及方法,全面颠覆创新是大势所趋。成功应用“新时代工程设计”可将产品开发效率及有效性提升十倍。

(3) 开发新一代产品和“即服务”模型需要利用数字主线技术及统一的数字模型。

---

① 埃森哲(2017)数字主线势不可挡[网址链接] https://www.accenture.com/t20171211T045641Z__w__/us-en/_acnmedia/PDF-67/Accenture-Digital-Thread-Aerospace-And-Defense.pdf [2018 年 10 月 12 日获取]

第三部分

产品再造之旅

第九章

管理产品再造必备的七大能力

具备本章描述的七大能力，产品制造公司就能实现自我再造。这些能力的培养将有助于公司挖掘现有产品的新价值，助力其进军智能互联产品的新市场。此外，这些能力不仅能使公司一次性开发智能互联产品，还能循环利用数据，开发新一代及未来产品。

未来产品将会有以下几个特征：智能、互联、反应快、适应能力强、合作性高，这些特征将作为产品的潜在价值。单纯的硬件产品在用户附加价值上落后于此，因而重要性大不如前。随着数字智能作为市场差异化的来源，提供不同服务的软件驱动产品将在未来创造巨大价值。以汽车仪表盘为例，过去的仪表盘是经典的机电组件，而现在却演变为可高度定制并可远程更新的数字接口。

本书前几章描述的五大转型深刻阐释了产品全面改造的内涵。试回想：这五大转变互相联系，密不可分。第一，在用户体验中，设备功能的重要性由全面的产品体验与成果所取代。第二，硬件产品的经济价值远不及软件和数字智能服务。第三，原本孤立的产品逐渐演变成平台，与其他技术元件或补充服务相辅相成。第四，产品运作表现与内部活动从技术性功能转变为人工智能驱动功能。第五，敏捷开发和循环迭代制造流程取代线性价值链，成为智能互联产品的主要生产方式。

产品再造对管理模式、人员组织、业务流程等方面提出了更高要求，本章将介绍转型智能互联产品的七大必备能力。

1 设计"敏捷灵活性"

第一大能力，未来的产品设计需具备"敏捷灵活性"。它集灵活性与敏捷性于一体，灵活性即改变的能力与意愿，而敏捷性则指改变的速度。"敏捷灵活性"使非线性的快速开发流程成为可能，如果一个构想、项目、产品或服务无法提供完美无缺的用户体验，就应及时推翻并重新构思。

开启产品迭代开发模式

敏捷灵活性尤其强调迭代设计方法。在传统模式化的线性开发过程中，产品项目从构思到上市的各阶段都有固定步骤，这种模式已经成为历史。产品设计并不是循环反复的过程，而应打造具有前瞻性的设计实践，其中常说的"设计思维"方法是行之有效的框架。

设计思维源于产品设计，堪称发现客户真正需求并在产品基础上开发相关服务的绝佳方法。终端用户是整个过程的指导重点，因此设计开发的第一天就应融入终端用户,通过访谈、现场观察以及"客户之旅"等方式,为新产品开发奠基。此外,开发团队应由不同专业背景的人组成,这样才能合作打造所有必要的输入源。因此,打破相关部门间的隔阂壁垒迫在眉睫,如此方能通盘考虑并发展可行技术,实现经济利益,提高用户渴望度。

本书推荐的方法须以快速敏捷的模式执行,包括如下五个阶段：发现、描述、构思、原型设计与测试、实现服务或产品设计(见图9.1)。

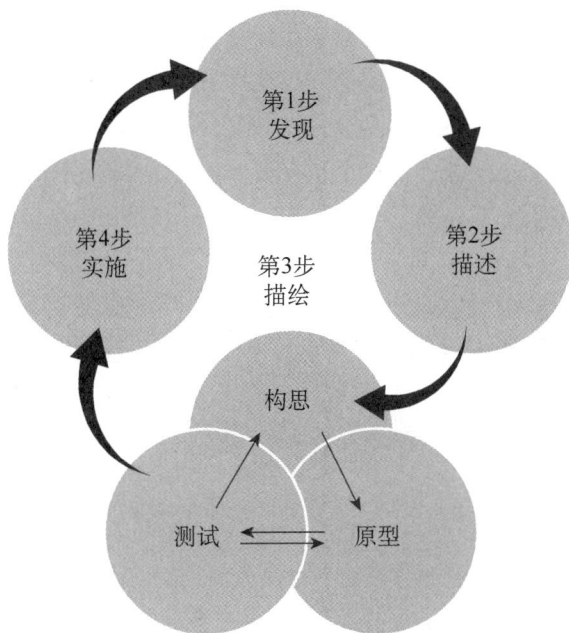

图 9.1　从发现到实施

用户测试不仅在开发结束或临近结束时进行,而应在开发全过程反复执行,这样才能在最终产品或服务发布前,经济快速地发现并解决问题。

流媒体平台网飞公司的首席设计师安迪·劳(Andy Law)表示："我们会根据复杂程度反复测试同一想法,从中发现有利于打造舒适用户体验的因素。"他的经验之谈就是测试、学习和反复[1]。

一些领先的设计实践早已运用了其中某些理念,但直到新时代才逐渐形成体系。这意味着原型可以电子化,但更重要的是,即使产品已经出售,用户感受亦可通过数

---

[1] 威尔·凡盖伊(Will Fanguy)(2018)网飞公司如何实现灵活设计,*Inside Design*,3 月 28 日[网址链接] https://www.invisionapp.com/blog/netflix-designsflexibility/[2018 年 10 月 12 日获取]

据反馈持续影响开发者。关键在于，由于产品/服务价值现已电子化，用户感受还可通过软件更新改善售后服务。因此设计思维是使智能互联产品在产品生命周期内保持常胜的秘诀。

跨组织的顾客中心化

相比传统产品设计，智能互联产品设计要想打造用户或顾客中心化，需要截然不同的技能，组建跨专业合作进行设计思维时必须牢记这一点。如前文所述，新产品领域的设计将会更多依靠数据驱动，充分利用智能设备反馈的大量信息。若服务体验成为产品的价值来源，还需跨越传统的产品使用思维，建立更全面的服务体验设计。只有将"从构思到概念设计再到原型设计"的僵化开发顺序转化为动态循环模式，适应新需求和市场即时反馈，才能形成全年全天候的用户中心化体验。以意大利工业机械制造商比雅斯为例，它连接了全球数千台木石材专用加工设备，为客户提供远程协助和维护服务[①]。

第八章介绍的数字孪生概念大有用武之地。作为智能设备永久的数字表现形式，即使在设备使用过程中，它也可以为重新设计迭代过程的参与者提供信息与可视化展示，鉴别有效或无效功能。这种先进的产品诊断形式是创造服务价值的基础。达索系统是一家专门从事产品开发的软件公司，其执行副总裁奥利维尔·里贝特（Olivier Ribet）说：

> "数字孪生用于模拟和仿真端到端的体验，极大地提高了产品创造者和管理者的工作效率，它能协调所有必要步骤，消除多余流程，还能削弱流程的线性特征。因此设计师只需粗略描绘大致构想，数字孪生软件能自动生成产品的几何模型"[②]。

最简单的经验之谈：要想形成顾客中心化，就必须实现数据驱动。再次引用网飞公司安迪·劳的观点："研究和数据推动了我们大量的工作进程，即使我们没有启动基于数据点的项目，我们的数据科学和消费者洞察合作伙伴也始终参与我们的探索。"[③]

---

① 埃森哲（2017）埃森哲助力机械生产商比雅斯利用工业 X.0 打造互联客户服务，11 月 6 日［网址链接］https://newsroom. accenture. com/news/Accenture-helps-machinerymanufacturing-company-biesse-group-harness-industry-x-0-for-connectedcustomer-services. htm［2018 年 10 月 12 日获取］

② 埃森哲访谈

③ 威尔·凡盖伊（2018）网飞公司如何实现灵活设计，*Inside Design*，3 月 28 日［网址链接］https://www. invisionapp. com/blog/netflix-designsflexibility/［2018 年 10 月 12 日获取］

如果没有清晰的标准,就很难衡量进步的程度。如果缺乏内部数据,就利用生态系统来弥补这一缺口,但在此之前需明确所衡量的具体内容与自身起点。

不过为了保证方向的正确性,记得利用其他信息源,如对用户体验的定性印象,而不单单依靠数据。亚马逊或谷歌等大型数据驱动公司创建体验中心并非画蛇添足,顾客可以在这里亲身体验产品,发现单纯通过数据难以识别的问题。通过分销商获取的渠道信息也可以充实你的客户洞察,同样的还有人种学研究,还有来自用户集思广益的想法。

社会声音也不容小觑,要善于收集用户关于产品的讨论。这就需要利用各类在线社区、论坛、标签和博客等,收集相关话题,并使用搜索工具筛选有关产品体验的讨论和消费者想法。社会倾听对于识别用户体验中的"重要时刻"极其有效。

以农业网站为例(https://community. agriculture. com),网站的"论坛"部分鼓励农民和其他设备用户讨论各种设备的使用感受。其中还有"机械""计算机及其他""精准农业"等子论坛①。

由于消费者受社交网络影响,消费需求变化难以预料,因而提升产品设计的"敏捷灵活性"显得尤为关键。专业社区、兴趣小组、专家论坛对终端用户的影响愈加深远。相应调整产品设计的意愿及行动速度是未来产品设计的重中之重。

生态系统的开放创新

在数字新时代,跨专业的设计开发团队不仅来自组织内部,还包括生态系统合作伙伴的成员。开发、配置、培养由合适伙伴组成的生态系统是成功的关键因素。有了必要的内部流程和工作方法,公司就建立了与大学、其他初创企业及第三方进行有效合作的基础,它们相辅相成,取长补短。

法国电气工程公司施耐德电气始终与技术合作伙伴保持密切合作,创新核心业务的硬件与软件开发。然而,随着数字时代的到来,越来越多的产品实现互联,施耐德需要开拓新的合作伙伴。这些合作伙伴在企业文化、敏捷性或成熟度上各不相同,其中许多是初创企业,长期收益和市场份额都不明朗。施耐德的管理层认识到,需要调整的是施耐德本身,而非其合作伙伴。因此施耐德在世界各地组建专业团队,负责与初创企业建立关系②。

---

① Agriculture. com 社区网页[网址链接]https://community. agriculture. com/[2018 年 10 月 12 日获取]
② 瑞恩·斯坦顿(Ryan Stanton)(2014)施耐德电气如何向初创公司学习,*施耐德*,6 月 3 日[网址链接] https://blog. schneider-electric. com/education-research/2014/06/03/schneider-electric-learning-startups/[2018 年 10 月 12 日获取]

这再次证明了以用户为中心的重要性。在与新企业合作时，必须牢牢把握"用例"，明确亟待解决的问题，记住"少即是多"。

2 新时代的敏捷工程

敏捷工程成为主流

敏捷工程是智能互联产品时代另一项主流技术，需利用敏捷工程不断改进数字及软件驱动装置。敏捷工程概念源于软件行业，却被硬件生产行业广泛采用。正如本书前文所述，硬件不断以软件为导向，这一点也就不足为奇了。出于对用户友好性的追求，产品用户对永久创新和最大可调试性的需求与日俱增。

在此背景下，硬件制造商再也无法维持僵化的流程，无法花几年时间推出新款车型。相反，它们需要不断颠覆构想，颠覆产品以及附加服务。

敏捷工程意味着团队快速收集反馈、进行测试、更新产品架构及软件组件，最关键的是快速提升用户体验。与之相关的是最小可行产品（MVP）的概念，即在开发过程中，需使新产品具备足够的特性、功能和服务，并尽快进入市场，然后根据现实使用洞察进行快速迭代。在激光切割机、3D 打印机及数字孪生等数字制造工具的支持下，硬件工程师现可一边开发其构想，同时对其进行用户测试。达索系统执行副总裁奥利维尔·里贝特强调："从智能互联产品构思的第一天起，开发与工程就不能与产品用例及其最终的端到端体验分离。"[1]（见图 9.2）

敏捷工程还将大型项目分成可管理的操作单元，其本质是一种微型试错实验，或者是一系列高速原型设计周期，以便从真实的市场反馈中获得更多指导，提高预期用户体验构建的准确性。敏捷工程团队通常进行自我管理，执行两周的开发冲刺阶段，在循环反馈的引导下开发产品以解决客户需求。

一个理想的开发团队通常由设计师、工程师、制造业专家、营销、销售和服务专业人员组成，在多部门的基础上合作开发速成原型。开发团队从最初的原型测试中汲取经验，定义和开发以更快迭代为基础的最小可行产品，从而最大限度地减少部门目标的冲突，同时提高创新速度，显著降低开发总成本（见图 9.3）。

---

[1] 埃森哲访谈

创新—产品管理
设计思维

设计—编程—测试
精简工程　敏捷开发

发布—运营—改进

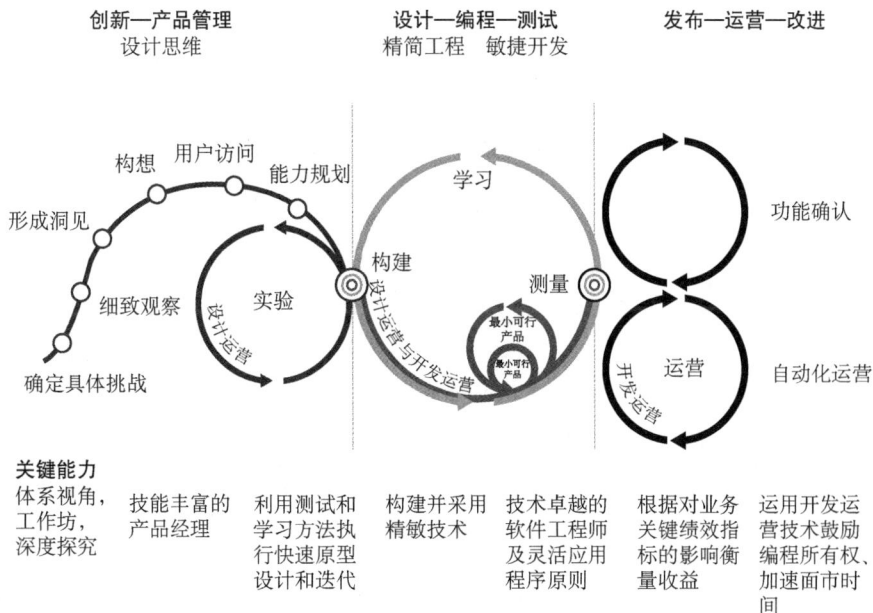

构想　用户访问　能力规划

形成洞见

学习

功能确认

细致观察

构建

实验

测量

设计运营

设计运营与开发运营

最小可行产品

最小可行产品

运营

自动化运营

确定具体挑战

开发运营

关键能力

| 体系视角，工作坊，深度探究 | 技能丰富的产品经理 | 利用测试和学习方法执行快速原型设计和迭代 | 构建并采用精敏技术 | 技术卓越的软件工程师及灵活应用程序原则 | 根据对业务关键绩效指标的影响衡量收益 | 运用开发运营技术鼓励编程所有权、加速面市时间 |

图 9.2　敏捷产品开发方式

6.工程优化

·通过操作模型重新设计、卓越中心结构、资源可替代性提高研发敏捷性，优化核心但非区别化流程

·全公司通过价值流和企业智慧优化产品开发流程

1.现代产品管理

·拟定产品上市和发布战略，优化产品组合和产品规格，作为产品所有者行动

·设计业务模型重大转变（如转型"即服务"模型）和数据资本化战略

5.智能产品操作

·持续支持并执行自然语言处理与产品生命周期管理活动，为工程师提供更多创新时间

·启用预测分析、机器学习、机器人流程自动化等技术，优化工程与产品开发

减少产品上市时间和提高研发效率

2.精敏流程

·通过精敏工程和"左移"提高产品开发效率与有效性

·新流程中贯彻设计思维、持续交付、开发运营

4.数字主线与孪生

·将设计与合作开发的终端对终端产品数据连贯性融入制造与支持

·从设计到服务，利用虚拟替身设计模型、预测、为产品表现提供洞见

3.联网平台工程

·现代"软件即服务"与平台设计、规模构建和运营，包括终端对终端的开发者生态系统运营

·软件现代化、重构、减少技术债务，创造产品敏捷性与市场反响

图 9.3　提高工程效率的六大工具

智慧之声　埃森哲，大卫·罗什(David Rush)，敏捷工程引领未来

汽车行业的新时代工程设计

数字新时代提高了产品的复杂性，对创新速度的要求越来越高且提升了合规性要求，这意味着许多制造商不得不采用"新时代工程设计"的方法统一硬件和软件的生产。

汽车生产商尤其需要在行业许可范围内，开发平衡敏捷性及新型工程技术的模式。这被称为汽车的精敏产品开发过程，包括如下方法、工具和技术：

- 将精敏模式推广到全球产品分销的大型开发团队；
- 将系统与软件行业标准嵌入产品开发过程与方法；
- 采用现代工程技术应对产品复杂性的上升。

埃森哲与汽车客户密切合作，开发了名为"Autoscrum"的行业特定框架，该框架结合了汽车特定的精敏工程方式以及基于精敏产品开发参考框架的模型。其目标是支持并协调软件行业的敏捷工作方法以及汽车行业商业模式的市场周期，适应监管和合规性要求（见图9.4）。主要特征如下：

- 敏捷规模化
  - 固定步调
  - 按步骤开发，按需求发布
  - 系统与性能驱动开发
  - 大规模团队合作
  - 跨专业同步合作
- 现代工程
  - 系统工程专业
  - 基于模型的工程
  - 基于平台的工程
  - 产品线工程

AutoScrum 的框架通过规范而统一的应用程序产品生命周期管理到产品生命周期管理(ALM-PLM)结构实现，该架构将所有产品开发工作团队融合到采用通用语言的合作生态系统中。AutoScrum 的优势不言而喻，但仍需克服巨大的组织和文化挑战：

- 公司反对敏捷方法，认为它不适用于硬件和复杂系统，并保守地坚持传统项目范式。
- 公司抵制使用数字和基于模型的工程技术，仍高度坚持以文档和文本为中心。
- 公司难以将团队重组为核心系统、核心平台或核心领域。

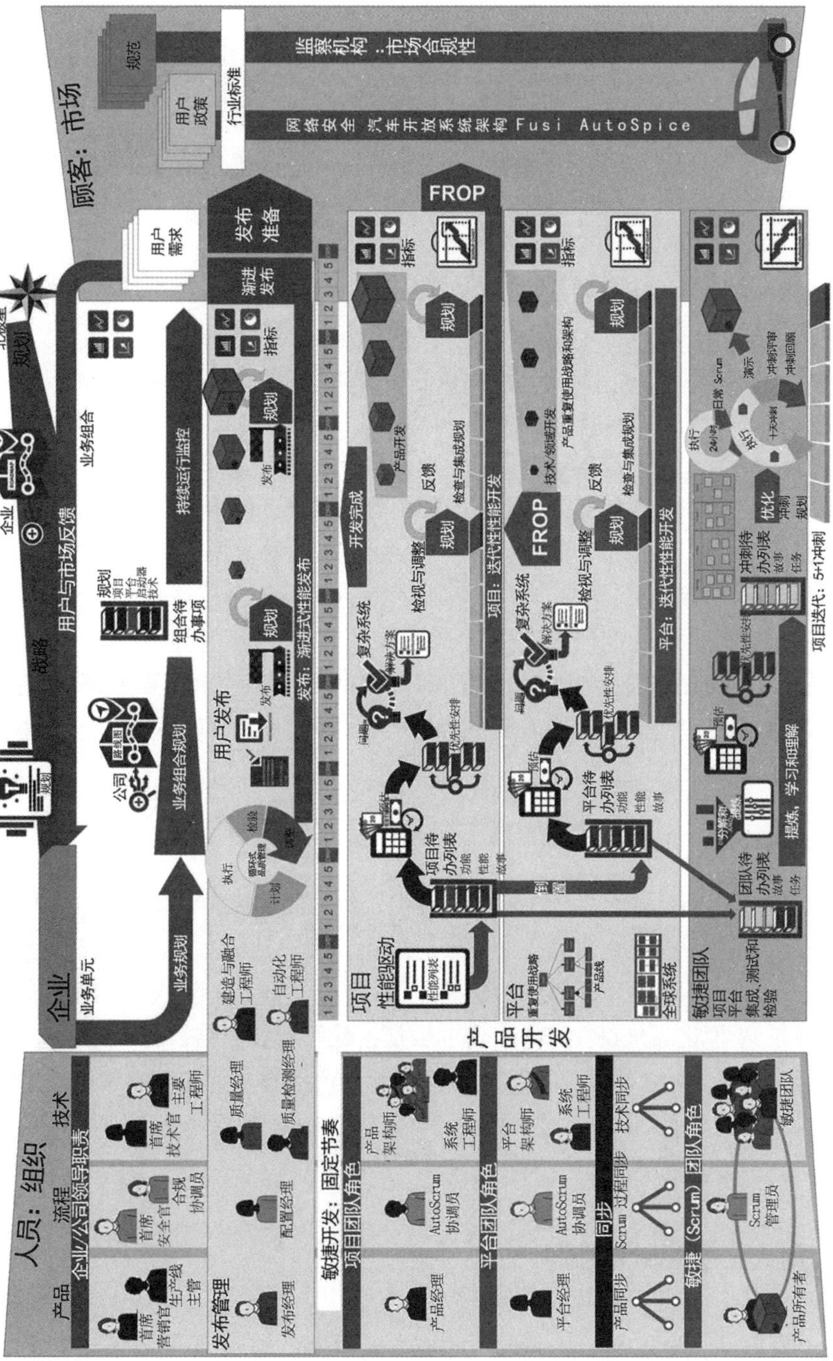

图 9.4 新时代的 AutoScrum

敏捷工程需要新技术

一方面,智能互联产品的主动特性要求所有工程技师共同努力,赋予产品协作性和反应能力。另一方面,嵌入人工智能技术需要特殊的专业知识。

适应能力强的灵活工程团队必须配置这些技能组合,才能充分应对硬件和软件集成开发的复杂程度。这种新式工程风格需要团队之间协调合作,同时处理硬件和软件组件,而这些团队通常分布于不同地域和时区。

全面的软件工程技能是启动"开发运营"的必备技能,此过程要求开发人员和操作人员合作处理运作中的产品。这意味着设计产品与服务时,需对网络安全挑战及其内涵有一定认识。产品工程最终需以数字孪生的形式呈现,仅此一项就可以创造足够的速度、灵活性和敏捷性。

智能互联产品与用户和其他产品互动,从中学习经验,这是用户中心化成果的基础。为此,必须获得并评估与产品相关的使用数据。就工程角度而言,这需要具备数字和传感器技术、小型化、智能集成、电子、无线连接、云端数据存储等解决方案,还有强大的分析能力和数据科学能力,所有这些都是为了将数据洞察转化为有意义的行动,进而实现产品再造。此外,还需要体验设计师等人才,还需要传统的信息技术团队将智能产品集成到企业系统中。除了与产品合作特性相关的工程技术,平台工程也不容忽视,包括决定建造相关专门平台还是利用现有平台,等等。所有上述技能人才都需整合为团队统一合作。

硬件没有消亡

虽然如前文所述,机械性能的价值逐渐由软件和数字智能所取代,但这并不意味着实体硬件设计已被淘汰。相反,最优质的智能互联产品仍需以出色的硬件工程为载体。如今,成功的硬件工程师将传统技能,如用户人体工程学、新型自适应高科技材料和面料、小型化等,与利用 3D 打印的敏捷迭代等新技能结合在一起。这些硬件工程师必须深入了解硬件生成的数据,还要对促使产品数字智能化的软件了如指掌。苹果就是成功的典范,iPhone 的面世可谓颠覆式创新,苹果的硬件工程师在开发iPhone 时就已集中应用了上述技能。

3 利用人工智能增强数据

智能互联产品由数据驱动,同时又生成数据,因此公司必须在所有部门实现数据增强。数据最终应成为所有业务流程中主要的价值来源。

数据对于了解市场和产品使用情况颇为关键,也是通过新型服务改进用户体验的重中之重。数据为数字孪生技术提供燃料,并围绕数字主线形成洞见。尤其当人工智能分析广泛应用时,数据可称为新时代的新型燃料。

需要管理的数据

随着人工智能的作用日趋显著,历史数据都可作为算法的训练材料。随后算法就能进行预测,就像天气预报根据昨天的数据预测今天的天气状况一样,算法正是计算机版的天气预报。算法一旦完成训练,就可输入从产品中获取的操作数据。

人工智能可助力完善数据,并改善数据质量。它可分离结构化数据与非结构化数据,用于进一步处理。就更广泛的操作意义而言,这取决于创建的数据模型,公司可决定利用该模型记录哪种数据类型,决定如何存储、处理和访问这些数据。通常不同形式的非结构化数据及其来源都必须调配到结构化的数据组内。大部分数据信息都需经过这样全面的修改,才能从产品数据中获取有关用例和用户喜好的可行洞见,因此选择正确的分析工具极为关键。

数据可通过多种方式实现商业化。可以直接出售给合作伙伴以进行合作,或与匹配的数据工具捆绑销售,或嵌入现有产品和服务之中,或为营销闪电战提供信息,或为第三方提供访问平台,或帮助改进内部业务流程[①]。

由于销售数据通常意味着销售服务,因而不能保证数据产品不会妨碍现有的核心业务。如果某硬件制造商每月的销售额不稳定,又转向出售服务,则应仔细思考如何在保障利润的前提下应对此业务模式的转变。

重塑数据模型

大多数产品公司使用的数据模型已有几十年的历史,难以支持智能互联产品。过去,产品公司定义库存单位(SKU),每个单位都有独特的层级物料清单(BOM)。过去几十年,产品仅出售给一家分销商,随后就被完全遗忘,这种模式在过去运作良好。

然而随着产品可实现互联、升级、定制、个性化,甚至作为服务出售,这种模式便不再适用。新型活跃产品领域需要的是"统一的数据模型",提供传统数据模型无法实现的灵活性与敏捷性。在许多情况下,这一理想的数据模型不再作为实体构件,而是作为基础特性存在。这就是所谓的"基于属性的数据模型",它结合了硬件、软件和

---

① 托马斯·达文波特(Thomas Davenport),史蒂芬·(Stephen Kudbya)和史蒂文·保罗(Steven Paul)(2017)物联网与开发基于分析的数据产品,*MIT 斯隆管理评论*,1 月 9 日［网址链接］https://sloanreview. mit. edu/article/iot-and-developing-analytics-baseddata-products/［2018 年 10 月 12 日获取］

基于服务的模型,为产品制造商、客户、供应链和生态系统合作伙伴提供了更大的灵活性。

如图9.5所示,统一的数据模型垂直延伸,超越了传统的硬件数据,现在还融合了软件和体验信息,这些信息源自顾客特定用例和定制化需求。这一模型还将水平延伸,保障工程、制造、销售、支持等部门数据模型的统一。

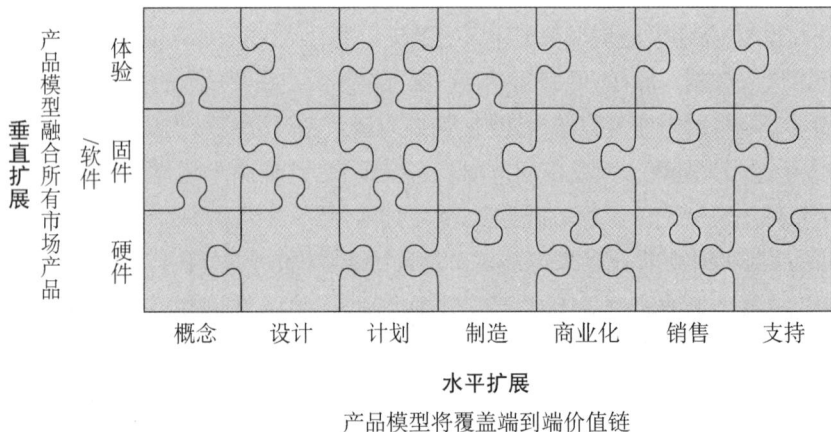

图9.5 构建统一的产品模型以获取端到端的商业价值

当前的许多公司还远未建立统一模型。一项最近的研究表明,超过50%的产品公司拥有超过20种不同的数据系统,现有的数据模型往往十分孤立,需要全盘改造。

选择正确的数据工具

处理数据的分析工具必须与目标相匹配。人工智能技术很多时候能提高数据洞见的质量,选取分析工具时应将其考虑在内。例如,一家领先的半导体公司利用先进的机器学习和人工智能工具,部署工程模拟,准确预测工程计算和存储需求。其他一些产品公司在产品引入阶段利用机器学习技术评估产品的可制造性。

再次强调,数字孪生和数字主线能够利用数据完整再现现实产品,全面提供使用情况、洞见和建议措施,方便易行。

智能互联产品极为依赖数据驱动,因此公司必须培养跨学科的全面数据分析能力。引入人工智能,不仅符合智能产品本身所需,还能用于生成学习型软件程序,以提高数据分析的有效性。这种人工智能驱动的分析算法将有助于更高效地识别相关数据洞见,从而以更快的速度将大数据分解为可操作的智能数据。

在这种背景下,产品制造企业需培养数据增强技能,该技能结合了计算机科学与信息技术知识。此外,企业还要学习数学和统计知识以及产品相关领域的业务知识。数据增强并不只是空洞虚名,应始终以客户中心化的智能成果为目标。为此,公司要明确数据增强的原则,使其在整个产品生命周期保持开放心态,而不为新增的客户价值来源所累。因此,公司需获取合适的人才,如数据科学家(当前全球最紧缺的人才类型之一)。公司需要在数据和人工智能服务中,决定"制造还是购买"策略。具体而言,就是选择从内部积极培养这些人才,还是通过生态系统合作伙伴购买相关技能。

4 "即服务"能力

如第五章所述,从硬件产品出售模式转变为"即服务"模型是一项艰难挑战。由于涉及企业内核的根本转变,许多公司都望而却步。除此之外,企业还需培养一系列未知技能。图9.6展示了产品即服务模型必备的能力框架,从中可大致看出利用智能互联产品转型为"即服务"商业模型涉及的几大要点。

本书其他章节已阐释了此整体框架内的许多能力,但某些特定技能是多数产品公司在转型时难以具备的。

解决方案的配置、定价与报价(CPQ)。相较于普通硬件产品销售,"即服务"模型拓宽了顾客的选择面,提升了定制化体验。多数产品公司缺乏必要流程或信息技术系统,难以处理复杂度更高的配置、定价与报价。

销售。传统产品销售人员的训练目标就是完成产品交易,随后推销另一款产品。这种方式难以适应基于服务的销售模型。销售人员必须针对产品生命周期不同阶段的顾客使用情况,采取对应的解决方案。事实上,很多服务公司在服务生命周期内延迟发放销售佣金,并依据顾客使用情况发放奖金。图9.7展示了所需的销售能力转型以及当前几大工业部门的成熟度。

服务保障。"即服务"模型通常都配有服务水平协议(SLA),该协议规定了整个生命周期内的职责。多数产品公司甚至缺乏服务水平协议的衡量流程与体系,若服务水平协议没有完成目标,能采取修正行动的公司更是寥寥无几。

客户成果。大部分"即服务"模型的回报利润和客户采样率与性能使用情况挂钩。前文曾指出,软件行业是"即服务"模型转变的中流砥柱,深谙客户组织和流程的专业团队开辟了被称为"客户成果"的全新功能,将顾客采用率作为衡量尺度,而多数硬件公司对此概念完全陌生。

权限管理。"即服务"行业必须充分理解个体设备和个人用户的权益。例如,识别授权接收升级的设备,区分可以使用基础功能或优化功能的用户。目前几乎没有产品公司具备成熟的权益管理系统以应对上述问题。

确定	获得	构建	管理	支持
战略	销售	开发和测试	财务和合法性	顾客销售和服务
业务模型战略	营销战略	安全性和合规性	收入确认	顾客成果
体验设计	目标顾客	信息技术操作	报告和合规	购买和使用
竞争战略	配置、定价和报价	设备开发和测试	会计	权限管理
产品上市	资产部署	研究与开发	合同	服务和支持
组织和文化	配件和包装	方法与工具	收据处理/管理	设备管理和维护
管理	安装和测试		设备管理和维护	维修和保修
	维修和逆向物流		安全策略	生命周期末端服务
	产品运营		设备配置	服务等级
	订单和供应商管理			
	全球采购和合作伙伴模型			

图 9.6　产品即服务能力框架

基础设施支持。智能互联产品需要监管，而它生成的大量数据需要安全储存。多数产品公司缺乏信息技术基础设施，无法管理内置"即服务"分析工具。除了安全存储智能互联产品生成的大量数据，产品公司更需培养从中获取信息的能力，为客户提供行动意见。这不仅需要数据科学家，还需要熟悉客户所在行业及其业务流程的相关人员。

工业部门各行业成熟度

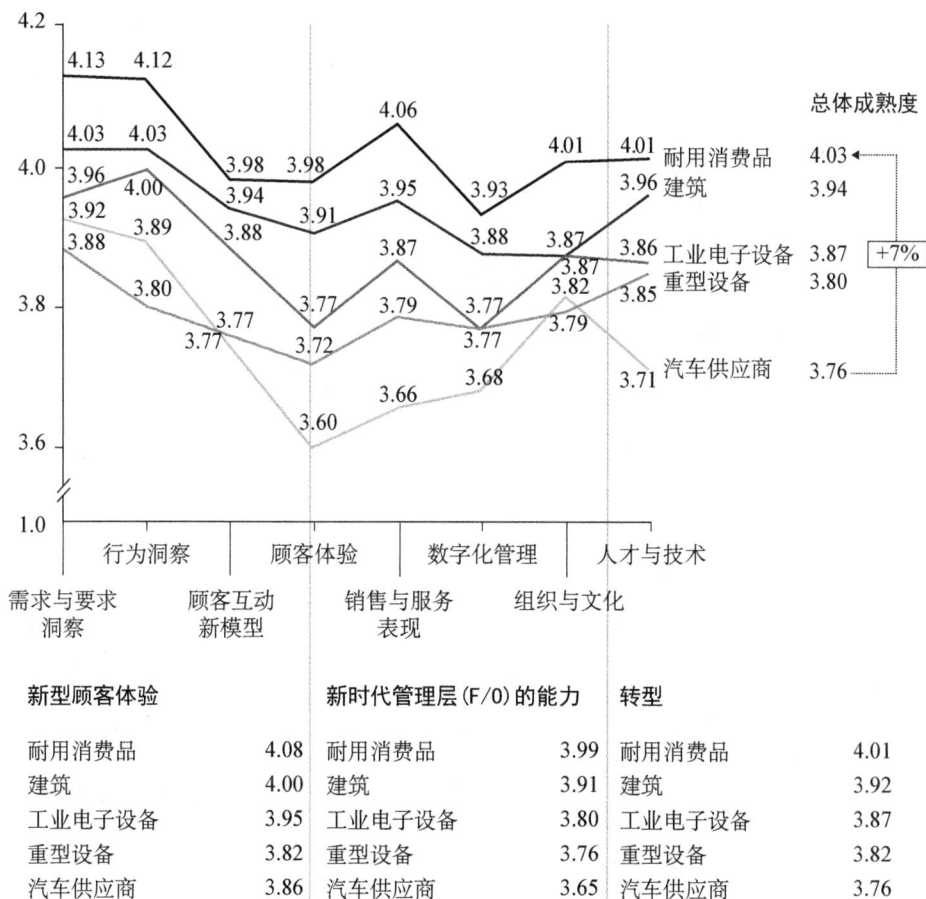

新型顾客体验		新时代管理层(F/O)的能力		转型	
耐用消费品	4.08	耐用消费品	3.99	耐用消费品	4.01
建筑	4.00	建筑	3.91	建筑	3.92
工业电子设备	3.95	工业电子设备	3.80	工业电子设备	3.87
重型设备	3.82	重型设备	3.76	重型设备	3.82
汽车供应商	3.86	汽车供应商	3.65	汽车供应商	3.76

图9.7 工业设备公司转型销售模式

5 由体验驱动的工作团队

智能互联产品的开发人员需具备特殊技能、背景、理念和表现。新时代产品开发的主要目的是以建立成果导向型人才库为前提,在产品或服务的生命全周期提供顾客中心化成果。

打造顾客中心化组织

工作人员应安排部署端对端的体验与成果,而非纯粹的产品性能和产出。执行团队应以新型激励机制为指导，将目标由追求销售量转变为实现顾客成果。从获得销售成果的外部公司引入人才，建立生态系统，都是转型的可行之路。

此外，聘用具有成果导向型理念的人才也有助于企业转型。首席执行官定义的成果驱动型智能互联产品、体验驱动型生态系统，还有各自的生态系统合作伙伴，都将为转型提供源源不断的灵感。

最高管理层应引导员工寻找灵感，向他们灌输智能互联产品战略理念，转变其产出导向型工作模式，建立成果导向型机制。

打造灵活、敏捷、创新驱动的组织

每一级管理层都必须调整心态，才能在数字时代脱颖而出，才能适应指数型组织和敏捷工作环境需求。过去，传统公司管理者的奖励机制无外乎晋升或加薪，奖励前提往往是业务稳定、管理有方，或业绩表现和个人能力符合预期，或为公司调动了特定的市场力量。

而新产品领域的情况则截然不同。管理层的顾客或团队中心化表现将作为其评判标准，如是否对新想法保持开放心态，是否能推进敏捷工作模式，相比前任管理者是否对技术有更深入的了解，等等。图9.8展示了新时代新型管理人才的必备能力。

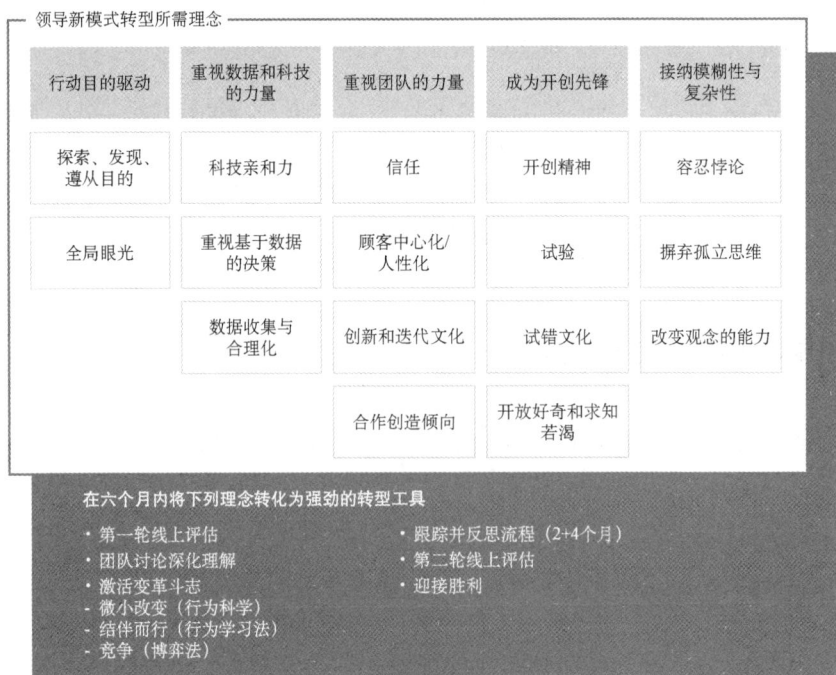

图9.8　新型领导力触手可及

指数型组织的概念孕育而生。打造指数型组织需要多样化的互补团队以及系统化的智能操控。而一旦成功转型指数型组织,其能力和效率将比对手高出十倍,还能节约十倍的成本。指数型组织还能实现有组织、有结构的技术创新,这些在数字时代到来以前都是难以想象的。

在向指数型组织转型的过程中,公司领导认为常见的困难如图9.9所示。

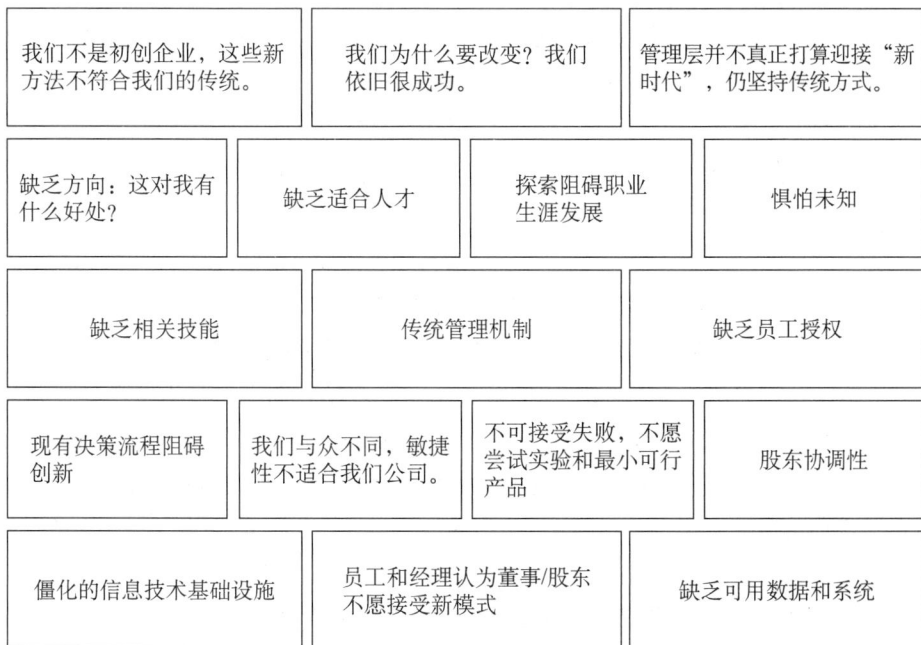

我们不是初创企业,这些新方法不符合我们的传统。	我们为什么要改变?我们依旧很成功。	管理层并不真正打算迎接"新时代",仍坚持传统方式。

缺乏方向:这对我有什么好处?	缺乏适合人才	探索阻碍职业生涯发展	惧怕未知

缺乏相关技能	传统管理机制	缺乏员工授权

现有决策流程阻碍创新	我们与众不同,敏捷性不适合我们公司。	不可接受失败,不愿尝试实验和最小可行产品	股东协调性

僵化的信息技术基础设施	员工和经理认为董事/股东不愿接受新模式	缺乏可用数据和系统

图 9.9　转型指数型组织中的常见阻碍

人机合作——人工智能同事合作指南

目前工作团队的结合日益紧密。机器人或协作机器人已经可以熟练地帮人类完成许多高产值的任务,它们的能力还将与日俱增。可以预见在不久的将来,人类与机器将实现无缝协作。

最新一代机器人的移动性更强,灵活性和自主性更高,价格也更亲民。随着机器人智力和自主性的提升,员工对机器人的认识也将由单纯的工具转化为团队成员。人机合作团队将完成更多的工业任务,其中每一位团队成员都有自己的任务,同时机器系统与人类同事需要不断沟通,合作执行既相互区别又相互联系的任务,更高效地完成复杂活动,效果远甚于人类或机器的单独作业。机器人会通过预设的自动流程进行控制,当人类成员发现异常时,也可专门进行人工干预。

试想一台机器人既能在工厂或修理厂等环境下作业,又能勘察问题或运输货物。货物材料运达后,联网工作团队和多个运输机器人协同分拣货物,将货物配送至目的地。

个人和团队都将执行这些任务,无论是人工团队、人机团队,还是机器团队。工作过程中,人机之间、其他部门人员间都将进行更多的互动。例如,有人刚刚拿到某些材料,半小时内就可能需要机器人送货员的帮助,比如快速取回某件额外的货物。又或者另一个代理人、机器人或联网工人被调任,产生职位空缺。未来的主流趋势将是人机团队在类似的复杂情况下,顺利有效地完成复杂任务。

⑥ 协调生态系统①

如第六章所述,其中一部分智能互联产品将以平台形式运作,但并非全部如此。为成功创建运行平台,须培养生态系统的搭建和协调能力,为此类产品平台提供支持。这些生态系统需识别潜在合作伙伴,为提高产品价值提供关键技术、数据或服务。

只有加入合作伙伴生态系统,才能赋予企业突破创新的动力和颠覆性增长的机遇。以多边多维的伙伴关系和协作式网络打造运营模式,企业就能创造丰厚的价值,免遭新时代淘汰。麦克·雅克比德是伦敦商学院"Sir Donald Gordon 创业与创新"项目负责人,他认为:

> "智能互联产品的崛起是开发无缝衔接系统的重要部分,无缝衔接系统能减小用户的生活压力,依据用户需求实现量身定制。如果不将其融入生态系统,多数智能产品就可能无法带来财务收益②。"

生态系统作为一个开放网络,其战略性商务伙伴通常以促发展、谋创新为共同目标。该系统可视为公司的竞争力网络,它的国际化程度日益提高,由数据驱动,跨越众多产业,覆盖全部参与方,包括合作商、供应商、机构、客户和其他利益相关者。

上述各方建立联系、相互协作、加速创新、扬长避短,从而提升效益并灵活应对瞬息万变的消费者和业务市场。如今,越来越多的消费者和市场要求企业提供复杂的成果,而非单一的产品。

可以说,生态系统就好比是企业的"生命组织",一旦脱离,企业就无法在行业中

---

① 有关商业生态系统的更多内容,请参阅系列图书《工业 X.0》"热点聚焦:如何充分利用平台与生态系统"
② 埃森哲访谈

继续生存。生态系统通常围绕核心合作商的知识产权构筑而成,知识产权包含服务硬件和多种应用程序接口,并以"即服务"的形式供给水平或垂直市场。

为搭建生态系统,工业企业应首先构建有效的伙伴关系网络,合作的企业拥有共同目标——为成果导向型客户开发新产品和新服务。其后,企业可选择性地采取战略打造平台型产品,将其作为后续流程的核心,构建高价值的产品中心化生态系统。

从管理角度而言,企业需本着务实的态度寻求联系与合作,构建灵活的全球组织,这一转型过程极为复杂。企业要全方位变革工作团队,调整技术战略,从而增强渗透能力,提高灵活性,把握积极合作理念。

为此,企业高管必须奠定基调,部署战略,决定企业不再专攻产品和服务,而是为客户提供更优成果。为打好基础,企业高管必须认识到,各级员工都可为企业的生态系统战略贡献力量。

要构建高效的生态系统,并将其作为创新平台,可参考表9.1所示的步骤。

表9.1　打造高效生态系统

确定方向	·对未来4~5年行业发展的清晰定位是成功培育整体生态系统的关键
高层支持	·高级管理层对治理结构的坚定支持 ·确保快速决策和解决问题的流程
实践指导委员会	·管理层应辅助执行生态系统战略性合作伙伴战略,如识别并帮助其他生态系统伙伴
关键绩效指标多样化	·不单将销售量作为主要依据,确定衡量生态系统战略性伙伴关系成果的量表和关键绩效指标
渠道至关重要	·激活渠道;总体把握客户问题,行业渠道和运营团队
解决方案路线图	·不要制定大量解决方案组合;开发前与客户、行业问题专家等验证猜想;为提高解决方案投资回报率,在开发前进行全面考虑 ·将顾客概念验证作为解决方案纳入合同
管理全球范围	·不要过早扩散单薄资源 ·与全球支持团队确定地理范围的优先级并对其进行管理
初步成功/阻断机会	·确保初步成功,使每个公司建立并保持"注意力份额"势头
灵活运营模型	·建立灵活操作模型,保持对市场的灵敏反应 ·持续性联合创新表现记录与项目管理流程
改变管理/文化同步性	·"单一团队"理念(流程、衡量标准、态度) ·将生态系统战略性伙伴关系作为新型创造的业务单元 ·使生态系统战略性伙伴关注带来收益的高价值活动

与伙伴评估适切的协议极为关键,尤其是商榷生态系统价值共享的适当方式。平台的概念意味着某种形式下的利益共享。一名接受我们访问的前特斯拉高管表示:"你需要决定智能互联产品创造的价值,如何在生态系统合作伙伴间合理分配,价值分配可能影响甚至改变企业的核心业务。"

需达成的共识是,每个平台合作伙伴应该得到多少份额的利润,才能从其参与活动中获益。多数情况下,平台伙伴在其他方面还可能互为竞争对手,因此需要设置合适的"中国墙系统"。为管理生态系统,应开辟新的公司部门。这就需要对现有细节有高度的把控能力,深入了解此类商业模型在未来将如何发展。

7 安全问题无所不在

用智能产品执行的特定任务有时会损害网络安全,进而产生现实影响,使安全性成为主要隐患。设备管理必须确定并管理与安全相关的各种方面。生态系统内部应预测并主动管理网络安全隐患,保护知识产权。

搭建生态系统的核心前提是与必要的专业人才合作,提供智能互联产品价值创造机制的相关元素。需全面考虑构件的安全性与知识产权保护。前特斯拉高管称:"数据的安全性高于一切,必须保护顾客隐私和安全,避免公司遭受损失。恶意黑客攻击在互联产品领域并不罕见。"[1]

企业必须制定安全标准,所有生态系统参与伙伴都必须严格遵守。不过它们还应该借助生态系统的力量,共同探索有关产品安全的解决方案。为此,生态系统必须确定数据共享原则,制定公开透明的安全标准。

保存与保护敏感数据也不容忽视,要确保只有授权机构才能访问敏感数据。这一点不仅适用于现有数据,也包括通信过程中传输的数据。此外还需确保操作连贯性,保证数据、设备、网络、应用等在必要时可及时调用。

然而,随着智能互联产品在商业模型中的作用日益显著,很多安全隐患也逐渐凸显,必须牢记以下几点。

不同于移动设备,智能互联的物联网设备可进行软件更新,使用寿命更长,保持最新的安全版本至关重要。但由于高可用性要求,或硬件产品过时无法安装补丁等种种限制,无法保证所有设备都可更新。这样一来,设备在未来的使用中就可能被黑客利用。

物联网还引入了很多新通信协定与连接选项。但由于设备生产商的标准化程度

---

[1] 埃森哲访谈

不高,安全意识淡薄,设备安装和使用过程中存在不一致性和灰色地带,给了黑客可乘之机。此外,物联网市场价格竞争激烈,低成本的组件通常安全标准较低,因此设备缺乏充分的硬件资源,无法保障基本安全性功能,如加密、密码管理、安全存储等。

机器的自动化操作意味着现场基本无人验证设备身份。然而从技术角度看,按照传统的身份机制建构机器间的自动关系仍相当困难。最终,物联网从本质上连接了原本互不相关的领域,极大地模糊了传统的管理界限。领域形势不断变化,规章制度层出不穷,甚至遵循规则也成了一项挑战。

要点回顾

(1) 为成功再造产品,需培养七大关键能力。

(2) 虽然新型能力大多以产品功能开发为主,但转型"即服务"商业模式带来的影响几乎涉及所有的机构和流程。

(3) 除了培养新能力,还需彻底改革企业文化和理念。

第十章

成功打造活产品与服务的线路图

对传统制造商而言，通往智能互联产品的转型之路仿佛一座复杂的迷宫。然而，转型之旅必须快速启程，为此我们整理了结构化的行动指南，并做出清晰标记。企业需采取开放的创新精神，将功能开发理念转变为体验开发理念。另外还要更新产品执行路线图和业务开创流程，破除壁垒，新增职能和职责，重建信息技术框架。转型之旅一旦启程，企业需实时监控智能互联产品的新型结构及其开发、制造、运输和现场管理流程，并依据产品反馈的数据调整战术。

数字化几乎无所不在。然而,在 B2B 和 B2C 市场中,许多制造业公司高管通常对数字化的概念十分模糊。

在每天的咨询工作中,我们接触的许多高管或业务主管,他们仍关注传统领域主要的高价值产品,往往很少考虑软件驱动型智能功能,抑或服务导向型用户体验,更不用说搭建平台等规划。一般来说,管理层可能会陷入两大认知误区,一是低估智能互联产品的价值潜力,二是没有意识到若竞争对手或市场新入者率先完成产品的智能互联改造,将颠覆所在行业,对本公司产生巨大的负面影响。

2018 年,我们采访了全球近 1000 名企业高管。尽管有 68％的企业高管肯定了转型智能互联产品的必要性,只有 16％的人表示将采取切实行动,而对此有清晰规划的人更是寥寥无几[①]。因此在这一方面,企业领导者在理论和实践上存在巨大差距,或许他们尚未发现收入增长的新来源,也不清楚应该如何行动。看来,打造智能互联产品常常被视为锦上添花的美好奢求,而不是一项打开新兴市场的务实行动。

PTC 软件公司为不同工业部门提供服务,我们采访了创始人詹姆斯·E. 海博曼对此结果的看法。关于工业部门的数字化转型,这位备受尊崇的创始人的解释很简单:"在实体产品的环境中成长的人,可能对这些新型软件的影响感到恐惧。"[②]

因此,高管们应如何克服产品生产线改造的恐惧？ 如何消除他们对产品智能特性的疑虑？ 一张探索此未知领域的路线图可解决燃眉之急。

为此,我们将呈现智能互联产品转型的七大行动要点,助力企业形成清晰规划,激发必要的信念、目标和决心。

要点 1: 视野与价值空间的定义

首先要相信智能互联产品的价值优越性,理解其带来的全新价值视角,即自动补给平台、利润可观的敏捷生态系统联盟、不计其数的有利服务,等等,这些都是之前的制造商难以想象更无法提供的。其次必须考量上述潜能,迅速制定具体设计蓝图,以

---

① 埃森哲(2018)将可能性转化为生产力［网址链接］https://www. accenture. com/t00010101T000000
 Z__w__/gb-en/_acnmedia/PDF-76/Accenture-IndustryX0-AI-products. pdf［2018 年 10 月 12 日获取］
② 埃森哲访谈

便快速成功施行。

　　要使整个组织真正信服这一全新领域并非朝夕之功，但领导层必须谨慎地确定方向，这是迈向成功的第一步。产品成功的关键不能单纯依赖联网或性能驱动，而应通过智能调整推出高度定制化的体验。这意味着公司领导需想办法提高其纯硬件产品的智能性。产品已成为软件和数字智能的载体，可远程更新和控制，可提供定制化或个性化的用户体验。

　　为吸引员工、顾客、供应商及系统合作伙伴，公司无论打算从头起步还是改造现行产品，都必须明确其计划打造的数字产品。为指导决策，试回顾第三章介绍的产品再造方格图，该图平衡了智能产品的智能度与体验度（即技术先进性与用户体验质量水平）的关系。以此为框架，可发现五个最可能获利的具体"价值空间"，如图 10.1 所示。

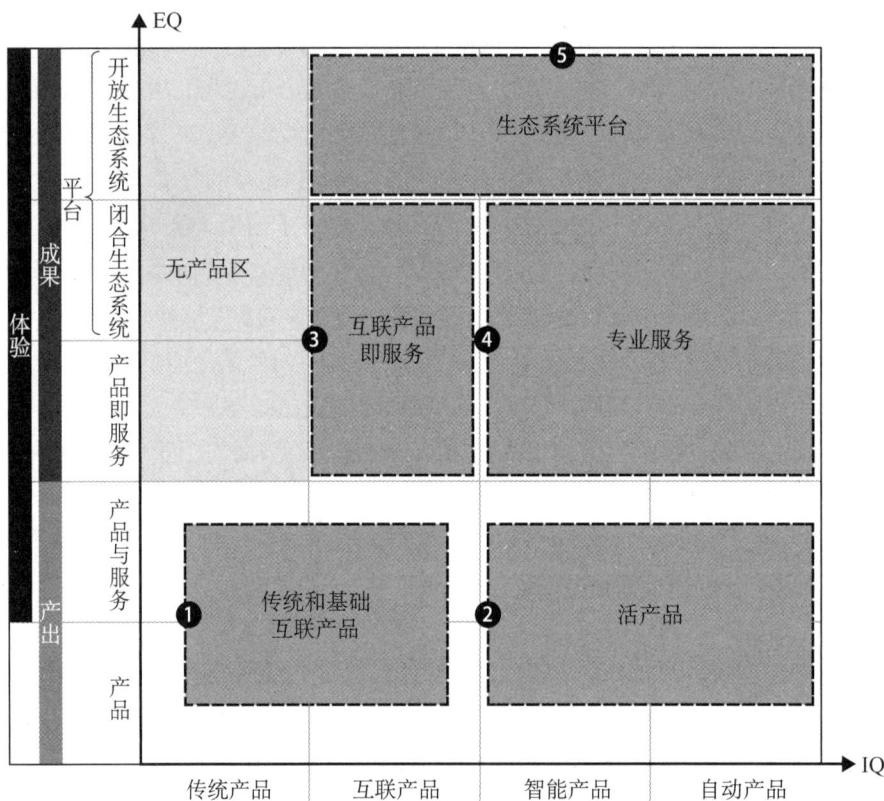

IQ-智能度　EQ-体验度

图 10.1　产品公司的五大价值空间

　　具体公司和具体产品的理想价值空间可能不尽相同,虽没有统一的解决方案,但仍有标准指导原则可参考遵循。

　　价值空间如下:

　　(1) **传统产品和基础联网产品**。这是目前多数产品拥有的价值空间,我们认为未来很少有产品能在此空间保持盈利。绝大多数产品都需经过改造,提高智能度和体验度,才能进入新的价值空间。Mindtribe 首席执行官史蒂夫·迈尔斯近期主持了与几位硅谷产品创新泰斗会面,他们几人都对此深表赞同,认为"传统产品的商业模型正在消逝"①。

　　(2) **活产品**。人工智能技术在活产品领域广泛利用,或作为嵌入功能,或通过边缘及云端网络使用。如前文所述,传感器与接入网络的成本大幅下降,大数据和人工智能工具的普及率与接受度与日俱增,加速了此价值空间内的产品数量增长。谷歌云 AI 产品管理高级总监拉贾·谢思(Rajen Sheth)认为"所有产品都会在未来十年利用人工智能"②。我们认为许多产品公司都能从此价值空间盈利,而且产品公司除了不断提高其产品智能度外,别无他法。

　　(3) **互联产品即服务**。如第五章所述,多数产品公司正从交易性硬件销售模式转型为"即服务"业务模式,软件行业奥多比的案例就证明了这一点。毫无疑问,"即服务"模式的价值潜力无限③。我们认为,多数生产互联产品的公司应即刻提高产品体验度,开发"即服务"业务模型。

　　(4) **活服务**。此价值空间结合了前两大价值空间,即活产品与"即服务"业务模式。顾名思义,活服务的动态性与适应性与时俱进。据我们预测,几年前难以大规模提供的定制化、个性化服务,随着人工智能的到来将成为现实,该空间的巨大活力和创新前景不言而喻。活服务提高了个人用户或顾客的价值,因而此价值空间对生产商颇具吸引力。

　　(5) **生态系统平台**。如第六章所述,平台商业模式能创造巨大市场价值,其增收能力可想而知。产品公司面临的核心问题是:你将彻底改变业务模型,打造平台作为主要营收来源,还是利用第三方平台提供活产品或活服务? 这个问题并不简单。我们认为尽管此价值空间可能带来回报,但很少有产品公司能够利用这一价值空间,也不应对此抱有幻想。

---

① 埃森哲访谈

② 同上

③ 罗伯·沃克(Rob Walker)(2017)奥多比如何吸引用户订阅,*彭博商业周刊*,6 月 8 日[网址链接]https://www.bloomberg.com/news/articles/2017-06-08/how-adobe-got-its-customers-hooked-onsubscriptions[2018 年 10 月 12 日获取]

任何一家产品公司的关键战略选择点,首先是提高产品智能程度和运行速度,使其不断接近活产品;其次需决定是将交易性产品销售模式转变为"即服务"模式,还是搭建生态系统平台,以提高产品体验度。

根据我们的经验,投资者和员工期望公司制定有吸引力的数字化方案,此方案不仅局限于产品本身,还应保护内部业务结构和流程。管理者需有企业家精神和决断力,方能决定以上投资。需将勇气转化为坚定信念,仔细考量以上转变是否有利于公司发展。

要点 2: 数字化核心业务为扩张提供资金支持

从当前的产品业务转入新的价值空间,如活产品或活服务等,需进行大量前期投资。因此必须规划由旧到新的转型之路,详细阐述业务案例,考虑恰当的资金分配。成熟的经济规划须分析转入新价值领域将如何影响公司的财务状况。提高产品体验度、转型"即服务"业务模式时,尤其需要考虑这一点,因为转型将对公司的资产负债表和损益表产生重要影响。

为支持必要投资,减少风险,需对转型进行全盘管理。已有数据显示,图 10.2 的"滚动更新"框架是管理和指导转型的有效模型。此模型认为多数公司都有其成熟的

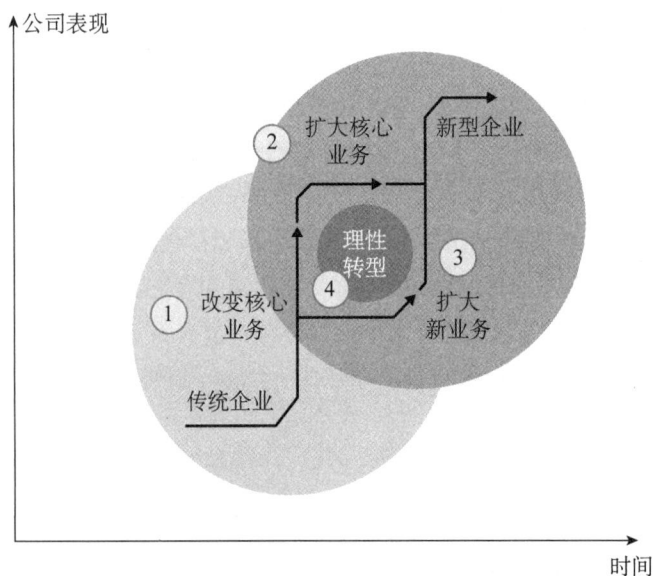

图 10.2 "滚动更新"框架

"核心业务",对产品公司而言,可能是将传统产品作为交易性硬件销售,此模式有几十年的历史。我们强烈建议公司发展其核心业务,同时辅以新型模式作为补充。对大多数公司而言,这意味着转型为活产品或活服务。此艰难转型需由睿智的领导管理,既保障核心业务,又能扩张新模式。

转型不仅涉及生产线,更是全公司组织的变革,为大规模的转型提供资金支持是更为严峻的挑战。即使管理层确信再造产品的必要性,真正拨款时仍有点吝啬,因为只有在新组织理念的生产和管理下,智能产品才能发挥作用,释放价值。此外,这一转变还有很大风险。

根据我们的经验,目前核心业务的数字化转型能大量削减成本,同时为提高数字化能力奠定基础。另外,核心业务转型将显著提高效率,并可通过市场通行的成熟标准衡量,种种优势显而易见。转型创造的价值还足以推动其进入活产品或活服务等新领域。研究发现,数字化转型项目实际上能节约 300 到 700 基点的运营成本,足以支持新领域所需的必要投资[①]。

世界最大的家用电器生产商中国海尔集团就是传统产品公司的典范,它通过"滚动更新"范式,成功实现巨大变革。海尔集团董事会主席兼首席执行官张瑞敏描述了海尔业务新模式,该模式有三大特征,代表了传统制造商面临的根本变革。第一步,海尔通过引入自我管理的微型组织,由封闭系统转变为开放系统。这些微型组织将可自由流通,平等对话,与外部分销商保持双边创意纽带。第二步,员工从由上至下的等级分明的执行者,转变为自发的贡献者,在很多情况下可自发选择团队成员,自主选举领导。第三步尤为关键,从开发和管理团队的角度看,海尔家电的购买者身份从传统顾客转变为终身用户,其购买的产品与服务均用于解决用户问题,提高用户体验[②]。

要点 3:智能互联产品路线图概况

有了雄心壮志,还需制定详细的路线图,使产品的智能度和体验度有所突破。对传统产品公司而言,提升两大维度是一项艰巨挑战,必须在产品再造度的基础上,充分理解两大维度的合力效果。

提升产品智能度需不断对整个产品架构进行颠覆性思考。可集成的功能如下。

- 传感器:需增加何种传感器才能符合未来的体验度或智能度?

---

① 埃森哲
② 张瑞敏(2018)海尔为何转型物联网,*Strategy ＋ Business*,2 月 26 日［网址链接］https://www.strategybusiness. com/article/Why-Haier-Is-Reorganizing-Itself-around-the-Internet-of-Things? gko ＝ 895fe［2018 年 10 月 12 日获取］

- 语音用户界面：是否需要语音用户界面？如果是,应支持哪些语音平台？
- 增加数字用户界面技术：是否需要增加手势操控？是否需要新一代灵活触摸屏技术？
- 安全性：产品中应嵌入怎样的新安全防护？
- 通信：产品支持(或不支持)何种协定？
- 开放还是封闭：产品对第三方的开放或封闭程度如何？
- 升级能力：产品的哪部分可以升级,哪些部分不可升级？

鉴于技术的进步速度之快,理想的产品架构应尽可能不被淘汰,但这绝非易事,并需要付出一定代价。特斯拉就是很好的例子,它对未来所需能力有着前瞻性和战略性思考,并增加了传感器,提高了升级能力,便于未来改进升级。例如,在特斯拉 Model S 的加速模式下,从 0 提升到 60 迈需要 3.2 秒。而通过简易的远程升级,可将时间缩短至 3.1 秒[①]。这极大改善了汽车用户体验,并且只有软件丰富的联网设备才能实现,而升级为自动驾驶功能则是通过特斯拉提前装载的附加传感器实现的[②]。即使传统汽车现已安装诸多车载电脑,其内置软件也不足以支配类似实际性能表现。

时常更新硬件仍大有裨益。尤其是在消费品领域,即使内置软件内容不断增加,硬件仍是联系用户的重要纽带。可利用模块化制造快速更新硬件、节约成本。它可提前设定零部件和组件,并制定当前能力范围内的未来升级规划。

体验度升级时,需要考虑升级至"即服务"或生态系统平台模式的时间和方式。生态系统模型涉及众多合作商,包括销售公司、服务供应商,还有生态系统中的其他伙伴。应从技术角度全面考虑如何调整用户界面,确定产品交付的体验使用习惯。应提前设定产品最终样式的再造度,即提前确定智能度和体验度水平。鉴于智能产品可互相联系交流,要方便用户互相协助并改善体验,减轻制造商或销售商的负担。

由于智能度和体验度快速更新,必须以敏捷模式为基础规划线路图,产品开发周期还应遵循最小可用产品原则。

最后,无论产品的目标如何,都必须对客户和用户数据负责。产品设计、制造、服务的目的是吸引顾客,而非窃取用户信息。必须保障产品捕获数据和运作方式的安全性,数据必须经过顾客同意方可共享。产品需具备抵御黑客恶意攻击的能力,可自

---

① 马修·斯帕克斯(Matthew Sparkes)(2018)特斯拉软件更新：你的汽车提速了吗？*Telegraph*,1月30日[网址链接]https://www.telegraph.co.uk/technology/news/11378880/Tesla-software-update-did-your-car-just-get-faster.html[2018年10月12日获取]

② 安德鲁·霍金斯(Andrew J. Hawkins)(2018)伊隆·马斯克称,特斯拉将于八月发布"全自动驾驶"安装包,*The Verge*,7月11日[网址链接]https://www.theverge.com/2018/6/11/17449076/tesla-autopilot-full-self-driving-elonmusk[2018年10月12日获取]

主或手动更新安全性能,定期更新固件。与产品相关的不同系统合作伙伴都有相同义务保护顾客隐私。

要点 4: 创建数字创新工厂以加速转型

必须强调,要想培养必要技能和新型组织文化,在新数字产品领域大获全胜,仍将面临重重困难。如前几章所述,传统产品公司普遍欠缺实现转型的五大必备能力。提高未联网的传统硬件产品的先进性,如智慧、智能、自主等特征,需从根本上颠覆产品设计和开发思维。转型基于平台的产品,需要构建新型软件平台工程,培养生态系统管理技能。

此外,各类新技术能力也必不可少,如人工智能、边缘智能、扩展现实、3D 打印、高级分析,等等。新领域还迫使工程师思考以下问题:与产品本身相比,云端嵌入的产品功能应达怎样级别?应如何设计网络基础架构,进行轻松快速升级?软件应多大程度地嵌入硬件产品?

产品智能度和体验度进步越大,推进项目需要的专业人才就越多,数据科学家、可视化专家、自动化专家、软件平台工程师、系统架构师,等等,数不胜数。美中不足的是,这些职业的专业性很强,从业人员极少,薪资水平也较高。如何吸引并保留这些人才,共同促进成功转型,是传统产品公司面临的主要难题。

数字创新工厂是可行之路。它不是一种生产工厂,而是产品与体验创新中心,集聚所有跨专业的技能人才。数字创新工程的核心是利用设计思维和敏捷技术,打造极速创新周期,设计并生产新型数字产品与服务。创新工厂还可作为整个公司的转型中介,吸收快速测试学习、快速失败等重要概念,如图 10.3、10.4 所示。

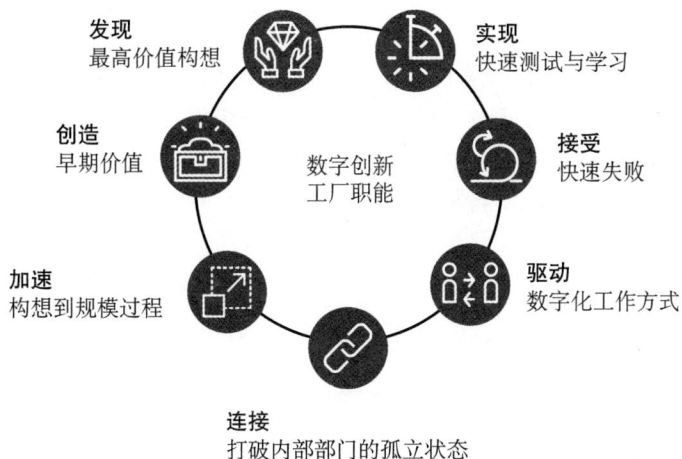

图 10.3　数字工厂目标

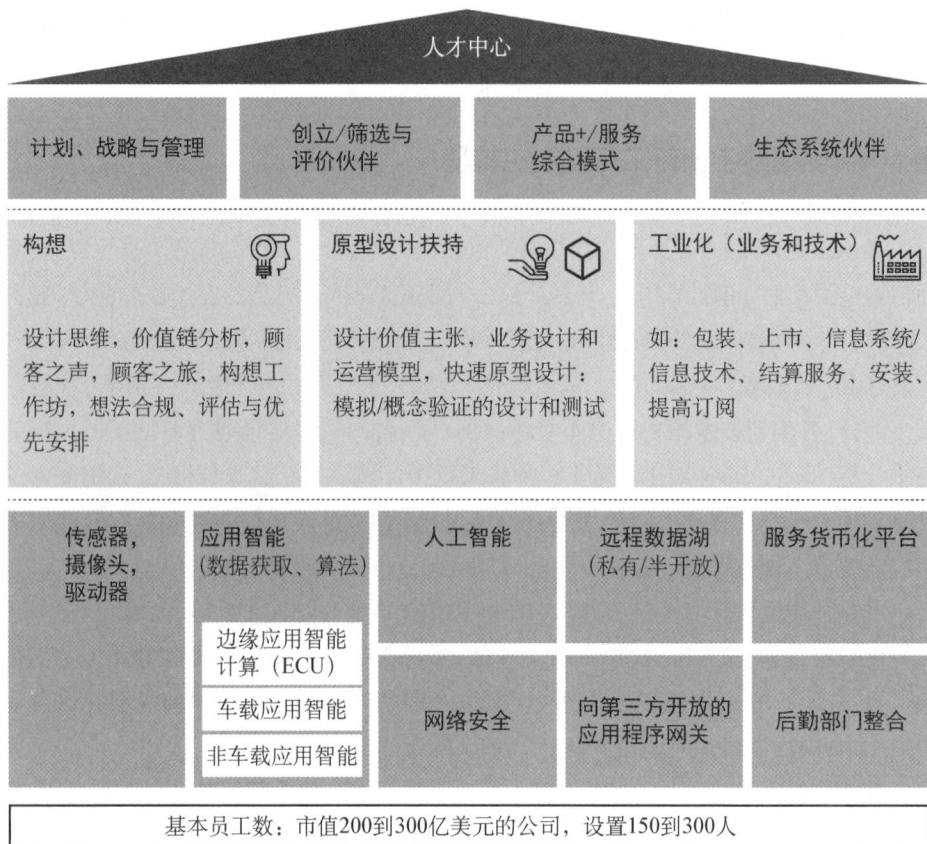

人才中心			
计划、战略与管理	创立/筛选与评价伙伴	产品+/服务综合模式	生态系统伙伴

构想

设计思维，价值链分析，顾客之声，顾客之旅，构想工作坊，想法合规、评估与优先安排

原型设计扶持

设计价值主张，业务设计和运营模型，快速原型设计：模拟/概念验证的设计和测试

工业化（业务和技术）

如：包装、上市、信息系统/信息技术、结算服务、安装、提高订阅

传感器，摄像头，驱动器	应用智能（数据获取、算法）	人工智能	远程数据湖（私有/半开放）	服务货币化平台
	边缘应用智能计算（ECU）车载应用智能 非车载应用智能	网络安全	向第三方开放的应用程序网关	后勤部门整合

基本员工数：市值200到300亿美元的公司，设置150到300人

图 10.4　支持、加速数字化转型的人才中心

　　数字创新工厂虽有必需的标准技能和成分，却没有统一的组织模式。每家公司都必须根据所在产品升级空间的当前位置，结合其未来规划，自主建立数字创新工厂。该工厂最初可能以外部机构的形式呈现，后期或将外部伙伴融入公司内部。多数产品公司的创新工厂应包括新一代产品店铺，将众多不同专业的技能人才汇聚到同一屋檐下。

　　奈轶克首席执行官瑞奇·勒兹在受访时分享了他开发数字创新中心的经验：

　　　　"新型未来产品涉及的技能范围广泛，我们发现需要汇聚各路英才，在同一舞台各展身手。所有团队成员分别负责产品生命周期的某一步，从构思到原型设计，再到利用相同的敏捷综合开发方式生产，环环相扣，联系紧密①。"

────────────

① 埃森哲访谈

显然,只有完全打破"孤立"的部门结构,这一组织设定才能发挥作用。

再以施耐德电气建立的数字服务工厂为例,作为全球能源管理与自动化行家,施耐德电气计划利用新数字服务改造用户体验。该公司实施了几大项目,旨在解决智能互联产品生产的阻碍,包括产品开发周期过长、流程方法欠缺、工作内容重复等①。

为打造切实可行的数字服务工厂,该公司决定推进两大方面:通过工业化方式开发现有数字解决方案,并将其融入现有产品,加速并扩大新型数字解决方案。除此之外,施耐德还计划利用公司基础设施架构和顾客站点等互联资产,从中收集数据,加速新服务从构思、工业化到上市的开发过程。

施耐德还结合实时分析、互联技术、物联网平台解决方案等手段,培养智能技术。工厂中心建有名为 EcoStruxure 的物联网平台,可将施耐德电气与顾客使用中的施耐德产品联系起来。施耐德充分利用物联网、移动、感应、云端、分析和网络安全等技术,实现每一层级的创新,无论是互联产品、边缘控制、应用程序,还是分析服务。在 9000 家系统集成商的支持下,已有超过 45 万种装置采用了 EcoStruxure 平台,连接 10 亿台设备以上②。

数字服务工厂最终可实现各类功能:培育客户中心化新想法、设计测试潜在产品、部署产品规模化、提供分析和物联网技术加快应用程序开发等。通过数字服务工厂,施耐德电气将新数字服务的创造和发布时间缩短了 80%。数字服务工厂基于分析提供洞察,能帮助团队更好地应对和预测顾客需求。新智能数字服务,如可预测的维修、资产监管、能源优化等,提高了顾客操作单元的主动性和效率③。我们已为全球近 30 家不同行业的客户安装了类似的数字服务工厂架构。

要点 5:培养组织数字化技能,减小执行阻力

成功的活产品或活服务公司必须集合过去三种不同公司的技能:互联网平台公司、软件公司、传统产品公司。拥有不同工作文化的跨专业团队必须融为一体,利用信息技术系统支持并促进相关合作。

---

① 埃森哲(2017)最新发布:施耐德与埃森哲共建数字服务工厂以加速开发工业物联网解决方案与服务,4 月 26 日[网址链接]https://newsroom.accenture.com/news/schneiderelectric-and-Accenture-build-a-digital-services-factory-to-speed-developmentof-industrial-iot-solutions-and-services.htm[2018 年 10 月 12 日获取]

② 埃森哲 智能流程为施耐德电气带来新智能数字服务[网址链接]https://www.accenture.com/in-en/success-schneider-electric-digital-services-factory[2018 年 10 月 12 日获取]

③ 同上

这一目标颇有吸引力,但由于当前产品开发、制造和服务团队间存在重重壁垒,实现此目标的道路仍十分坎坷。

要想公司内的顶尖人才打破孤立状态,共同合作,绝非易事,可能引起优先任务及资源分配的冲突,同时表面看来,还常常引发员工矛盾。但汽车生产商特斯拉找到了突破方法,一名接受访谈的特斯拉经理表示:

> "特斯拉创始人兼首席执行官埃隆·马斯克积极鼓励工程师间密切交流,并且强烈排斥等级沟通。传统公司采取的工作模式通常是管理者之间进行主要对话,然后将结果下达给工程师。特斯拉尤其反对这一模式,甚至会快速纠正管理者的此种做法。"[1]

特斯拉的沟通原则非常直接,接近"最短路径",发动机团队的交流信息可直接传递给固件团队,并聚在一起共同设计。特斯拉经理解释称:

> "工程团队负责技术架构决策,甚至许多跨部门的核心决策,如产品安装方式等,以此保障不同专业及工程团队间的融合,如果不把解决同一问题的员工通过实际或虚拟方式聚在一起,很难做到这一点[2]。"

必备和关键的新数字技术概览如图 10.5 所示。

要点 6: 记录结果,不断调整路线

转型新时代工程设计长路漫漫,建议企业首先培养第九章所列的七大能力。转型过程中还需跟踪结果,以便及时调整。把握时机是重中之重,转型过快或过慢都可能造成严重的经济损失(见图 10.6)。

智能互联产品制造商可能会形成真正的闭环,利用产品生命周期追踪、管理、控制全球范围内的产品信息和产品生命周期各阶段的性能。这为持续监测并不断调整产品及业务模型创造了独特机会,可以说不到十年前,这些功能恍若天方夜谭。以意大利工业设备生产商比雅斯为例,它就连接了全球数千台木石材加工机器,共同处理生成的服

---

① 埃森哲访谈
② 同上

数字理念与文化	设计思维	• 设计规划并提高用户体验 • 创造原型体验进行测试与反馈 • 设计应用程序前端流程
	敏捷专家	• 讨论团队外部阻碍 • 消除内部阻碍 • 进行日常站立式会议/演示/总结 • 制定独特的冲刺计划 • 制定发布独特的敏捷团队指标 • 辅导敏捷开发
	人工智能专家	• 深入了解所有人工智能技术,包括计算机视觉、机器学习与虚拟助理 • 了解哪种解决方案可提高内部流程效率 • 在产品与服务中采用人工智能技术,创造新型顾客体验
	产品经理	• 制定产品计划、启动产品线路图,明确产品性能与用户故事等产品需求 • 创建与项目和/或产品需求有关的商业案例 • 扮演客户代理的角色,如顾客和同事之声的代表 • 与其他产品经理合作确定项目需求中的用户故事,并确定其优先级
	云计算架构师	• 设计并创造分布式云端技术设施与服务 • 实施并保持第三方云端解决方案 • 保障全部云端环境的网络安全与合规性 • 分析云端构造,推荐优化性能与自动流程方式 • 支持数据迁移

管理
战略、运营、财务、顾客相关决策权

图 10.5　扩展新数字技术

务和体验数据[①]。

　　管理者需积极鼓励快速迭代开发流程,倡导"快速失败并学习"的理念。如图 10.7 所示,整个互联产品的"发明、扶持、工业化"周期,都可持续监控和评估。

　　公司必须利用丰富的数据开发关键绩效指标(KPI),对其进行日常监测,并用来训练算法。从中提取可操作的战略性洞见,用于微调产品设计和生产,并提高相关服务的盈利能力。为此,必须构建充足的数字基础设施架构,确保产品管理的相关部门可

---

① 埃森哲(2017)埃森哲助力机械生产商比雅斯利用工业 X.0 打造互联客户服务,11 月 6 日[网址链接] https://newsroom. accenture. com/news/Accenture-helps-machinerymanufacturing-company-biesse-group-harness-industry-x-0-for-connectedcustomer-services. htm[2018 年 10 月 12 日获取]

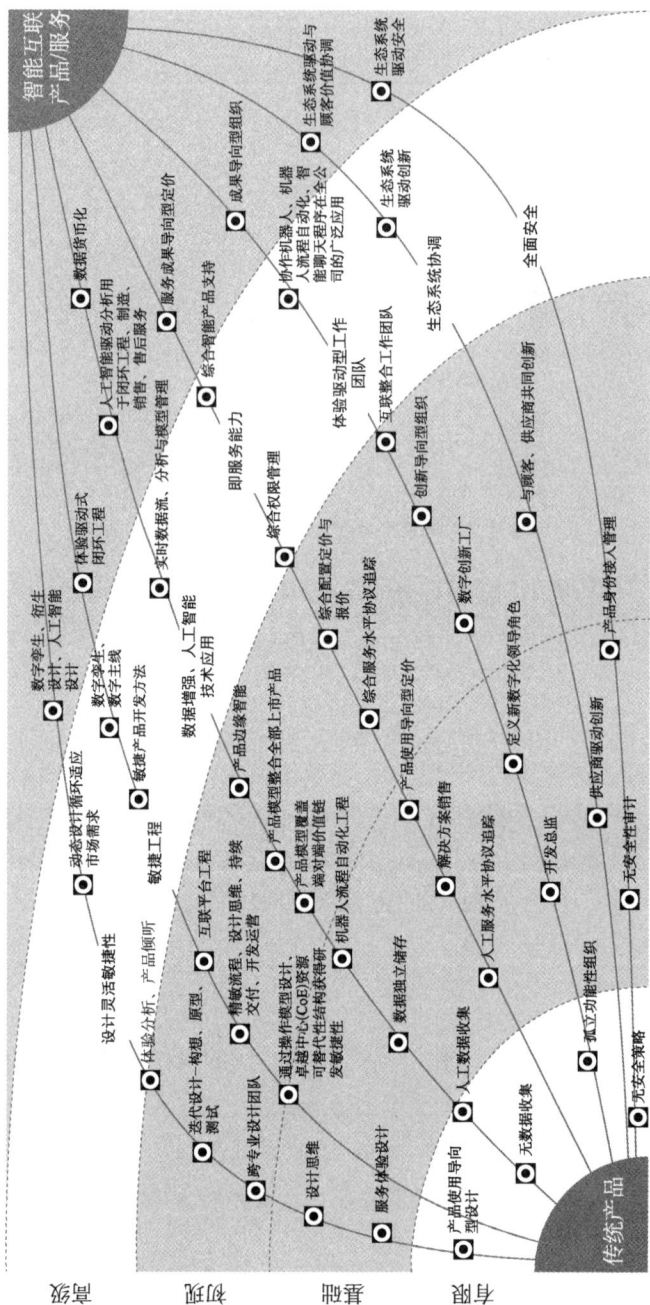

图 10.6 从传统产品到智能互联产品

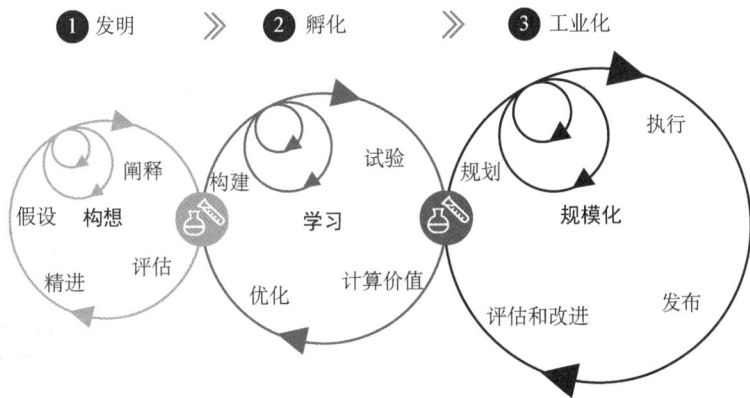

图 10.7 迭代创新流程

共享上述洞见。更重要的是,公司组织文化需适应不断循环的"构思、学习、规模"周期。

要点 7: 即刻转型,时不我待

数字化颠覆仍将持续,可能会在未来十年内淘汰标准普尔 500 指数中近半的公司。如果现有工业企业利用人工智能技术,创造智能互联产品及补充性服务,持续改善用户体验,获取市场规模,就能提升营收增长,大幅提高市值[1]。

转型智能互联产品时若过于谨小慎微,则可能在未来惨遭淘汰。新产品市场正迅速扩张,无论你是否参与其中,扩张趋势都将持续。我们建议工业企业尽快采取有力行动,成功进行产品和业务模式的数字化再造,作为现有工业企业的典范载入史册。

要点回顾

(1)几乎所有产品公司都需提高产品的智能度和体验度,以活产品或活服务模式再造公司本身。

(2)为管理此转型,需谨慎部署"滚动更新"计划,囊括当前核心业务的数字化转型,支持新时代投资。制定路线图时有七大要点。

(3)建立数字创新工厂是扩展变革、加速创新的重点,同时也是吸引并保留所需技能人才的关键。

(4)需全面消除传统组织性障碍,鼓励合作,提高敏捷性。

---

[1] 埃里克·谢弗尔等(2018)人工智能将普通产品变为行业颠覆产品,*埃森哲*,20 April[网址链接]https://www.accenture.com/us-en/insights/industry-x-0/ai-transforms-products[2018 年 10 月 12 日获取]

第十一章

实战洞察

前文已描述了进入智能互联产品领域必备的核心能力，并制订了清晰的线路图。

然而，没有什么比现实案例更有说服力。因此，本书的最后部分将验证前文的分析、理论和预测，检验书中内容对不同行业产品生产实践的反映程度。

针对由智能互联产品成熟度决定战略模式的公司，为了解其商业环境布局，我们进行了 15 场访谈，分别与他们深入对话，访谈对象包括高管、中层业务主管和教授。

其中不乏软件制造公司的专家，从许多方面而言，他们都是传统产品生产商的楷模，在开发智能互联产品时，不妨参考他们的建议。

不过这些对话也有来自现有硬件行业，如工业工程、工业设备、自动化、电子消费品等领域的宝贵洞见。

他们的共同之处在于，都以各种方式开启了新时代的转型之旅。他们的观点也为第十二章的内容做了铺垫，我们将通过具体的案例分析，深入挖掘各大公司产品再造的成功经验。

特斯拉

采访对象是一名技术娴熟的软件工程师,他主要从事与智能互联产品相关的工作,曾就职于美国汽车生产商特斯拉。他分享了对颠覆汽车行业的见解,与传统制造商为掌握智能产品所需的巨大转变。

"得益于永久软件更新,一辆 2013 年购买的特斯拉汽车,其性能现已大幅提升。"

作为互联产品,特斯拉汽车的主要特征是什么?

我认为,通过软件不断重塑是特斯拉汽车的主要特征。特斯拉系列汽车主要靠软件驱动,而非硬件架构。虽然汽车的硬件架构也大量运用了高端的物理工程,但所有的硬件组件主要通过软件控制连接。

你认为其他领域的哪款产品能够类比特斯拉汽车?

特斯拉汽车对于传统汽车行业的冲击,不亚于智能手机对翻盖手机的影响。特斯拉汽车和智能手机的电子机械工程都十分发达,两者都对精美设计和可靠硬件有着严苛要求。就翻盖手机或传统汽车而言,其硬件的用户体验和设备操作设定都已僵化。而特斯拉汽车和智能手机都是由软件定义的装置,产品出售后亦可流畅无阻地大幅更改功能。其魅力就在于通过软件更新,不断改善用户体验。

你所说的是怎样的改进?

改进涉及的范围广泛。我们要把汽车想象成传感平台,利用摄像头、超声波探测器和雷达,感应并记录周围路况数据。这些数据可用于开发驾驶助手、自动驾驶功能、驾驶员训练情境等。还可用于比对人工操控和自动控制模式下的汽车表现,优化自动驾驶功能算法。特斯拉汽车以软件为基础,将其作为为平台,启用或测试每款汽车软件,包括驾驶性能、能源管理、娱乐功能等。

这也就是说，汽车会永远处于优化模式？

这是关键之所在。特斯拉汽车作为一款智能互联产品，可以详细追踪其使用情况，可以看到哪些功能与客户的相关性更强，可以根据具体使用习惯调整用户界面，将普遍使用的功能上移，将其他功能后移。仅从历史操作数据中，就可获得大量产品管理洞见。产品可反馈现实体验，激发工程师开发相关功能，以满足操作者期望，并最终改善用户体验。

请举例说明软件将如何改变用户体验。

特斯拉 Model S 的第一版高度提速模式，从 0 提速到 60 迈需要 3.2 秒。而通过简单的远程软件更新，能将时间缩短至 3.1 秒。这极大提升了汽车用户体验，并且只有软件丰富的联网汽车才能实现。传统汽车的内置软件不足以深入支配实际性能表现。通过软件更新，一辆 2013 年购买的特斯拉汽车，其性能现已大幅提升。

对于灵活改善的汽车体验，应如何采取定价策略？

这个问题很有趣。之前普遍采用的模式多是购买时付清整笔款项，之后几乎没有更多支出，这种模式的兼容性下降，现在的生产商需与使用中的产品保持数据联通，保证产品更新与安全。为支持生命周期内的产品，制造商有两笔不同的开销，即人工费和基础设施架构费用，鉴于此，产品利润应覆盖整个产品生命周期。因此生产智能互联产品会驱使企业转向订购模式，如采用"产品即服务"模型。企业必须考虑如何分解这些服务，降低初始硬件成本。一个重要问题由此产生：像特斯拉这样的产品生产商或其他中间商是否因此成为资本资产的持有者，是否有责任维护硬件，这会将我们转变为类似优步的服务供应商。

你怎样看待特斯拉汽车作为产品平台在整个生态系统中的作用？

我认为智能互联产品都具有平台特征。多数情况下，它们不是单一的平台，而是多个平台的组合。每一项功能或由产品公司本身提供，或外包给其他公司。例如，要想建造智能花园喷水装置，需决定是自己开发技术，安装合适传感器，降雨时自动关闭装置，还是从全国气象局获取第三方数据，增加此项功能。比如，我们的地图信息就由谷歌提供，所以我们在产品中融入了第三方平台。由此带来一个有趣的问题，哪些平台应融入自己的工程中，哪些平台要依靠第三方提供。

顾客价值转化为生态系统利益的方式和位置是否对以上决策有着关键影响？

是的。比如之前可能无法想象，老牌出租车公司会与汽车生产商有利益冲突，但现代互联产品却使之成为现实。这里的关键问题是由谁提供何种服务。你需要立刻决定,智能互联产品创造的价值,如何在生态系统合作伙伴间进行合理分配,分配方式可能影响企业的核心业务。就汽车而言,除了运输之外,还有娱乐功能、配送功能、支付功能,等等。所以这些功能都有基本平台特征,可成为智能产品供应商开发的专门领域。

我猜测,像特斯拉这样主要由数据分析驱动的工程风格,必须具备特殊的公司文化。

如你所言。我认为特斯拉的独特之处在于,对风险有很强的消化力和包容度以及明确的应对方式。这一点作为公司文化的基础,使我们在产品开发和车辆架构方面,进步速度显著超过众多竞争对手。

这一点在组织层面中是如何体现的?

公司普遍认为,交付最终产品的三个工程部门地位同等重要,需尽最大努力打造产品。汽车的正常运行离不开产品本身和硬件软件组合,而用户界面的开发补充了车辆性能,为用户打造独特体验。最后,后端服务基础设施可实时监测、全面管理、大幅提高使用中的产品性能,通过软件升级改进产品,管理数据收集。特斯拉认为,以上三方面都需精益求精,而大多数公司还远不能及。

专业技能方面,特斯拉集聚了怎样的专家?

作为一家硅谷公司,特斯拉吸引了众多熟知云端应用的工程专家,其中不乏信息娱乐行业网页或手机程序的开发人员。只有如此独特的人才组合,才能打造优质的平台,与卓越的汽车工程相匹配。多数传统汽车生产商都是硬件公司,缺乏敏锐的软件意识。不过,情况正在悄然改变,它们逐渐意识到汽车可发展为软件平台,只是它们的生产工艺仍相对原始,软件的地位仍远远不如硬件,并没有成为公司的主要生产单元。

如何保持公司信息和数据洞察在相关人员间流通?

特斯拉创始人兼首席执行官埃隆·马斯克积极鼓励工程师之间进行交流,强烈排斥等级沟通。传统公司采取的工作模式,通常是管理者之间进行主要对话,然后将结果下达给工程师。特斯拉尤其反对这一模式,甚至会快速纠正管理者的此种做法。

如何实践这一理念?

公司遵循接近"最短路径"的沟通原则,发动机团队的交流信息可直接传递给固件团队,合作参与设计。工程团队负责决定技术架构,甚至许多跨部门的核心决策,如产品安装方式等。这就保障了不同专业及工程团队间的融合,如果不把解决同一问题的工作团队以实际或虚拟方式聚在一起,很难做到这一点。

回到智能连接产品的利弊问题,你认为智能产品生产商面临的最大风险在哪里?

最大的风险当然是安全性和合规性问题。软件领域的工作环境有着根本的对抗性,相比友好环境更难完成工作。数据安全的重要性高于一切,必须避免黑客攻击对顾客安全和隐私造成损害。互联产品遭遇恶意黑客袭击的现象并不少见,比如通过物联网产品发布的僵尸网络分散式"阻断服务"攻击。

就是 2016 年那场使互联的家用摄像头和打印机具有攻击性的黑客攻击。

再回顾当时的事件。智能家居设备制造商编写软件嵌入产品,随后将产品运入市场,无法通过软件升级安装补丁、进行更新或改进。这些联网产品就成了可以远程操控的军队,为客户提供糟糕的服务。不可否认的是,公司对产品进行数字化改造时,若没有处理好软件,可能存在巨大风险。无法更新产品固件可能带来巨大隐患,因为公司几乎不可能保证上市的联网产品万无一失。你无法预测可能遭遇的网络袭击,只有通过修改软件来减轻袭击影响。

你认为汽车制造商是否会发生类似事件?

完全有可能。类似事件发生在 2015 年,当时一个激进组织宣称,可以远程操控吉普汽车的某款车型。吉普对此的固件更新准备不够充分,所以最终不得不给客户发送数百万漏洞修补程序(VP),为车辆提供新的固件。客户不得不通过复杂的更新程序缓解袭击,这场袭击在很大程度上影响了车辆的核心安全。可想而知,这一弱点将破坏公司和品牌形象。在软件驱动型产品的使用过程中,必须保证能在没有客户主动参与的情况下,自主进行安全性升级。

作为行业主要颠覆者,你认为颠覆汽车行业的难度有多大?

我认为,很多现有汽车生产商就像汽车行业的诺基亚、摩托罗拉或黑莓,不能成功实现数字化转型。诚然,数字化转型确实需要时间的积淀,但我认为与手机类似,即使是汽车行业的核心产品供应商,如智能汽车生产商,也面临商品化风险。以自动驾驶汽车为例,可以预见自动驾驶汽车将成为纯粹的后端基础设施,车载服务供应商才是最大获利者,车内娱乐设备供应商就是其中之一。车载服务供应商与汽车生产商之间不存在很大的技术差异,车载服务供应商从商品化的自动汽车市场购买车辆,然后通过交通体验赢利,抑或是向高速公路上载客飞驰的汽车推送广告,从中攫取利润。汽车行业颠覆者不难发现巨大机遇。战士有新旧之分,由于运输和娱乐方面的用户体验可能极大改变交通行业的经济和价值分配,即使是新战士也可能面临潜在风险。

中国某汽车行业初创企业

用户体验决定了智能互联产品的成败。中国某汽车初创企业数字用户界面开发部前负责人,介绍了现有汽车生产商可以从市场挑战者身上吸取的经验。

"我们以软件开发者自居,从而快速创新和迭代汽车体验,接近市场需求。"

你为一家汽车行业挑战者公司设计了新款汽车的用户体验和用户界面,请介绍一下你的主要方法。

我们认为汽车行业将从传统制造产业转变为高度互联的数字化产业,汽车将成为电脑或智能机器人。因此,我们在设计新款汽车体验时,要像科技公司一样思考,解决特定的用户需求或问题。

第一步是怎么做的?

我们发现了核心用例的特点,据此草拟了解决方案,随后为硬件开发团队提供蓝图,确保汽车性能成为用户体验和用户界面的一部分。

这与传统构思和设计方式截然不同。

软件行业长期以来都贯彻"从用户出发"的理念。由于代码是活产品,可快速迭代,赋予流程敏捷度和灵活性,这一理念油然而生。软件开发有很多标准流程,如撰写用户故事,采访用户,用手机测试原型等。由于市场新进入者验证了这些方法的有效性,其中的许多方法在汽车行业逐渐普及。

相比之前技术较为僵化的时期,数字时代是否更容易定制汽车体验?

新型公司的确更胜一筹。汽车用户界面的数字化程度更高,其多样性和匹配度也随之上升。软件在设计过程中的适应性极强,体验对软件的依赖性也与日俱增。我相信这也便于公司关注用户体验,比如对我们而言,生产用户界面就仿佛为汽车量身定制一款 iPad。

传统汽车公司应如何生产数字用户界面？

传统汽车公司仍从工程要求文件、编录数千种规格的集成规划出发生产新款车型，还常常与一线供应商合作生产用户界面，这就增加了其通过优质用户体验获利的难度。相反，我们直接通过敏捷开发和设计流程来迎合未来用户需求，数字化专家对大多新型挑战者公司而言必不可少。

你们为硬件供应商提供了哪些信息？

我们完整提供了对用户需求的预测。我们制作的简报更像一家电子消费品生产商，完全不像汽车生产商。我们详细描述了计划支持的所有用例以及所需的座舱界面，包括语音控制、触摸控制、手势控制，计划呈现的控制开关或外观以及输入或输出的内容。我们还提供了有关车载娱乐系统的想法，为乘客提供放松体验、提高工作效率、缓解压力。必须牢记：汽车开始自动驾驶时，就成了移动的"家"，潜在用例大幅增加。这就更加要求汽车生产商把用户体验作为汽车生产的出发点和主要驱动力。

现有汽车公司能否依靠自身实现这一点？

或许可以，但其各方面能力受到诸多限制。毫无疑问，汽车生产商从创立之初就具备了制造、集成、安全性、质量、测试等技能组合。汽车的生产工艺比电子消费品更为复杂。一款家居音箱如果出现问题，可能会使用户失望。但如果汽车运转不灵，就可能存在致命风险。因此传统汽车厂商必须充分保证产品质量可靠，而这也造成了开发人员在很多时候忽视用户体验。

很多汽车生产商已着手通过数字科技和敏捷开发，提高汽车的适应性和用户友好度，这一状况还没有得到好转吗？

在一定程度上得到了改变，但主要还是特斯拉这样的新型汽车生产商在引领方向。自动驾驶技术和驾驶助手都是软件产品，无需传统汽车元件的复杂测试，这大大加速了生产流程。除了软件元素，硬件组件也需不断改进，才能提高用户体验，特斯拉甚至在开发硬件组件时也引入了快速迭代模式。由于特斯拉生产的互联汽车软件丰富，他们可快速迭代汽车的用户界面和驾驶性能。每四周更新一次比每几年更新一次容错空间更大，然而传统汽车生产商大都不愿冒险尝试。

三星集团

三星电子美国公司高级副总裁兼内容、服务与产品创新负责人李尹(*Yoon Lee*)分析了为何大型商业组织难以自我注入创新敏捷性,难以掌握智能产品,应对变化无常的消费市场。

"创新永远是一个探寻平衡的过程,存在技术推动力和消费者拉动力,存在阴阳平衡。"

如何通过创新使家用电器逐渐变得智能互联?

一般而言,冰箱、洗衣机、洗碗机等都随着生活方式的潮流而创新的。数字时代,消费潮流加速变化,因此创新流程也应及时跟进。当前家庭生活方式有两大普遍特征,其一, 每个人都可通过网络互联,其二,厨房已成为家庭中心。厨房的功能发生了根本变化,由烹饪转为服务,最终演变为美食和生活的享受空间。今天,许多家务在厨房完成,大部分家庭聚会和交流在厨房进行。我们不断利用物理和数字技术创新产品,以适应不断变化的市场趋势。

听上去似乎你们只是为了迎合趋势,难道创新不也是为给用户创造潜在价值吗?

从现实性上看,我们的产品创新既有推动现有技术边界的目的,又是为了从顾客角度出发,不断推陈出新。正如你所言:消费者的想象力常常受限于过往经历,难以预想未知事物。正如亨利·福特的名言,90％的人都会说"我想要一匹更快的马",而不是"我想要一台汽车"。我们的任务就是弥补其中的差距,积极推进多种创新形式,生产"汽车",而不是一匹"更快的马"。

如何确保消费者需求可在技术上实现?

通过研究调查或联网设备实时分析发现的痛点,可以由消费者拉动的创新修正。这一操作简单易行,发现痛点后,你就可以朝着清晰的创新目标迈进。此外,单纯由技术推动可能面临起步障碍,由于消费者对新产品缺乏了解,往往不愿接受新产品。他们最初会关注产品功能,创新带来的优质体验只能慢慢显现。我们需要通过早期购买者打开新产品市场,他们往往不太注重体验,而后期购买者大多对体验颇为关心。创新永远是一个探寻平衡的过程,存在技术推动力和消费者拉动力,存在阴阳平衡。

数据分析在三星的创新流程中是否起着很大作用？

顾客倾听是家电创新的重要因素。我们的确有数据分析团队，某些团队负责核心研究，某些团队负责改进数据分析算法。我们聘用专业人士解读数据，提出使用洞察，同时我们也会召开例会，讨论如何依据洞察改进产品。为产品和服务注入人工智能内核，是我们创新团队的最大动力。我认为最主要的困难是消费者市场瞬息万变，当你以为你解决了某个问题，可以继续前行的那一刻，你抬起头，形势又大不相同。我曾就职于 B2B 的制造企业，它们的市场变化幅度较小，因而创新也更方便。

你如何评价三星的整体创新能力？

20 世纪 80 年代初，我有一个索尼随身听和一个韩国制造商生产的随身听，两者有着天壤之别。直到 90 年代中期，韩国才迎头赶上。当时，三星等企业积累了核心竞争力，掌握了设计、工程和制造技术。随着三星成为电子消费品的领军企业，引领我们的显然只有消费者。产品创新团队组建于 2006 年，三星学会了正确解读市场和消费者心理，以与核心竞争力相对应的速度将研究成果转化为市场产品。三星随后进入了"快速体验设计"的阶段。利用快速原型制作的硬件和软件工具，三星以技术为起点，快速为消费者打造尝鲜"体验"，并获得反馈信息，验证未明确的需求，然后锁定最终产品开发规范。这一流程解决了以下难题，即消费者研究人员能基本解读当前形势，却缺乏快速生成解决方案的技术专长，最终实现营销和技术的有效结合。

那么你如何定义当前的创新阶段？

我刚刚描绘的三个阶段都具有外向型特征，能够培养我们的技能组合。创新的第四阶段，就是建立公司硬件、软件及整体业务模式之间的新型关系。这就要求我们至上而下地全面改变公司的处事风格。

这个阶段听起来似乎是其中最宏伟的一个？

这一阶段必须大力改变全公司的陈旧业务模式，创新敏捷性成为重中之重。时间紧迫，必须加快速度，过去时间以 24 小时计算，现在则以 3 小时为单位。人们对每件产品从了解、采用、使用到废弃的过程之快，1 天就相当于 20 世纪 80 年代的 3 天。因此敏捷性尤为重要。

如何同步所有员工的作息时间，协调敏捷开发过程？

这个问题很有趣。公司里有各个年龄段的人，决策者多保留 20 世纪 90 年代的作息规律，而新员工的生活方式则更现代化，这引发了文化差异，但恰恰也是可加以利用的优势。例如,我们努力使创新团队内部的成熟度和经验水平更多样,打破营销人员和产品开发工程师之间的交流障碍,为公司注入迭代文化。

这一点真的管用吗? 是否能充分激发敏捷性?

我认为我们公司的许多中心问题都可通过这一方法解决。就像西斯廷教堂的壁画一样,一部分人直接在天花板上作画,更多的人站在底下抬头观看,把控全局。我们需要更多人大胆、敏捷、专注地直接修改天花板,这将加速我们的流程。理想情况下,我们甚至得先作画,后谋略。上面的绘画者肯定会出现一些让地上的人看来是错误的情况。比如鼻子太大,手太小,或是通盘错误。鼓励创新者接近市场,以如此独立的模式运作,可能会与财务部门及管理部门产生摩擦。这两个部门往往站在地上仰视穿顶,本质上对迭代和试错过程不抱好感,也不喜欢给前线部门太大权限。但我认为,这种文化最终帮助我们消除了很多瓶颈,只可惜没有足够人手能在天花板上吊着绳索工作。

三星在收购创新企业方面行动相对迟缓,在你描绘的创新学习曲线的哪一点上,这一情况有所改变?

的确,三星起初没有挥霍数十亿资产收购初创企业。事实上,大规模收购是从2010年左右才开始的,但三星也已通过巨额交易迎头赶上。我们已成立专门组织,确保技术和相关人才最大限度地从初创公司迁入。但是由于起步较晚,我们或许可以借鉴经验,确保充分利用收购项目。

能否具体阐述背后内涵?

企业规模随业务模式扩大,但与此同时,其惯性和复杂程度势必提升。为了进行补救,不加分辨地把初创企业文化注入母公司,这势必会引起一场混乱,结果适得其反。除非母公司中有组织,既能理解初创企业文化,又熟悉本身机制,才能有效提高母公司文化和流程的敏捷性。建议大型企业重新成立小型组织。但初创企业作为自行创建方或被收购方,不可再行扩张,只可进行移动或作为最终结果。此外,其母公司虽难以灵活创造新价值,却可通过清晰流程大规模前进。如果方向明确,目标清晰,就能快速前行。因此具体而言,需首先确定哪部分业务可提高敏捷性,然后迅速掌握必要技能,或通过收购,或组建小型内部团队,敏捷而独立地开发合适概念模型。概念模型构建成功后,母公司需制定适合大规模执行的清晰规划,完善概念模型。这种"敏捷性定制"应由母公司下属的内部团队领导,此团队对成功扩大新型敏捷性至关重要。大型公司应在母公司内构建这一类组织,作为提高母公司敏捷性的渠道,其作用等同于拖船。这是三星很多时候的实际做法,是大型组织提高敏捷性的有效途径,而不必局限于收购这一种方式。

达索系统

法国软件制造商达索系统,负责欧洲、中东、非洲、俄罗斯地区业务的执行副总裁奥利维尔·里贝特认为,只有使用中的产品与其数字形式高度融合,制造商才能保障产品体验的持久性和适应性。

> "架起虚拟与现实的桥梁,人们就能在同一环境中想象、发明、制造、合作、运输、销售、保养、修理和提供服务。"

在生产智能产品的过程中,采用诸如物联网软件或数字孪生这样的代表性技术,是出于什么考量?

在智能产品的背景下,很多人谈论"产品即服务"模型,谈论完全用产品使用权替代所有权,谈论即付即用模型。然而,智能互联产品不仅仅是一个装置加一根天线这么简单。除非从开始就给产品设计复杂的用户体验,否则后期再重新接入产品将非常困难,了解这一逻辑十分关键。从构想智能互联产品的第一天起,开发和设计就不能与最终交付的终端体验相脱节。

这个要求听起来很高。

的确如此,但可以说,只有架起虚拟与现实的桥梁,人们才能在同一环境中想象、发明、制造、合作、运输、销售、保养、修理、提供服务。考虑到智能产品的复杂特点,这一点很有必要。所有团队都必须熟悉或积极管理孪生数据和产品的迭代版本。换句话说,如果从现实世界获得的真实数据没有与数字孪生形式进行比对,就无法获悉计划提供的产品体验,也就无法进行必要决策。

试举例说明这些技术能如何提高生产效率。

试想一款智能洗衣机。公司决定将其销往日本市场。这款洗衣机必须轻便易携,可在日本的任何一座城市安装。它每年能使用 200 次以上,定价不能超过 200 欧元。除洗衣、烘干等基本功能外,还需具备提高房间湿度的附加功能。同时,这台机器不能超过 150 千克,从卡车摔下时能承受 200 牛顿的冲击。当然在实际开发过程中,还需要确定更多的物理特性和逻辑功能,不过以上所有特性都可利用三维数字孪

174

生技术向建模、模拟、制造、营销、服务人员展示。

这给参与人员和团队带来的最大优势是什么？

定好参数后,你就会发现这既是商业案例,也是个工程问题,需要由产品经理和营销经理合作打造。作为一款物联网产品,它的生产需要所有部门经理的参与。该产品可按时传回其工作状态、性能表现、所需保养情况等。此外,这款智能设备还能根据用户情况自动调试,如对于 70 岁的独居老人和有两个小孩的青年家庭,产品表现有所不同。只有从一开始,就对所有系统、子系统、功能、处理逻辑、物理限制等,通过数字模型全面展现并通盘考量,同时加以虚拟仿真和测试,最后进行流水线装配,才能制造出适应性和反应力俱佳的设备。

其中,虚拟仿真、测试、优化如何发挥作用？

数字孪生技术可全面模仿机器实况表现,甚至包括微小细节。你可按下虚拟开关,模拟把 75 摄氏度、pH 值为 2.6 的水倒入机器,观察机器反应。从设计到机电一体化到系统软件,数字连贯性一目了然。所有领域都由同一数据模型管理和监测,玩转数字 3D 模型的营销梦想触手可及。它完美地展现了原创产品的所有工程角度,甚至包括未来工艺。由于数字孪生充分再现了生产线上的组件,选择所有元件,就能看到即将生产的产品。届时你就可以与电子销售商讨论是否可将此新产品纳入销售计划。

机器实际进入日本家庭后,数字孪生还有何作用？

产品投放市场后,生命旅程正式开启。届时,这款智能产品的生产商开始学习经验。产品可能向你反馈:给我预设的水温是 75 摄氏度,pH 值是 2.5,但京都却普遍是 62 摄氏度,pH 值 5.6 的水。这一数据反馈到工厂,直接用于数字孪生技术。随后可用于情景仿真,并将数据(如警示)传输给用户或操作软件,还可对远在日本的机器进行改进。有了超现实孪生,制造商可进行建模、制造、学习、仿真,持续改进产品,不断优化用户体验。如果客户想要创造一款智能互联设备,如机器人或智能汽车,需要考虑三方面的因素:互联体验、情景体验和持续体验,而这些都可通过虚拟 3D 孪生进行仿真和优化。

PTC 公司

PTC 公司是物联网平台软件生产商,物联网平台软件对智能互联产品的开发至关重要。詹姆斯·E. 海博曼是 PTC 公司首席执行官,在与客户的日常接触中,他发

现多数工业企业在向智能产品转型时面临严峻挑战，需彻底改写程序。

"工业公司无法一夜之间转型为软件公司，转型过程颇为复杂。"

有人说，相比硬件公司，软件公司更易掌握管理智能互联产品的技术和流程，对此你有何看法？

我认为对我们来说，这是肯定的。实际上我认为很多工业企业对于软件还十分陌生。即使是自诩软件公司的大型工业企业，也会发现这些技术和流程异常复杂。工业公司无法一夜之间转型为软件公司，转型过程颇为复杂，需转变企业文化。

胜任新业务需要怎样的文化变革？

业务的复杂程度和改变速度都急剧增加，公司需采取相关应对措施。以新数字产品的生产周期为例，软件生产商每周（甚至有时每天）就可轻松生产新产品。而实体产品只能利用新工具及其他硬件设备定期更改，往往耗资巨大。由于软件公司已经习惯快速迭代开发软件，它们往往比工业企业的创新速度更快。智能实体产品生产商本质上必须兼具硬件和软件公司的特质。不是简单切换模式，而是两者同时并举。然而，硬件和软件涉及的流程差异巨大，相应的文化也大相径庭。公司应兼具两种文化特征，并行两条业务线，而不是简单地融合两种业务，这颇具挑战。

它们如何才能火力全开，同时开展两种业务？

不可否认，软件是重要的前进动力，产品的物理元素也不可或缺，但其地位将慢慢下降。必须指出，软件成分不容忽视，如果没有新价值来源，公司就会被挤出市场。因此我认为，公司必须探索独特的平衡操作模式，硬件生产人员需明白软件的重要性，软件开发人员需了解硬件的作用。即使两大团队独立工作，也要保持步调一致，方能解决这一难题。只可惜，公司往往很难做到这一点。

除了文化挑战和理念更新，还需克服的最大阻碍是什么？

除此之外，最大的困难是提升速度。软件可通过下载快速进入市场，而硬件则相对难以实现，因为根据产品或用户的操作反馈，协调硬件产品的开发活动相对更困难。比如，如何监控运行状态，如何在不破坏产品的前提下快速修改产品？我认为这是一项艰巨挑战。

你认为组织上最需要改变的是什么？

我认为智能产品的开发过程中必须严格区分实际工程和信息技术，但这个问题总体仍未解决。传统工程团队大多不熟悉公司的数据、安全和试错问题，缺乏云端分析能力，这些对实体产品生产团队而言是全新领域。公司的信息技术人员对此十分了解，但他们从未参与过产品交付过程。他们通常运行内部系统，如客户关系管理（CRM）、企业资源计划（ERP）、产品生命周期管理等，而现在却突然要求他们参与交付过程，可能会使情况更加复杂。坦白而言，很多公司里这两个组织的关系并不融洽，但要想创造"常青"的产品支持模型，必须整合两项技能，创造全新模式，充分发挥两者所长。我认为目前为止，只有极少数公司找到了正确途径。

像创业公司这样的小型敏捷商业组织能否更快组合这些技能？就你与客户接触的经验来看，你怎么认为？

我认为创业公司并不能有效解决这一问题，因为主公司迟早要实现完整的技能组合。我认为主公司可以和创业公司合作，但只能暂时合作，最终需形成独立能力。再次重申，转移和扩大这一能力，实现业务全覆盖，是其中的一大难题。以我的客户为例，他们往往在内部新建独立的数字分支机构，研究智能产品，然后加入信息技术部成员。他们宁愿将信息技术团队一分为二，一个负责产品开发工作，一个继续运行业务系统。我认为这是一种务实的方法，很多时候也行之有效。

如你所言，生产智能产品意味着文化和组织的巨大变革，需要大量财务预算，那么你的客户培养技能、启用你的软件时，是否会更容易找到适合方法？

我大半的职业生涯都在销售软件，并且我发现客户对我们目前的研究动态颇感兴趣。世界变化如此之快，很多产品公司都害怕被淘汰，害怕被挤出市场，不知如何及时应对，但我认为，也正是因此，它们更有动力去探索新事物。如果将其与采用传统计算机辅助设计或产品生命周期管理软件的早期阶段相比，现在公司对物联网软件带来的全新变化准备更充分。

目前对于转型进入数字化的新时代有多大把握？

要让客户真正理解这一点绝非易事，如何从这一大笔投资中获利，仍是其主要顾虑。不过想到如果他们无法做到，而其竞争对手却得以实现，并在未来保持销量，就能打消他们的顾虑。即使管理团队不懂科技，也能感受到数字转型的潜在优势和压力。两难境地下，他们偶尔需要询问技术部门：这是真的吗？我可以相信这些人吗？因为我很难形成独立判断。

你认为，谁能回答这个问题？在没有太多数字化体验的传统企业，数字化应由谁领导？

我认为如果有一个远见卓识的首席执行官，就再好不过。但坦率地说，许多企业缺乏这样的掌舵人。许多公司的首席执行官更有经济头脑或销售与营销意识。数字化转型确实需要有力的领导，如果首席执行官恰好是这样的人物，则是锦上添花。但老实说，很多首席执行官都害怕面对这个话题。在实体产品环境中成长的人，可能对这些新型软件感到恐惧。因此需要勇敢果断的领袖力排众议，此人的职位越高越好，甚至可以是执行董事或监管董事。而监管董事层或非执行主管则应积极挑战执行董事的数字化战略。

能否举出对大型商业公司有如此影响力的人物？

我认为，思爱普前高管吉姆·哈格曼·斯纳布(Jim Hagemann Snabe)就是这样的领袖。加入北欧海运集团马士基(Maersk)董事会时，他全力推进数字化。他的加入仿佛改变了这家巨型企业的许多关键事项，验证了在大多数情况下，必须有重量级的数字布道者加入，才能在复杂的巨型公司启动必要的改变流程。

回到 PTC 软件平台的话题：如何将 ThingWorx 等产品概念化，使其在公司大展身手，使各领域专家必须通过它进行合作？

我们开发物联网平台的主要目的是让"公民开发者"也能轻松工作。"公民开发者"往往精通计算机但并非软件开发人员，他们往往更接近公司实际业务。例如，支持、制造、开发、销售等所有部门的人员，都想尽快获取并利用智能产品反馈的数据，所以我们的平台大量使用拖放功能。每个团队都需利用工具配置应用程序，或根据数据洞察，以差异化的方式进行销售、服务、生产。智能产品生成的数据有不计其数的利用方式，但只有将其分解成不同的软件开发项目，才能真正发挥作用。可惜的是往往时间不够充分，因此需要借助平台，以方便快捷的方式，为所有场景和用户打造新款应用程序。这正是我们软件的价值所在——提高应用程序的生产速度，简化未来修改的复杂手续。

你们的物联网软件本身就像一款智能互联产品，它能反馈哪些数据？反馈的信息对你们或客户的企业有何帮助？

采用我们软件的客户真是不胜枚举，要举出值得我们关注的成功案例，还真得费一番功夫。我们可以了解整个客户群安装的不同版本软件，了解它们的使用情况和作用表现。我们也可将此数据用于销售分析，比如用户是否成功使用此软件，是否需要派客户成功团队的工作人员给予帮助。如果客户仅有特定权限,并常常达到上限,我们就会派专人推销更多权限,显然这符合他们的实际需求。这样就涉及技术支持、工程、销售、客户成功等用例。

如何利用这些数据改进产品?

我们可以了解产品故障,比如程序错误。新版本发布后,我们可能会收到几十个错误报告。通过客户端的闭环数据,我们可以看到,哪些错误只发生过一两次,哪些错误已经发生了数千次。我们可以由此决定,修复哪些程序错误能最快获得收益。可以说,数据使我们与客户间的关系紧密相连,帮助我们摘取累累硕果。在帮助客户的同时,我们自身的业务模型价值也得到进一步提升。

工业企业自己不能开发类似的软件平台吗?

制造商最初当然可能考虑过开发类似技术。但我认为,鉴于事物的改变速度之快,新型用例不断涌现,人们会很快意识到,如果大张旗鼓的开发最终只能惠及一个终端用户,就白白浪费了很多力气。另外,智能互联产品的物联网平台是典型的"长尾"问题。推特是一款用户达数百万的应用。若有人打算开发智能互联产品,通常从一个应用程序出发,监测使用情况。很快他们就需要另一款程序分析数据并预测下行趋势,然后又需要另一款程序提醒销售和账户经理,还需要另一款程序预测客户方面可能发生的情况。这一系列程序的用户面可能非常狭窄,但将创造巨大价值。我认为统一适用的平台或许是解决之道,而工业客户似乎也认同这一点,毕竟物联网平台市场上,不止我们一家供应商。

你们在多大程度上已成为客户的顾问,提供智能互联产品用例,甚至业务案例的咨询?

我们没有提出产品设计的具体建议。比如,我们不会对客户说,要使产品在市场上发挥作用,创造价值,有六大功能最值得考虑。但我们会提出众多思考框架供其选择:使产品差异化,保持"常青"状态;改变业务模式;通过更高效的操作增加价值等。我们仍是一家科技公司,咨询并非我们的核心业务,我们只提供必要咨询,以使技术正常运作,我们还在寻找咨询伙伴接手相关内容。我们没有能力,也不够聪明,不了解与我们技术相关的所有可能应用,因此我们更倾向停留在软件层面,开发支持技术。

卡特彼勒

一名曾就职于设备工程巨擘卡特彼勒，负责产品开发与创新的退休产品经理，解释建筑业能利用数字协调机器攫取多大利润。

"当前，3D打印大行其道，只有智能互联机械设备才能撼动其地位。"

建筑业采用智能互联机械的驱动因素是什么？

主要是为了节约成本，满足项目的高精度要求。道路施工部门尤其需要奋力追赶。现在，得益于现有技术，施工现场的操作准确度将大幅提高，操作成本也将显著降低。

首先来谈谈成本方面，你的客户如何看待这一问题？

目前为止，建筑业还存在大量人工规划和行动不协调的现象，使得团队和机械设备长久闲置。这意味着，利用数字技术协调道路施工现场的卡车队伍，将大幅提高操作效率，有效降低成本。越来越多想提高工作精度的客户意识到这一关键联系，比如根据每日变化参数（如特定地面或天气状况等）优化现场机器的数量和种类。

建筑精度要求提高的背后原因是什么？

正如刚才所说，更高精度能带来成本效益。但很多时候修建道路也类似于3D打印，新修道路需要精确的曲率和排水坡度，规划办公室通常利用3D打印设计施工场地，用机器下载数字蓝图，并在现实中呈现，就像用3D打印机来打印机械部件一样。政府部门和其他公共机构等道路项目委托方也有高精度需求。他们对成本更加敏感，并且按照与过去截然不同的收费模式，发布更为详细的招标书。

请对比一下现在和过去的不同方法。

委托方更倾向于根据"修建道路千米数"或"运土立方数"收费。并且往往希望在特定时间，为已完成的任务开具发票，这与过去的做法大有不同。之前，承包商会对道路项目整体报价，价格包含财务安全保证金，防止难以预见的额外费用。而现在的委托方要求承包方在估价时尽量贴合实际成本。但只有精准确定机械性能水平，才能精确预测，而只有利用数字技术协调机器，性能水平才能可靠实现。现在的建筑商必须能更好概括其实时完成进度（实时作业现场管理），运送了多少立方数，等等，否则项目将无利可图。

请举例说明这些高精度机器设置的可能表现。

试想修建一条道路。此项目中心是一台沥青摊铺机,多达 4 台压实机跟在后面,确定沥青最终密度。沥青等高质量的建筑材料对温度要求严苛,两次压实需在不同温度范围内进行。开始过快则可能稀松如奶油,开始过慢则导致材料过硬而完全不能压缩。为了防止这一情况,摊铺机给相邻的压实机传送摊铺材料的实时温度,并根据天气情况(如当日空气温度、风况、阳光、地面温度等)建议压实机必须开始工作的时间节点。由此可见,高级道路施工通常需利用机器构成的生态系统,保障高质量标准,减少材料和机械的误差。

项目现场的机器生态系统能有多大容量?

摊铺机一直都是瓶颈问题。它每小时能铺设 350 吨沥青,基本相当于一家标准沥青厂的产能。这意味着,多达 60 辆卡车必须在摊铺机前排起长队,才能完成高温沥青的运输量(取决于摊铺机和沥青厂之间的距离),一辆接一辆准时到达(如果等待时间过长,车上的沥青可能固化)。只有利用连接卡车和摊铺机的供应链系统,接入并管理卡车队伍,才能做到这一点。数据环的影响深远,如果由于某种原因,摊铺机的工作能力暂时下降,沥青厂在收到相同数据信号时就可以减缓生产速度。摊铺机还能了解卡车周围位置和交通情况,沥青厂也就可以了解现场状况,摊铺机还能管理压实机队伍。由此可见,这类互联的智能工作模式,可以大量消除道路建设的旧式流程链的低效问题。

就上述情况看,似乎人工预测与决策以及发挥个人经验的空间很小?

的确如此,也本该如此。实际上,我们正打算完全取消人工决策和行动,只保留其现场监管职能。目前,正如我所说,人工的作业操控和时间把控已由机器取代,但尽管如此,大部分机器还是由人为启动,比如摊铺机或压实机等。

人工操作员会退出历史舞台吗?

会逐渐退出。摊铺机目前仍需 3 名全职操作员控制,但机器已配备 12 台电脑,其内置智能会日趋完善,最终成为自动机器。我们正在研发无人操控压实机,其精确度将决定最终的路面质量。随后,智能专业系统将统筹所有接入的自动机器,最大限度地降低成本。我们经常将建筑比作农业,两者有着类似的趋势:由于成本推动,半自动及自动机器逐渐成为主流。但区别在于,农业是二维的,而建筑却需要把握三维角度,把握更多安全要素,因为道路常常建于人口密集的市中心地区。

自动修建道路的项目中,谁来控制复杂数据流?

我们的原则是：由客户掌握所有生成数据。因此我们将自己视为纯粹的协调系统建构师以及中立的实际项目操作监控员。我们将设计应用程序、主要信息技术系统、信息远程传送单元,供操作员在机器上使用,确保数据环将正确的数据传送给对应的客户。

但你们本身不参与实时数据交流过程吗?

不,我们会参与,只是不参与实际操作,因为这是我们客户的权限所在,不过我们系统中有很多数据,能够预测维修并实时监测。我们测量冷却温度、油压、停机间隔以及其他所有通过机器传感器收集并传输的数据。随后若发现异样或阻碍工作进程的情况,我们会将情况反馈给现场操作员。我们为此雇用了专门团队,每位团队成员同时监控200台左右的联网机器,专门处理系统预警的异常情况,均是为了尽可能提高安全水平和所有机器的运行时间。

所有这些数据是否也会用于你们自身的创新洞见?

从早期互联性较差的设备中,我们已经对停机规律和设备现场表现了如指掌,但这些都以从机器的"黑匣子"中获取的经验数据为依据。相比之下,我们现在已经拥有结构化的实时操作真实数据,准确率大幅提升。我们可以看到互联挖掘机或互联卡车的用途,可以了解机器构件在不同应用中遇到的各种机械压力,这为我们调试产品提供了很多洞见。比如,我们可以结合液压油的温度数据与油压泵的性能数据,从中推测元件寿命。因此可以说,我们将智能互联产品提供的数据直接用于产品开发过程中。

完善的数据是否可以细分不同市场,你们能否更好地定制产品?

据了解,中国建筑工地的工作周期比日本短得多,日本建筑工地的闲置期之长,令人惊讶。可能是日本道路拥堵降低了卡车速度,加剧了这一现象。无论如何,这都引起我们工程师的思考,对于日本市场的建筑机器,是否应主要优化油耗,而非性能表现。在相关发现背后,可以缩小某车型的部分组件,对应不同市场研发新系列车辆。这就将互联机械高度对应的数据直接转化为竞争优势。

你们将这些不同的互联设备称为生态系统,这些互联机器作为开放平台的程度如何?

我们关闭了软件系统,就此而言,我们的互联机械设备并不是平台的概念。在为施工项目构建专业系统时,我们不是在创建一套对第三方开放的 Linux 解决方案。这主要是出于对现场操作安全的考量,不过数据安全也是重要原因。已有黑客试图攻击建筑设备,因此,建议关闭系统,彻底对其加密保护。

卡特彼勒转型互联设备之路始于何时?

25 年前,我们研制出一套产品健康监测解决方案,主要涉及维护优化,由此开启转型之旅。我们收集并分析了机器时间与位置和其他小部分数据信息,从中获取洞见。随着时间的积淀,公司最终意识到,如果继续以硬件生产为主要业务,就可能面临被收购的风险,我们不能原地踏步,客户对我们有更高的期望。大约 10 年前,成为智能供应商的信念日益坚定,转型迫在眉睫,否则就会被行业颠覆者挤出市场。

为此,你们采取了哪些具体步骤?

我们聘请了众多数据专家,他们没有工业工程背景,主要从事统计和大数据分析工作。我们与大学建立联系,开办实验室,完善新数据挖掘技术和专业系统。另外我们还广纳贤士,聘用大批青年经理,确保其兼顾产品软件和硬件开发。他们都供职于公司新建的 CAT Electronics 分部,总而言之,新组织的成立离不开各大项目计划的密切配合。我认为,卡特彼勒有着独特的行业领先地位,扎实的专业技术知识,成熟的产品系列,打造智能机器生态系统的优势可谓得天独厚。采用我们的综合解决方案,客户能在作业现场以更低成本获得更多交易。

惠普公司

全球领先的科技公司惠普集团的全球个人系统服务负责人比尔·艾维表示,过去几十年,许多硬件竞争对手都惨遭淘汰,只有兼具"产品即服务"战略与巨大创新能力的公司,才能在市场中脱颖而出,引领行业走向。

"惠普,我们真的很喜欢你们成熟的打印技术,你们能否为个人计算机也提供相应的打印服务?"

惠普开发独特的"设备即服务"战略,其动力是什么?

2019 年是惠普成立 80 周年。没有多少硬件竞争对手能在竞争如此激烈的技术领域长久保持领先地位,要想一马当先,只能不断地转型。长期以来,我们一直运营"设备即服务"业务,为客户提供托管打印服务,我们认为这项业务在成熟的市场中有决定性的竞争优势,是惠普"设备即服务"业务模式的精髓。我们还将此模式扩展到消费者打印领域,推广 Instant Ink 及时更换墨盒和订阅服务等,这些业务广受好评。而后又把业务拓展至个人电脑。目前,我们正在筹备 3D 打印业务,并从一开始就将其创建为"设备即服务"模式,以在市场上占领先机。目前,我们正在努力开展行业领先的惠普"创新即服务"。这种模式将在未来的战略中发挥重大作用。

惠普何时将其作为正式的全公司战略?

大约三年前,客户的需求越来越复杂,他们说:"惠普,我们很喜欢你们这个托管打印业务。我们也喜欢你们的个人电脑,喜欢它们与服务配套的相关设计。你们可以在个人电脑领域也提供类似托管打印的服务吗?"可以说,除了满足其不同需求,提供各类服务和配件之外,客户还想寻找合作伙伴,为其提供配套设备和持续服务。为满足此项新需求,我们在 2016 年启动了新项目,最后将其命名为"设备即服务"。这些全面的设备管理服务使客户能以智能、高效的方式,把传统信息技术产业变得更加现代化。公司在整个技术生命周期内以"即服务"模式管理各类设备,信息技术部门就可以节省宝贵的时间和资源,实施相关战略计划,实现组织内部增长,可谓一举两得。

智能互联设备有什么作用?

智能互联设备的作用极其关键,我们曾在介绍时提到,"设备即服务"只有通过智能连接才能有效实现。以个人电脑为例,我们的设备均内置传感器,能像物联网软件一样反馈数据,包括设备使用状况、安全性能和使用表现等。我们还为设备的远程分析和主动管理开发软件,用于收集并分析硬件表现数据,依此改进每台独立设备的用户体验。

能否阐释上述设备如何发挥实际作用?

比如,我们可以提前预料你需要更换电脑电池,并主动给你运送电池。或者,某位销售部门的行政助理使用了我们的设备,后来又升职进入市场部门,图像处理和计算机辅助设计等软件突然成为其日常工作的一部分,对设备的存储空间和处理能力都有了更高需求。利用我们的分析工具,我们可以设定提醒铃声,随时满足用户需求。可以说,15 个月前,这位助理的设备还很适用,但 3 个月前则截然相反。现在,我们可以向客户解释机器提示的异常情况,并采取积极的补救措施。

那么如何体现为客户节约成本的效果?

我们可以通过"产品即服务"模型提供诸多服务。比如,定期为信息技术部门提供病毒扫描和防火墙测试,确保公司数据安全,防止因数据安全问题为公司带来损失。不过,我们还可以帮助客户了解其个人电脑或处理器的使用情况,是使用过度还是使用不足。可以帮助他们了解安装的应用软件是否被有效利用,从中获悉其权限是否充分。所有这些洞见都能有效降低成本。

你们的"设备即服务"软件是否适用于不同操作系统和硬件供应商?

我们的软件必须能够适应各类系统,我们很多客户都使用 Windows 系统,但也有从事创意行业的客户使用 Mac 系统,很少有客户单单使用惠普系统。多年来,他们可能购入了我们同行的设备,其中很少有人单独使用 Windows 系统。因此,我们在编写远程分析软件之初,就要考虑多平台环境,使软件兼容多种系统,比如使戴尔、惠普和联想设备并行工作。基本上,所有使用 Windows 的设备都可接入这一系统。我们还为多操作系统环境编写软件,使其同时适应 Windows 7 或 Windows 10 以及 iOS 系统和安卓系统,最近还加入了 Mac OS 系统,这一方式也得到了我们客户的广泛认可。

作为供应商,你们与大型设备采购商有着良好的关系,是否可以借此吸引其他设备生产商,成为你们"设备即服务"计划的合作伙伴?

实际上,正是你刚刚描述的状况促使我们与苹果公司合作,将其操作系统和硬件融入我们的软件。我不能代表他们发言,但他们对我们提出的合作很感兴趣。可想而知,加入联盟后,他们的产品能更方便地入驻企业。也正因如此,我们的软件可积极管理相关设备。现在,我们的客户可利用这种兼容性,通过惠普管理其所有苹果产品,包括台式设备、笔记本设备和手表等移动设备。

你刚刚提到了防火墙和防病毒扫描,在你们的"设备即服务"软件中,数据安全对客户来说有多重要?

市场的发展显然远远超过了设备与服务的购买范围,这或许就是惠普的与众不同之处。我们能提供最安全的设备,通过管理方案保持其安全性,对此我们引以为豪。比如,人们常常没有意识到,在商业环境中,打印机是信息技术终端,有记忆功能、容量空间和操作系统。具备这些特性,打印机必须得到有效保护,免受安全威胁。惠普软件差异性由此显现,这也是我们软件开发的重点,为的是打造最安全的解决方案。我们的竞争对手很少进军其他科技领域,要想脱颖而出,必须保持独特的竞争价值主张,安全性当然必不可少。数据泄露事件发生后,我们对软件进行了分析和积极管理,虽然无法完全根除这种事件,但可以帮助客户快速修复重启,减少数据泄露带来的影响。

你们还在这方面与外部伙伴建立联系,这是为什么?

我们的"设备即服务"模型还计划与网络安全保障供应商进行合作,主要是因为安全性已成为我们客户的关切重点。我们已经与怡安(Aon)建立合作,为客户提供网络安全审计,怡安会评估网络安全以解决漏洞。他们通常建议使用惠普设备或服务,进行分析和主动管理,消除类似漏洞。我们没有为此支付任何费用,他们之所以推荐我们,是因为我们成熟的设备保障可以进行反病毒扫描,有效开启防火墙保护。通过推荐我们,他们能确保实现并维持所有级别的安全保护。此外,怡安还向我们的客户提供了网络安全的相关有利条款,这种合作关系可谓惠及三方。

最后,请描述适用于个人电脑的"设备即服务"模型的主要客户,与你们主要采用的定价模型。

我们主要的服务对象是购买惠普产品的客户,此外还可提供标准设备的生命周期服务,保障设备的正常启动和运行,包括托管分析服务、Windows 成像、管理正确的基本输入输出设置、物理和电子资产标签等。还将加入设备实际安装、将数据从旧设备迁移到新设备、专业支持以及旧设备的资产追回等。所有这些都将捆绑定价,按每席每月的标准收费。费用包括服务、设备和使用期限,期限一般为三年,但这些参数也可以变化。以某全球连锁的餐厅为例,我们针对店内的每台收银机,采用按月定价的模式。而针对家庭墨水订购项目,则允许家庭或办公用户每月订购相应数量的打印纸张。

Mindtribe 公司

20 年前,史蒂夫·迈尔斯创办了 Mindtribe,作为一家初创企业,Mindtribe 主要探索创新硬件产品的生产方式。史蒂夫·迈尔斯已成功领导大型和初创企业的多个硬件开发项目,并开创了独特的敏捷产品创新模式,引领客户决策,提高产品质量,提升企业影响力,改善整体用户体验。

"互联产品持续发展,最终将成为日常生活不可或缺的一部分。"

你领导了 Mindtribe 40 人的工程团队。你们公司兼具技术专长、创造力和产品管理经验，这一点难能可贵。目前，开发者团队最感兴趣的产品种类或产品类型是什么？

团队在特定时间开发大批产品的连接功能，但随着市场不断演化，高性能、低成本的科技突飞猛进，产品通常成批涌现。比如，2014 年前后，第一批联网产品出现，以健康记录仪等可穿戴消费品为重点。目前处于第二轮进化阶段，交通与医疗行业的设备日新月异，城市交通的各种出行概念设备层出不穷，包括智能自行车、踏板车、摩托车、拼车出行等。仅仅关注自动驾驶汽车是远远不够的，以优步为首的网约车公司，就在美国多个城市推出了电动自行车和小型摩托车。医疗领域涌现了众多兼备消费品特征和传统医疗手段的新产品，如允许消费者监测并管理健康状况的电子设备。

快速发售智能产品并非易事，尤其随着生产技术日趋复杂，生产商会面临哪些困难？

互联硬件的开发在某种程度上已经瓦解，即使有远见卓识的领导也无济于事。有很多硬件开发流程的最终产品都不够优质、从不发售，或开发时间过长（同时成本也过大）。总而言之，开发硬件产品费时费力，耗资巨大。其中最大的问题是，硬件团队生产的产品本身就是有问题的。硬件团队的生产通常脱离营销、产品和商业战略。由于硬件的开发和迭代周期比软件长得多，这种孤立状态意味着长期投入生产的产品可能并不符合市场需求，并且在意识到错误前已经投入了大量时间、精力和财力。失望的用户反馈可能会让他们在开发后期恍然大悟，意识到产品成本过高、技术挑战加剧、竞争环境变化等。相比软件，硬件的迭代耗时更长，成本更高，这一点往往很难修复，很多时候迫于压力，哪怕产品并不完美，公司不得不及时发售，否则就会耗费时间或资金。

有更好的方法吗？

我们公司在硬件开发过程中推行敏捷模式，成效显著。将敏捷开发技术应用于硬件生产，目前仍面临诸多挑战，但如果能克服这些困难，就能获得巨大收益。敏捷开发的核心目标就是快速呈现经验模型，尽早验证产品的其他重要性能。快速生产正确的产品需要将硬件开发紧密融入其他产品或商业团队，同时融合早期用户验证和业务价值。通过紧密结合设计、工程、制造团队以及物联网环境下的所有新技术领域，开发团队本身也获益良多。随着 3D 打印等技术突飞猛进，我们每天都能推出新模型，甚至一天之内能进行多次迭代。未来无须生产实体产品，我们就能用虚拟现实或人工现实技术生产体验原型。除此之外还有广大创新空间。敏捷硬件开发可有效应用于新产品领域，然而多数传统公司仍对此有所抗拒，其中最大的障碍就是融合团队理念，以敏捷方式开发硬件产品。而且，多数硬件工程仍由内部团队进行，这些团队通常不太愿意广泛分享新模式的经验。

目前，智能产品领域三个亟待解决的问题是什么？

我想到的是产品安全，这的确是物联网领域最大的挑战。产品安全所需的各大方面很容易被忽视。我们和客户需要在产品安全方面培养更多技能，因此我们同外部安全审计团队合作，检测潜在弱势。我们还需技术团队的密切配合，决定产品智能和处理能力的落脚点，是在产品内部还是智能手机上，是在边缘还是在云端？随着新技术和新平台迅速涌现，如果技术团队不能紧密合作，这一问题将日益严峻。比如，要尽可能延长电池产品的寿命，最大限度地提升其性能，离不开产品架构、硬件选择和软件开发的相互作用。

亚马逊 Alexa 的出现使语音助手红极一时，是时下最热门的话题。你认为，除家庭音箱外，语音是否会作为产品交互方式广泛使用？

的确，语音是一种独特而有效的交互方式，因此也成为众多硬件公司的开发重点。语音技术的进步，已经大大提高很多消费者应用程序的可用性。但我认为，语音技术目前仍是技术主导，而非用户驱动。换句话说，此项技术仍在寻找符合消费者市场的应用程序。某些情况下，智能手机和语音控制作为产品的交互界面正面交锋。智能手机是十分便捷的界面，因此我不太确定它们分别会以怎样的产品体验胜出，不过我很期盼这一进程。

智能互联产品可能形成巨大的产品平台，你如何看待这两者的关系？

毫无疑问，从经济角度看，平台形式很有吸引力。但如果没有令人信服的消费者价值主张，它很难发挥作用，因此创建所向披靡的平台是一项艰巨挑战。我认为，必须重视并尽快开发用户价值。利用一切可行方式，推进潜在平台用户的采纳率，获得生态系统支持。以我们与奥多比合作开发的 iPad 配件——Adobe Ink 电容笔为例，奥多比想为设计师开发一套支持移动设备的工作流程系统，并配置第三方平台移动输入外设产品，如电容笔。奥多比认为人们注重作画体验，需要向他们展示所能提供的新型体验，而不仅仅是平台。我们生产了实体产品(电容笔和数字尺)，开发了相应的作图程序，展现平台的潜在功能。与此相反，很多公司仍对平台抱有"只管开发，总有顾客"的心态。

产品联网后，你是否看到转型"即服务"业务模式的趋势，比如根据使用量定价？

我与硅谷的很多硬件创新领导者共进晚宴，在我们最近的一次活动中，大家达成的共识是，硬件作为单纯的业务模型已经不复存在。当然也有很多例外，但多数有远见的创新者都不再考虑单独生产硬件。相反，他们更多关注服务。其中当然有很多反例，比如一家名为 Canary 的互联网摄影机生产商，起初只生产单一的传统产品，每月不收取任何费用。最后他们决定采用订阅模式，增加特定付费功能。消费者对此很是反感，这严重影响了品牌形象。因此决策前必须提前研究市场。

你经常在斯坦福大学工程学院提及敏捷硬件开发案例，并引导一系列世界领先的硬件开发实践者合作对话，你认为未来产品工程的作用将发生如何变化？

目前，工程和产品开发仍有巨大差距。工程学院不提供产品开发课程，多数工程师的开发产品方式看似合理，但并没有吸取现实产品开发的经验教训。此外，由于多数产品开发团队仍位于公司内部，通常缺乏外部公司产品开发常见的思维领导力，缺乏动力和前瞻性。只有改变工程和产品开发教育模式，才能解决上述问题。我期待分享我们运用敏捷技术开发硬件的经验，使每个产品开发团队用更多时间开发与人们生活息息相关的产品，而不是那些无关紧要的产品。就跨专业角度而言，工程、产品和商业战略团队需紧密配合，提高正确产品的开发速度。就技术角度而言，物联网环境需要不同部门密切协作，包括硬件、软件、应用程序、物联网平台、安全性、网络连接等，才能成功生产互联硬件产品。

产品的互联程度与日俱增，传感器和智能系统成为标配，这一趋势愈演愈烈，你认为它是否已接近尾声？

当然不是，目前只是起步阶段。试想网络连接性和"智能"的成本降为今天的十分之一，而性能却升至十倍，带来的体验和信息将多大程度地改善生活。互联趋势仍将继续，进化速度甚至可能比我们想象的更快。汽车、家用电器等产品的互联性不断提升，但其功能仍相对基础。不过，物联网的概念仍在起步阶段，要想改进技术，提高产品智能性和数据连接性，仍有很长一段路要走，快速变化的技术是其驱动因素。若量子计算和区块链技术成为廉价的主流制造方式，对目前智能产品的智能性影响可想而知。所以，我认为联网产品的发展趋势不会受到限制，互联性将不断成为日常生活不可或缺的一部分。

注：埃森哲于 2018 年 8 月收购了 Mindtribe

亚马逊

马可·阿根蒂在亚马逊网络服务部门担任亚马逊云计算服务(AWS)技术副总裁,他的团队将亚马逊技术融入开发者和产品公司的解决方案,他还重视与客户共同开发新产品。

"相比内部培养所有技能,利用第三方平台更有优势。"

越来越多的产品实现互联,设备感应能力和智能程度提高,你如何看待这一趋势?

当前阶段的确很有趣,多种颠覆同时并行,改变了很多产业优胜者的格局,当前各公司不受限制的计算能力便足以证明这一点。不过,高级计算服务构件几乎可供所有开发者和产品公司使用。现在网络能力增强,宽带性能提高,延迟情况更少,比以往任何时候更胜一筹。最后,机器学习算法显著进步,结合这些颠覆性技术,就能有效去除传统的进入障碍。我将它们称为行业的"大众民主"。

总体而言,进入互联产品领域需要进行重大转型,当前产品公司会面临哪些挑战?

首席执行官需确认,这一趋势是否会从根本上改变行业形势。他们需要回答:"我是否要转型成科技公司?"其中很多公司的答案可能是"不",因为转型成功的可能性很低。相反,他们会与包括亚马逊在内的伙伴合作,降低转型难度。相比内部培养所有技能,利用第三方平台更有优势。高管还需决定智能的落脚点,是在产品内部,还是产品边缘或云端? 这是一个关键问题。很多公司将产品智能交给云端伙伴,制纸机械生产商维美德(Valmet)就是其中之一,它们通过亚马逊网络服务平台获得技能,而不是自行培养所有技术。另有水净化公司滨特尔(Pentair)通过物联网分析优化操作和反馈。将智能嵌入第三方云端,就无需大批数据科学家和开发者来保证流程质量。

未来,是设备本身的智能性提高,还是将处理能力和智能性移入边缘或云端?

这个问题很有趣,一方面,现在每个人都能以低廉价格购买功能强大的设备,这一趋势仍将持续。另一方面,云端和边缘计算能力降低了对本地计算功能的需求,多数产品的智能性提高。廉价的基础设备会将智能功能置于云端,同时价格适中的"中心与语音"型智能设备也会与附近的设备相连。

这方面有什么案例?

以亚马逊的 Greengrass 软件为例,它在中心网关设备上运行,即使本地没有计算能力,它的功能也可在不同设备上运行。比如,检测干扰因素时,简易摄像头能将视频反馈传回信号塔,它的处理能力强大,运作效率极高。

当前家庭音箱已经使语音功能成为一种趋势,你认为,未来语音是否会成为用户界面的主要模式?

在所有产品都实现互联的当下,必须全面改变传统键盘、触摸屏等用户界面。语音是最自然的界面形式,相比智能手机上的应用程序,语音操作更为简便。我认为,我们很快就会发现,用户对这一功能有着强烈需求。但为了追求最佳用户体验,多种界面形式也可能百花齐放。多种用户体验和多渠道功能将实现融合,界面亦是如此。比如,为假期制定行程,用户开始可能先在电脑上进行普通浏览,然后给 Alexa 下达语音指令,搜索航班信息,然后利用增强现实技术查看当地风貌,最后智能手机上的用户程序会跟踪航班流程。这就需要同时运用不同设备和多种用户界面。就技术角度而言,必须考虑以下两大特点:需为用户界面建立云端实时连接层,但同时可在一系列设备上启动并完成操作。这些操作不仅在社交层面,同时在技术层面,在不同网络和设备上实现连通。

谷歌

拉贾·谢思在谷歌担任产品管理高级总监,负责谷歌云 AI 与机器学习产品线。他的主要任务是帮助公司在产品中嵌入谷歌人工智能技术。

"未来十年,每款产品都将运用人工智能技术。"

哪些类型的产品需要采用人工智能技术,哪些特定的人工智能技术与产品公司最为相关,能否谈谈你的看法?

我认为未来十年,每款产品都将运用人工智能技术。近年来,人工智能技术突飞猛进,我期待某些领域的产品公司能够采用人工智能技术。毫无疑问,人工智能在计算机成像和图像识别方面有着重要作用。此外还应扩大人工智能在语言方面的作用,包括文字、语音和翻译等方面。人工智能的意义理解和情感识别能力将显著增强,这对于产品处理对话模式极为关键,因为它们需要理解对方用意,并做出充分回应。此外,我认为结构化数据也是人工智能研究的重点领域,包括个体和集体的结构化数据。

近来,产品工程领域都十分关注将语音作为设备的用户界面,你认为未来语音作为用户界面的普遍程度如何?

我相信,未来会有越来越多的设备将语音作为用户界面的形式,不过,并非所有产品都将默认采用人工智能操控的语音界面。必须首先考虑体验和产品的使用方式,明确了这一点,需进一步思考语音是否能改善这一体验,是否有必要采用语音技术。通过语音处理某些任务当然更自然、更简便,比如,谷歌家居设备设置了很多任务导向型命令,包括"安排这次见面时间"或"在这台设备播放这首歌",而不仅仅是传统的浏览器搜索功能。

产品公司面临的关键问题是决定人工智能技术和处理能力的落脚点,是在产品本身,产品边缘,还是云端,对此你有何看法?

我认为,显然未来智能会有多种层级,可以是传感器或产品层面,可以是边缘设备,如零售店服务器或移动基站,当然也可能在云端,人工智能的落脚点将随产品和时间的不同而有所区别。我认为,逐渐会有更多人工智能技术出现在边缘设备上,但当前,很多解决方案还相当薄弱,无法在边缘设备上正确执行操作,但芯片技术进步很快。比如,谷歌发布了边缘张量处理器(Edge TPU),这款芯片的体积极小,但却能高速处理人工智能应用程序。

由传统产品转型为人工智能产品,对很多产品公司都意味着巨大变革,这些公司需培养哪些技能,同时将面临怎样的挑战?

毫无疑问,产品公司需要培养人工智能技术,但很可惜,目前全球的相关人才极度紧缺。我们估计,虽然全球有 2 300 万开发人员,但目前只有 10 000 名专家能编写世界顶级的机器学习算法,谷歌致力于简化开发人员使用人工智能的程序,因此获取这些技能的难度将渐渐降低,但当前相关专业人员的供求仍有很大缺口。所谓的"数据思维"能力极其重要,当前存在的数据类型、计划获得的数据类型及其获取方式,对这些问题的思考本身就是一种专业能力。

伦敦商学院

麦克·雅克比德是伦敦商学院"Sir Donald Gordon 创业与创新"项目的负责人,他并不推崇整齐划一的商业战略。对于想要进入智能互联产品复杂领域的创业者,贴近最终消费者,尽可能使自己立于不败之地,仍是他最简单直白的建议。

　　"智能互联产品的崛起是开发无缝衔接系统的重要部分,无缝衔接系统能依据用户需求实现量身定制。"

开发智能互联产品是现有企业甚至初创企业屡试不爽的利器吗?

　　教科书上可能是这样写的,但这一点在现实中并不完全成立。我认为,智能产品与传统产品的商品化方式大体类似,因此我不建议不计代价地使产品智能化,这可能带来灾难性后果。需牢记,至少中长期而言,资本投入的回报必须是正向的。顾客价值和回报利润,甚至合作伙伴的利润都需显著增长,才能体现此业务线的投资价值。因此,并不能确保每项智能化投入都能实现这一点。

产品受到颠覆性挑战的众多制造商该如何另谋出路?

　　我并不是说公司应该与智能产品划清界限,产品智能化当然可以在一定程度上提高竞争筹码,并可利用产品智能生成有价值的数据,或许可以由此在动荡的市场中脱颖而出。但是,生产智能产品并不一定会带来巨额经济收益,产品接入的平台所有者或系统集成人员,会将产品引流到符合他们利益所需的解决方案。因此必须牢记,再造产品并不一定会带来巨额利润,提高产品的智能互联性可能会使公司的业务模式更复杂,财务状况更脆弱。

那么在智能互联产品领域,哪种产品设定的实际效果最显著?

　　情况不尽相同,最后结果也往往出人意料。如果一款智能医用吸入器可测量血液反应,配置适量有效药物,可能比传统仪器的效率高出三到四倍,还能为用户创造巨大价值。但仪器呈现给最终消费者的形式或许多种多样,融入谷歌或苹果等科技公司可增强有效性,因为两家公司都有医疗领域的专利观察技术,为产品提供现成平台。再以汽车行业的灵活性产品为例,目前尚不清楚产生革命性变化的是智能产品本身,还是公司的转型能力(将汽车从作为产品出售转变为个体出行需求的管理工具)。奇怪的是,有些乍一看并不起眼的产品,最后会比预想的更有颠覆性和价值创造力,反之亦然。当然,由于缺乏必要的补充设定,整体系统无法正常运作,一些想法可能永远无法实现。

你是指智能产品的相关伙伴网络工具,可以帮助企业建立互惠生态系统?

　　我认为智能互联产品的崛起是开发无缝衔接系统的重要原因,无缝衔接系统能减小用户的生活压力,依据用户需求实现量身定制。我认为生态系统是联合众多专业公司合作开发产品,增加整体收益的网络。智能化通常并不作为产品价值的一部分,但实现其他功能或服务的协调智能化,将智能化转变为方便使用和消化的内容,可以提升产品价值。如果没有融入生态系统,很多智能产品就可能无法实现收益。

你如何评价智能互联产品领域的生态系统与平台间的关系?

平台似乎比生态系统更为常见,比如智能手机或有上网功能的移动手机,其操作系统就是一种平台设计。有时平台并不一定会形成生态系统,因为两者覆盖的内容并不同时出现。我认为,平台和生态系统之间的主要区别在于,生态系统可能需要考虑系统内其他产品的开发,而平台则无须考虑这一点。就此而言,生态系统会产生更为具体、非直接相关的关系,这意味着系统相对闭合,并与其他闭合系统有所不同。

这是否意味着平台对于智能互联产品的战略意义较弱?

不是的,我认为平台仍然非常重要。平台的建立基础若相对松散,则势必平淡无奇,甚至可能在监管下面临标准化风险。如果这些成为用户标准(比如5G无线标准),那些平台就不再具有战略和经济价值。尽管如此,我认为智能产品仍要进行互联运作。产品之间的关系可能是基于平台的普通关系,抑或是更为具体的关系,这意味着产品需无缝接入其他供应商,以提升公司价值,抑或改善用户生活,我相信后者会是主要价值来源。在我看来,智能产品、平台、生态系统之间有着清晰的联系,同时也会影响公司与其他平台和生态系统竞争时的战略选择。

生态系统和平台的结构都十分复杂,智能互联产品生产商很难把握,如何才能获得最大价值?

视情况而定。我个人认为,价值可以决定谁能够制造瓶颈,也就是为整个生态系统伙伴创造一种排他因素。生态系统往往十分复杂,不够透明。必须在生态系统中找到最佳位置,发现最终顾客,同时也要让顾客很快发现你,然后应努力达到难以取代的地位,这一点至关重要,因为你不仅需要与同类产品竞争,在产品的功能性和适应度上一战高下,同时还要与平台所有者、系统集成者、通过产品提供服务的第三方竞争。因此,竞争的趣味性和多面性增强,公司必须在最终用户群和生态系统中取得难以替代的地位。所有这些方面,硬件生产商并不一定比单纯的系统集成商更有优势。

因此,对于想进入智能互联产品市场的公司,你建议它们第一步如何行动?

生产一款智能产品将为你打开竞争的大门,但这是一个全新的领域,必须计划好如何应对生态系统中的伙伴,你们将相辅相成,共同为最终消费者创造价值。我会通过一系列问题和决策树使你认清自己所处的位置。首先,你是否明确你的智能产品或服务能为用户带来什么? 你是否能守护自己所处的市场位置? 如果是,有没有相关战略? 如果是,有没有实施战略的资源? 如果是,有没有实现战略的组织结构? 如果是,有没有自下而上的交流机制,来保障充分反馈? 决策树很有效,通过决策树,组织能准确地知道所处的形势。

第十二章

产品再造实例

为帮助企业进军新产品领域，本书已介绍了公司领导需培养的核心能力，并为此制定了清晰的路线图。同时，通过采访已经采取行动的商业实践家和思想领袖，与他们进行深度对话，我们也验证了提出的内容。这是本书目前为止第三部分的内容。

最后，我们将通过四个案例分析，进一步支持我们的观点和相关话题，分别是佛吉亚、昕诺飞（前飞利浦照明）、西蒙斯和海尔集团。这些公司分别活跃在不同领域，规模各异，总部位于不同地区（分别位于法国、荷兰、美国和中国），但它们都有独特而宝贵的经验，值得各类生产商在产品再造中借鉴参考。瞄准不同新价值空间，它们纷纷将部分业务转型新模式，同时努力转变并改造其产品。我们认为，对这些案例的分析研究，会使你更加确信智能互联产品将是未来价值所在，激励你重新部署相关战略。

佛吉亚案例分析：驾驶的同时……放松、工作与社交

克服了金融危机带来的巨额债务和汽车市场疲软的影响，佛吉亚终于重出江湖。公司新任首席执行官帕特里克·科勒（Patrick Koller），引领佛吉亚成为数字座舱和驾驶技术的系统集成商，进军未来自动运输市场。

佛吉亚战略专家向汽车用户调查，如果无须亲自开车，可以在车上从事哪些活动，答案出乎意料：弹吉他、做瑜伽、做有氧运动、剃须、织毛衣，等等[1]，看电影或补妆则是更常见的答案，在当下非自动驾驶的车内就可实现。

这份调查使公司高管层欢欣鼓舞。佛吉亚是全球第六大汽车座椅、汽车内饰、清洁出行技术供应商。2016 年，佛吉亚决定成为"数字化车载生活"的领先供应商，在三到五年内为半自动或全自动汽车提供支持。

我们在法国巴黎市郊楠泰尔的佛吉亚全球总部采访了首席执行官帕特里克·科勒，他表示："我们根据未来汽车市场打造了'未来座舱'，因为我们很好奇，如果人们无须全神贯注地开车，他们会在车里从事哪些活动。虽然仍有司机坐在车内，我们的汽车已经实现'自动'，并没有什么紧急情况需要司机处理。"

内部数字化先于产品再造

佛吉亚是一家上市公司，法国汽车制造商标致雪铁龙持股 45％[2]，科勒于 2006 年加入汽车座椅部门，并于 2016 年 5 月成为公司领导。前任首席执行官严德胜（Yann Delabrière）已在 2007 年次贷危机后成功扭转局势，此前受次贷危机影响，公司受高额债务和疲软的汽车市场双重困扰。直到 2015 年，佛吉亚采用数字技术，计划以此提高内部效率，恢复盈利能力。此间，公司重点开发数字元件、数字性能和数字功能，丰

---

[1] 保罗·列利特（Paul Lienert）（2016）法国佛吉亚更换自动驾驶汽车内饰，*路透社*，8 月 25 日［网址链接］https://www.reuters.com/article/us-faureciaoutlook/frances-faurecia-recasts-interiors-for-self-driving-carsidUSKCN1102CU［2018 年 10 月 12 日获取］

[2] Market Screener 佛吉亚［网址链接］https://www.marketscreener.com/FAURECIA-4647/company/［2018 年 10 月 12 日获取］

富公司产品系列。

科勒掌权后,马不停蹄地推进宏伟的战略思考、规划和行动,技术工程师出身的他曾有过化工行业等领域的管理经验。他说:"这不仅归功于我个人,转型期间,我们重点关注执行,几乎没有时间思考未来战略。但之后我们的管理层就必须回答一个重要问题:下一步该如何行动? 我们出售了汽车内饰业务,还清债务,并开始认真探索创新。"

在科勒的领导下,管理层决定将佛吉亚定位为新兴数字汽车市场中的"系统集成商"。佛吉亚决定将座舱智能化平台(CIP)作为核心新产品线,座舱智能化平台集合了信息技术,是新型智能座舱和车舱内饰设计的主要软件库(见图 12.1)。

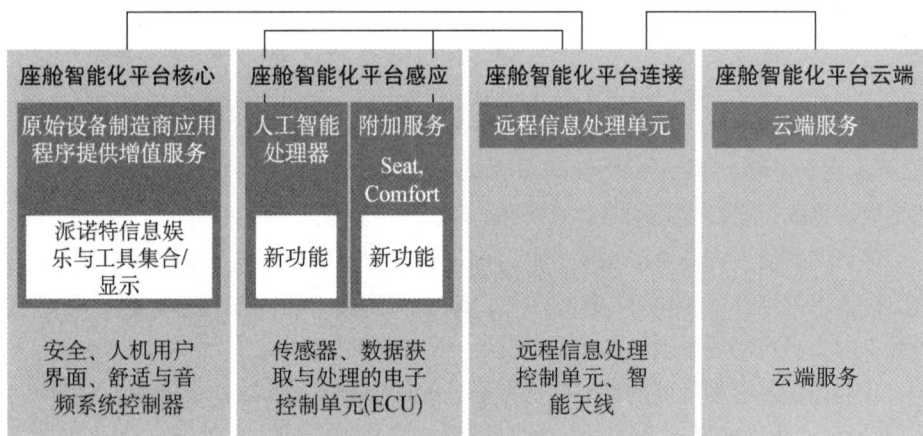

座舱智能化平台核心	座舱智能化平台感应		座舱智能化平台连接	座舱智能化平台云端
原始设备制造商应用程序提供增值服务	人工智能处理器	附加服务 Seat, Comfort	远程信息处理单元	云端服务
派诺特信息娱乐与工具集合/显示	新功能	新功能		
安全、人机用户界面、舒适与音频系统控制器	传感器、数据获取与处理的电子控制单元(ECU)		远程信息处理控制单元、智能天线	云端服务

网络安全与人工智能功能的全面融合

图 12.1　核心新产品线,座舱智能化平台
资料来源:埃森哲根据佛吉亚投资者展示整理

为支持此计划,占领"新价值空间",公司的创新预算达 1 亿欧元。最后,佛吉亚发现"可持续出行"和"智能车载生活"两大领域的价值潜力巨大,而后者可划分为六大次级价值空间,座舱智能化平台即为其中之一。

佛吉亚还几乎同时发布了内部转型计划,提高传统产品竞争力。这些措施旨在为新智能产品线提供更多财务保障。比如,佛吉亚计划在印度开辟 1200 个工程师岗位,减少 30% 的研发成本。佛吉亚采用了看板管理等快速项目管理工具和人工智能技术,提高构思和设计流程效率。公司还计划利用区块链技术进一步提高责任和效率,将开发时间由 36 个月缩短为 22 个月。

总之,科勒的佛吉亚产品再造蓝图计划利用数字技术,转变产品类型、工作团队和流程模式,节约成本,转型公司的核心业务和活动。节约的成本将用于进一步发展公司的三项支柱业务——汽车座椅、汽车内饰和清洁出行技术,同时开拓新价值空间。

内饰和安全使产品脱颖而出

对于核心产品类型和新型智能互联产品系列,科勒已向佛吉亚股东展示了宏伟的财务目标:到 2025 年,公司计划完成 300 亿欧元的总销售额,实现 8％的年增长,将新价值空间的增速提升三倍,智能座舱技术预计销售额达 42 亿欧元,清洁出行技术营业额达 26 亿欧元,年增长率达 33％。2017 年,佛吉亚总体营业额达 170 亿欧元,采购商包括全球各大汽车生产商,如大众汽车、福特、雷诺日产、宝马、标志雪铁龙(PSA)和戴姆勒等[①]。

科勒相信,汽车市场将经历深刻的变化,他说:"汽车一旦实现自动驾驶,汽车生产商就不再具有品牌辨识度,也无法通过内饰设计和动力特点脱颖而出,只有创新车内用户体验及其内部智能特点,才能与众不同。"

自动驾驶汽车无须司机操控,用户也就不会关注马力和底盘设计,尤其当道路交通全面实现电子化,乘客只关心尽快舒适安全地到达目的地,同时充分享受工作、放松和社交的机会。因此,汽车必须实时在线,保证用户可使用家庭或工作中的常用软件。目前,佛吉亚是全球唯一生产所有汽车内饰的供应商,因此有必要采用智能技术,并融入现有设计性能,为目标用户群打造定制化方案。科勒回忆称:"我们的共识是成为这方面的主力军。"

2016 年末,科勒组建了全新跨公司团队,命名为"未来座舱(CoF)"团队,由于该团队由已有公司的创新团队共同创建,这项倡议起初遭到了公司内部的质疑和抵制。一部分人认为,座椅和内饰的数字化只是在开发昂贵的工具,并不能带来实际收益,不过,通过竭力劝说市场的巨大变革可能带来的机遇,这些困难最终有效化解,董事会以充足票数通过了此项方案。

系统集成需要众多伙伴

起初,科勒的未来座舱计划仅包括实验工作,新项目在法国梅吕的佛吉亚研究中心进行,15 人的团队开始构思新型座舱的配置和功能。团队的主要任务是帮助汽车生产商客户设计并试用未来自动汽车座舱的新功能。

大卫·德格兰(David Degrange)是一名经验丰富的工程师兼业务开发主管,他被任命为未来座舱计划的执行领队,负责向座椅和内饰部门主管汇报工作进度。他的"实验

---

① 佛吉亚(2018)佛吉亚转型资本市场日报,5 月 15 日[网址链接]http://www.faurecia.com/sites/groupe/files/pages/20180515-investor-day-presentation-en_0.pdf [2018 年 10 月 12 日获取]

室"提出几个初步想法后,未来座舱团队就负责将其数字化方案进行商业化改造。

然而,佛吉亚的管理层清楚地认识到,数字汽车市场瞬息万变,要成为系统集成商还需补足专业短板。为此,公司积极加入专业化的生态系统,其中有些甚至在特定产品领域是佛吉亚的竞争对手,但它们都是各自领域内的创新佼佼者,与佛吉亚一样,对未来座舱抱有美好憧憬。

科勒解释道:"作为系统集成商,我们了解未来座舱的完整价值链,因此,我们可以发现进入成本过高、不适合独立投资的方面,并且还可与世界领先的企业合作,它们的市场地位显赫,是相关领域公认的专家。"

比如,佛吉亚出于战略需求,与德国汽车安全系统专家采埃孚(ZF)合作开发系统,保障汽车出行安全。出于相同原因,佛吉亚还与汽车空调系统领军生产商马勒集团(Mahle)达成合作。科勒补充:"目前汽车空调系统过于机械化,应将其设计成电子系统,减小体积,增加定制功能。"

通过收购扩大软件团队

但对于一些关键技能,尤其是嵌入软件和人工智能助手技术,佛吉亚认为需要新专家的协助才能搭建座舱平台。因此科勒决定进行收购,2017 年,佛吉亚以 1 亿欧元收购了法国汽车信息娱乐系统专业厂商派诺特(Parrot),并出资 1.93 亿欧元,与中国江西好帮手公司(Coagent)合资成立佛吉亚好帮手电子科技有限公司。

两大公司都有佛吉亚欠缺的软件技术,派诺特在巴黎有 300 名工程师,为其提供了强大的汽车软件技术,而好帮手在中国拥有 400 名软件专家和强大的制造能力,拥有汽车软件供应市场 8% 的市场份额。除了成熟的公司伙伴,佛吉亚还与学者教授、初创企业和其他技术平台协调合作,构建了独特的知识架构体系,命名为"佛吉亚技术部"(见图 12.2)。

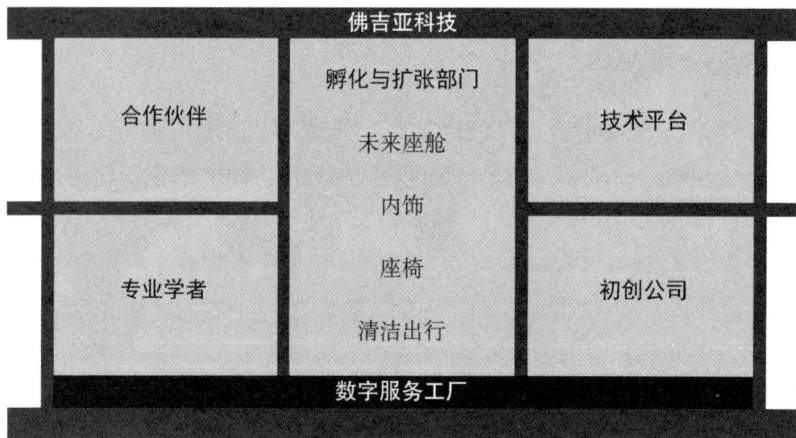

图 12.2　佛吉亚技术部加速创新和转型

资料来源:埃森哲根据佛吉亚投资者展示整理

佛吉亚的所有伙伴都有浓厚的创新文化,它们各自擅长的专业技术将在未来汽车市场发挥重要作用。安全保障将决定自动汽车技术是否被采用,恒温管理将影响电动汽车类型的扩充,人工智能技术和云计算都将成为车载智能功能(如语音助手)的关键驱动力。

技术整合

为统筹行业专家合作,构建智能汽车内饰复杂的信息型技术架构,科勒邀请埃森哲加入其伙伴生态系统。科勒解释:"他们的专长是数字化转型和物联网领域,同样,我们对这两大领域都不太熟悉,但我们想从创新中获益,与我们不同,埃森哲的合作领域广泛,比我们更了解市场情形,能加速我们整合最佳方案的能力。"

在埃森哲的支持下,佛吉亚举办了一系列构思会议,将用例转化为座舱智能化平台的实际产品线方案。大卫·德格兰和他的领导层团队优先为智能平台开发技术,他们提出几项功能,交由科勒决策。最终,总体计划不仅包括基础内容,还加入了感应、执行和云端技术。佛吉亚的规划蓝图独一无二,目前市场上无人能及。

为发现这些独具特色的产品功能,佛吉亚在 2016 年底进行了几次市场调研,团队还举行用户访谈,记录"麻烦事项",随后构建用例,并将其归入不同类别。他们计划针对不同类别打造不同技术方案。之后,团队还在美国、中国和德国进一步进行地区市场调研,主要用于发现潜在用户的不同需求和使用习惯。

未来座舱的可调适性极强

作为佛吉亚"新价值工具"战略的一部分,数字座舱的开发主要以用户需求和期望为导向。汽车性能可全面重设,以满足驾驶员需求,适应外部驾驶环境变化。座舱无缝集成了所有智能元素:电子、主动装饰、智能界面和驱动、直观的人机界面、多个可转换触摸屏、最先进的软件应用程序、自适应座椅(带有生物识别数据收集传感器)和信息娱乐元件。用户界面采用语音助手作为主要操控功能,座舱还提高了乘客安全性,提供便利出行,融入健康预测和大量外部连接功能。

在语音控制方面,座舱配有多种语音助手选项(包括流行的亚马逊 Alexa、谷歌助手、百度小度),能区分用户声音,方便不同乘客唤起首选语音助手,执行不同任务。语音助手可以调整座椅位置、开启座椅按摩、改变舱内温度、上传视频和歌单。最重要的是,无论在家还是办公室,用户都可以通过首选语音助手设定汽车功能。比如,他们可以在车内查询或更新待办事项和购物单,或是在家将车内温度调至合适状态。助手还可预约汽车修理,与公司的微软日程表兼容。

传统仪表盘被改装成巨大的数字屏幕,表面外观、功能和位置均可调适。座舱还配置人脸识别功能,使汽车根据驾驶员身份或情绪推荐音乐或特定风景线路。每位乘客的私密性也得到有效保障,尤其是分区音响技术的应用,为乘客提供了良好的隔音效果。由于设计了"声泡",驾驶员可收听导航(GPS)信息,乘客可听音频或打电话,互不干扰。

座椅部创新副总裁帕特里克·内布特(Patrick Nebout)称,佛吉亚还开发了"主动健康"座椅,采用生物识别传感器和预测分析技术,测量乘客压力值,判断其嗜睡情况和其他症状,采取反应措施。座椅利用智能配件收集更多生物和行为数据,包括心率、呼吸速率、身体运动(如坐立不安)和湿度。为提高座椅的智能与安全性能,佛吉亚与采埃孚合作开发了概念框架,使车内人员无缝衔接驾驶、放松和工作。安全带、皮带牵引器和安全气囊都置于座椅内部,这些安全功能可在不同的座椅位置以最佳方式运行。

除了可调适功能,座舱还具有预测功能。比如,它可预测驾驶员的喜好,调整座椅、后视镜或方向盘位置。更重要的是,座舱的智能性极高,可以预测每位驾驶员和乘客的安全级别,调整操纵装置、显示器和自动驾驶模式,这对共享汽车的意义重大,如果驾驶员的个人资料和驾驶记录都得以保存,那么无论在哪里租车,汽车都能提前进行个性化设置。

灵活性和个性化助力从 B2B 转向 B2C

预计到 2025 年,佛吉亚智能座舱相关技术的潜在市场价值将达到 350 亿欧元。假设 2017 到 2022 年已挖掘大部分潜力,并假设佛吉亚将增加 15% 的市场份额,单此分析预测技术就能在未来五年内,每年为佛吉亚增加 3% 的市值。

佛吉亚首席执行官认为,由于汽车市场对灵活性和个性化的需求上升,当前业务模式将在未来发生改变:

> "必须提供设备解决方案,保持个性化定制,满足新消费需求。消费者购买某款配有几项用例的汽车,两年后孩子出生,又要增设新的用例,汽车将与之前大不相同。目前这种灵活性尚未实现,但它终将到来,并改变我们目前 B2B 的业务模式。当前,我们正利用智能座舱,向 B2B2C 的模式转变,最终会在 B2C 市场占有一席之地。"

昕诺飞案例分析：LED 智能照明

七年前,皇家飞利浦公司几位远见卓识的中层领导,成功开创了智能照明时代。

飞利浦照明于 2018 年更名为昕诺飞,结合开发创新产品的坚定信念、全公司上下的技术专长和任务明确的营销计划,"秀(Hue)智能照明系统"孕育而生,成为新型操作模型的先锋典范。

皇家飞利浦是欧洲历史最悠久、最值得信赖的科技领导品牌,其照明部于 2016 年成立独立公司,以吸引更多投资。两年后,飞利浦照明更名为昕诺飞,是目前世界最大的照明产品、系统和服务供应商,规模是第二大供应商的两倍。

发光二极管,即俗称的 LED 灯,已有数十年的历史,但直到十年前才在大众照明市场普及。不同于竞争对手,昕诺飞并没有被这项新技术所颠覆,昕诺飞的工程师还一度促进了 LED 灯新市场的繁荣。比如,昕诺飞团队发明了二元光学技术,可将 LED 灯直接用于道路照明系统,其他的 LED 创新技术,如飞利浦工程师还首先引入了娱乐照明,在影院和建筑照明系统中,应用多个红绿蓝三种颜色的 LED 灯,打造精确协调的色彩效果。

如此创举将公司率先置于智能互联 LED 照明系统市场的领先位置,但要真正打造适合大众市场的智能照明 LED 产品,还需要很长的时间。首先须完善全行业的基础技术,如紫蜂无线协议(Zigbee),飞利浦在其中起着关键作用。此外,智能手机应用产品商店也应配置相关设施。

飞利浦公司通过 LED 创新,成为行业颠覆的主力军,将传统照明升级为 LED 照明。飞利浦 LED 照明的市场份额由 2012 年的 14%跃升为 2018 年的 70%,一举成为 LED 照明市场的最大供应商。

昕诺飞开创智能照明

昕诺飞营销与战略联盟主管比尔·比恩(Bill Bien)称:"五年前,传统照明占产品类型的 80%,而现在 70%都是 LED 照明产品。新创的'系统与服务'业务涵盖其消费者和专业客户市场的智能照明,不到 5 年,此业务量由 0 增长为 9 亿欧元,占昕诺飞 2017 年利润的 10%以上[①]。"

但首先,智能 LED 照明新时代需要一款启动产品,利用标志性特征占领市场,加速公司智能照明的转型步伐。照明消费品主要以飞利浦秀照明系统呈现,用户可通过智能手机程序、动态传感器、联网开关等,调整秀照明系统内的彩色 LED 灯泡。秀照明系统将 LED 家居照明打造为新颖、独特、定制化的基础家电。秀智能照明可通

---

① 昕诺飞(2018)投资者见面会[网址链接]https://www.signify.com/static/events/signify-latest-investor-presentation.pdf[2018 年 10 月 12 日获取]

过 iOS 或安卓设备调整明暗、设置定时、进行操控，还可调节灯泡亮度和颜色，为不同房间设置多样场景，如日落等。灯泡被设计为开放平台的数字化产品，目前已有超过700 种第三方应用程序可供用户使用，其中包括 Hue Disco 和 Hue Manic，用于控制灯光和音乐。2017 年，仅秀照明系统就实现了近 3 亿欧元的销量，占昕诺飞智能照明销量的三分之一。

飞利浦灯具业务时任全球营销总监杰罗恩·德·瓦尔(Jeroen de Waal)解释："2010 年，我在飞利浦另一部门研究手机应用程序，渐渐萌生这一想法，我们认为，在家通过智能手机控制照明十分便捷。管理层就我的想法进行了商议，我还与 LED 部门的工作人员交流。"

现在回想起来，秀照明系统的成功确实离不开中层领导将灵感扩散至公司上下。德·瓦尔说："数字和移动程序并不是我们的研发重点，有人会问'为什么要这么做'。"

但充满创新精神的新建团队反复尝试其坚定想法。德·瓦尔回忆："他们认为'LED 灯可通过智能手机操控，简单易行，也更易进入市场'，值得注意的是，智能手机市场的起步阶段也是如此。苹果的 iPhone 仅比秀照明系统的构想早了三年，但发布后却引发全球新市场爆炸式的增长。"

昕诺飞的目标并非创造高级产品，打造利基市场，而是推广日常智能互联产品。秀照明系统技术主管乔治·扬尼(George Yianni)解释道："传统的灯泡每年需更换一次，现在有了 LED 灯，照明产品的使用寿命瞬间延长。因此，我们反思'如何创新才能充分利用 LED 灯的强大效果，为客户和昕诺飞自身创造附加价值'？"

营销人员和工程师是同等重要的创新力量

首先是长达一天的分享会，来自不同业务部门的 50 人受邀参加。德·瓦尔说："我们跟所有领域的人分享了我们的想法，询问他们需要了解哪些内容。"实际上，需要掌握的内容很多。飞利浦工程师已对技术构件进行了研究，有助于我们开发智能家居联网照明系统。他们还掌握无线协议、软件工程和应用程序编程接口，还有智能LED 开关构建的探索性倡议。因此，工程层面可谓万事俱备，只差一项重要元素：为定制化的智能照明系统打造清晰的消费者主张。"我们需为市场提供怎样的产品？要如何进入市场？这些都是亟待解决的问题。因此，我们需要专业的营销人员一起合作。"德·瓦尔说。

在飞利浦身经百战的营销团队中，他们发现了这样一位充分了解消费者市场的营销人员。与扬尼一道，项目工程师和营销团队合作打造了适合消费者市场的秀照明系统。营销团队严格从消费者角度审视秀照明系统，并最终确定了新产品的几大功能：可通过智能手机操控、与色彩和第三方应用程序兼容、开通网上销售渠道及独立的社交平台,供用户交流和寻找灵感。扬尼解释:"秀照明系统需采用色彩技术,为产品注入情绪状态,突出照明系统的新颖性和革命性。"

回顾开发过程,团队认为这是工程师和营销人员共同努力的成果。比如,营销团队决定秀照明系统支持的功能,负责让产品提供无缝衔接的消费者体验,同时让顾客理解产品,了解产品带来的情绪影响。只有这样才能从消费者层面实现突破。秀照明系统的开发人员回忆,大胆简练的营销口号也至关重要,他们提出了"照明史已改变"("Lighting bas changed")的宣传口号,产品随后由苹果零售店销售。德·瓦尔说:"营销奠定了取得初步胜利的基础,而技术架构则是维系成功的纽带。"

过去,家居照明的顾客互动性较低,消费者只有在灯泡损坏,抑或重新装修房间更新设施时,才会购买新灯泡。秀照明系统团队由此决定,利用情感丰富的新颖标题推广照明系统。扬尼称:"照明系统的健康效果,美化家居环境的功能,甚至安全保障性能,都可作为宣传要点。"在此之前,尚未出现经济实惠的解决方案可供普通用户简便安装。飞利浦利用价廉物美的技术堆栈,为普通用户打造照明系统,而过去往往只有富裕人士才能购买此类产品。扬尼称:"赋予秀照明系统情感表露功能,调节家居氛围,可以极大提高照明市场的顾客互动感。"

恪尽职守的小团队

成立之初,德·瓦尔和扬尼领导的团队仅有 4 名成员,而到产品发布时,团队已增至 30 人。团队项目在指定地点展开,以便吸引全公司的创新想法。其目的在于汇聚并重组全公司的专业力量,提高敏捷创新性,推动项目成功。研发部主管获批加入团队,项目还得到了公司的全力支持以及充足的资源保障。

德·瓦尔坦言,2012 年时,从任何角度看,其颠覆计划都是有风险的,完全没有成功的把握。决定投资研发项目时,有些领导或许有能带来确切收益的更佳选择,但飞利浦愿意尝试新技术。最后,秀照明系统在昕诺飞诞生,专业的 LED 创新项目足以证明昕诺飞兼具创新精神和专业技术。

扎实能力与创新主张相结合

秀照明系统团队开始研发时,非智能的 LED 照明已成为昕诺飞的主要业务,业务本质是将传统灯泡转为 LED 灯,提高效率和光线质量,为终端消费者创造更多价值。德·瓦尔说:"我们的 LED 灯技术已十分成熟,飞利浦工程师对相关产品的制造、研究和开发了如指掌。此外,公司内部也不乏我们这样想法奇特、主张新颖的员工,但我们缺乏产品规模化、制造、质量管理等相关经验,我们需要将这两者紧密结合。"

秀照明系统模型奠定智能照明基石

他们成功做到了这一点。昕诺飞计划在其他产品组合，尤其是商业产品领域，系统推进智能照明。秀照明系统的成功是此计划的一部分。在秀照明系统发布的同时，昕诺飞已研发并推出专业智能照明系统，如用于建筑动态照明的 Color Kinetics，还有用于智慧路灯系统的 CityTouch。

长久以来，飞利浦照明（现昕诺飞）逐步拓宽相关系统。目前结合数字 LED 灯和物联网技术，昕诺飞已为多样的智能照明建筑配设不同系统。比如，昕诺飞为大型零售商打造了基于照明的室内定位系统，助其精确定位零售产品。它还为一定使用率的办公楼、大型制造工厂提供其他照明系统服务。此外，昕诺飞还发布了 Interact 平台，为客户提供数据服务。

昕诺飞全力推进创新，已制定每六个月发布创新智能 LED 产品的战略，不仅限于家居用户，还为工业、零售、酒店、公共基础设施客户打造相关产品。公司秉持初创企业的理念，定期培养 LED 产品的创新想法。秀照明系统只是早期项目，此外还有众多其他项目。比如，园艺照明团队打造的系统可优化 LED 光线质量和温度，提高植物的生长率。另有"Interact 城市"项目，提供智能路灯照明，已为超过 1000 座城市打造解决方案。

秀照明系统起初只是几位富有远见的人灵光乍现的想法，而昕诺飞则充分利用资源，将其发展为开创性的构想，这一模式值得广大产品公司参考借鉴。

西蒙斯案例分析：从异想天开到数字产业

美国工业公司西蒙斯已有 80 多年历史，专注传统管道生产，极富创新活力，已开发了西蒙斯水管理系统，开创了新型互联管道产品。本案例分析的智能硬件解决方案将运用传感器、数据收集与分析组成的网络，解决酒店热水体验较差的痛点，为全球旅客提供更舒适的入住体验。

产品再造准备

可以说，淋浴曾经是一项痛苦的体验。

1938 年，保罗·C. 西蒙斯（Paul C. Symmon）就职于波士顿的小型管道工厂，计划设计一款高效的压力平衡阀，提供安全舒适的淋浴体验。西蒙斯猜测，淋浴喷头剧烈而危险的温度变化，可能是由于管道系统别处的用水需求，如水龙头、坐便器、洗碗机等，引起水压变化，时常导致烫伤。

发现了改善淋浴产品体验的市场需求,西蒙斯于 1939 年自行成立公司,设计了一款阀门,不仅解决了水温变化的问题,有效避免烫伤,还改变了整个管道行业的发展走势。得益于其独特的温度控制阀门(Temptrol),有利的管道规范变化,西蒙斯工业在接下来的 25 年内突飞猛进,期间产品几乎没有发生任何变化。保罗的贤婿比尔·奥基夫(Bill O'Keeffe)领导公司发展,并于 2008 年扩大西蒙斯产品线,新增高级厨房和卫浴产品,重塑了品牌形象。产品系列扩充和销售模式更新使西蒙斯在管道行业重振雄风。

2010 年,蒂姆·奥基夫(Tim O'Keefe)从一家快速成长的初创软件公司离职,成为该家族企业的第三代掌门人。蒂姆远见卓识,深谋远虑,为企业注入了活力基因,他计划将公司大部分核心业务进行数字化改造。同时将西蒙斯的重点产品推广至酒店行业,获得了北美市场瞩目的市场份额。他还成立公司第一家设计工作室,增添了功能众多和审美兼备的淋浴设施选项。

尽管为公司带来了鲜明变化,蒂姆的创新热情仍持续高涨。蒂姆意识到,部分客户需求必须通过新型技术解决,西蒙斯由此进入智能建筑空间的新篇章。蒂姆认为,不同于电路或供暖、通风与空调系统(HVAC),水管是建筑中少数不可见的系统之一。他相信有了数据,很多问题就能迎刃而解,并能从中发现新商机。但问题是,如何迈出第一步?

成功再造之路

2017 年,西蒙斯联合 Altitude 公司(现已被埃森哲收购),探索多种多样的创新之路。合作之初,两家公司没有提前规划方案,合作也并非基于对顾客(包括酒店住客)需求的猜测,而始于探索西蒙斯已有和潜在顾客的深层洞见。项目涉及超 100 位酒店经理、管道工程师和业主,历时长达几个月,答案最终慢慢浮出水面。

西蒙斯发现,酒店并不注重提升浴室和淋浴装置的识别度,而这正是西蒙斯产品开发的重点。酒店表示,他们更愿意投资公共区域,供人们消遣,使更多人看到投资成效,而卫浴则相对私密,通常不会在社交网络分享。简单地说,酒店经理只要求卫浴设备能正常使用,并无更高要求。就团队的现场观察来看,能正常使用的淋浴头通常也并不标准。基于以上定性分析,公司进一步深入研究,了解酒店管道问题的发生频率和负面影响。在阅读了 80 万条社交平台评论后,西蒙斯最终确定,除第一大无线网络连接问题外,热水问题紧随其后,是酒店住客的第二大痛点。结果显示,热水不够稳定,问题源头也无法确定,而酒店住客纷纷表示热水问题不容妥协。

从客户反馈情况看,这一问题不可小视。基于对实际浴室的考察,西蒙斯水管理灯塔计划孕育而生。西蒙斯清楚地识别出必须改变的痛点,这些痛点往往会影响酒店的声誉和业务。他们计划通过人种学研究,深入调查尚未满足和表达的客户需求。

西蒙斯还通过这项调查发现了巨大的创新空间，可以解决这一核心痛点，大幅提升公司收益。问题是，如何开始？

尽管灯塔计划确定了长期目标，但仍需通过切实可行的具体步骤实现。出现问题最多、可行方案最少的地方是他们的第一站。想法油然而生：西蒙斯可代酒店经理检测热水系统。只需连接建筑管道系统元件，西蒙斯就可检测三项关键指标：温度、水流和泄露位置。有了这份数据，西蒙斯就能生产最小可行产品概念模型，提前发现问题，采取修补行动，最终改善用水体验。

从第一款最小可行产品概念模型出发，西蒙斯与伙伴继续以用户为导向合作创新，通过一系列敏捷冲刺开发概念验证方案。西蒙斯的第一代水管理系统包括：现成的传感器硬件和网络网关、云端物联网应用程序以及数据分析平台。该平台可将管道系统性能数据传送至酒店经理和管道工程师。此外，现实体验反馈也必不可少，西蒙斯将这套概念验证方案委托给波士顿的四大酒店，不仅为其技术方案提供洞察，还可测试其价值定位的多种元素。

新业务商业化

"Nest 在智能温控方面所取得的成就，我们在管道领域也将实现。我们相信产品应为客户带来更多价值，而不是让客户为产品劳神费力。"

——西蒙斯工业首席执行官，蒂姆·奥基夫

拥有概念验证获得的数据和普遍认可的消费者价值主张，西蒙斯正准备迎接2019 年第一次产品发布会，但故事未完待续。西蒙斯的新产品计划在 2019 年上市，并将利用此平台继续学习，改进产品。西蒙斯水管理系统将打开互联管道的新市场，不同于创新产品进入现有或成熟市场，西蒙斯必须通过独一无二的方式将业务商业化。需提高重要客户对此问题或机遇的认识，帮助其了解价值定位，展开密切合作，评估房产价值。建立牢固基础后，就可在行业内全面推广产品，建立酒店的新热水体验指标，这样一来，住客便会要求酒店安装西蒙斯水管理系统。

除匹配产品与市场外，开发新业务还需处理很多难题：如何扩大规模？如何保持核心业务与新业务并驾齐驱？如何为拥有 80 多年历史的工业产品制造商注入创新文化和数字能力？西蒙斯深谙打开新市场、打造新业务所需的决心和精力。公司为此水管理系统任命了尽职的领导团队，联系合作伙伴构建生态系统，打造新数字产品与产品发布战略，培养独特的内部技能，包括软件开发、硬件工程和产品支持等。他们认真平衡已有和新增产品，由核心团队全面负责水管理系统从计划到执行的全过程,不受新产品的开发计划影响。

西蒙斯从中收获的经验是,必须每天朝着目标前进,只有确定顾客需求,创新才能成功。顾客需求可能不够明显,或者并不为人所知,但只有挖掘这一需求,解决方案的探索之路才会清晰明了、趣味横生。在西蒙斯水管理系统开发的每一步,密切融入消费者体验是蒂姆和西蒙斯团队的核心要求。

海尔集团案例分析:平台传递味觉盛宴

家用电器集团海尔电器应用新型管理模式激发数字创业、创新和商业平台构建,这些都是对公司座右铭"用户永远正确"的考验。海尔充分展示了传统运营模式如何焕然一新,从设计、生产到营销都以平台产品定位,全面更新产品类型。尽管可能撼动非敏捷的管理等级结构,但海尔由此为全新或深度改造的传统产品嵌入了独特的数字技术堆栈。由海尔冷却产品系列衍生而来的两款智能互联产品,便足以证明此全新模式卓有成效。实际上,海尔公司由此跃升为家电市场的世界领导品牌。中国的数字技术已高度发达,扎根成熟的国内消费市场,人工智能技术和其他智能技术对中国产品的改造力量远超世界各国,本书联合作者埃里克·谢弗尔有幸受邀参观海尔中国总部,并见到了公司孜孜不倦的数字改革者、首席执行官张瑞敏。

中国海尔集团的定位是"世界发展最快的家电产品公司"①。近期完成几项收购后,海尔发展为全球家电市场最大的领导品牌,目前占有 10.5% 的市场份额②。

海尔公司规模庞大,首席执行官张瑞敏执掌海尔三十多年。张瑞敏远见卓识,改革公司僵化的等级结构,为适应数字时代采取敏捷模式。张瑞敏信奉的关键理念是,为适应行业变革,在数字消费品领域大获全胜,家电产品生产商不仅要以平台业务模式运营,更应提供产品平台,而不是单纯作为传统硬件产品制造商和品牌管理者。

海尔分解其中国总部职能,将业务推广到全球市场,海尔目前有 66 家贸易公司、10 大研发中心、108 个制造点和 24 座工业园区,遍及所有主要大洲。海尔集团有 7 万

---

① 张瑞敏(2018)海尔为何转型物联网,*Strategy ＋ Business*,2 月 26 日[网址链接]https://www.strategybusiness. com/article/Why-Haier-Is-Reorganizing-Itself-around-the-Internet-of-Things? gko=895fe [2018 年 10 月 12 日获取]

② 海尔(2018)海尔在 2018 年中国家电及消费电子博览会前,为迎接物联网时代进行品牌重塑,成为全球领先智能家居解决方案平台,*PR Newswire*,3 月 7 日[网址链接]https://www. prnewswire. com/news-releases/haier-rebrands-as-global-leading-smart-home-solutionplatform-for-iot-era-to-showcase-new-smart-home-solutions-ahead-of-2018-awe-300609618. html [2018 年 10 月 12 日获取]

名员工,2017 年全球营收达 2 419 亿人民币(约为 360 亿美元),比上年提升 20%①。

海尔总部位于山东青岛,从事多种家电产品的设计、开发、制造和销售工作,包括冰箱、洗衣机、微波炉、电视、空调、移动电话和电脑。每个品牌和产品线都有独特的市场定位,并为用户提供不同程度的智能家居体验。海尔旗下品牌包括海尔、卡萨帝(Casarte)、统帅(Leader)、通用家电、AQUA 和斐雪派克(Fisher & Paykel)等。

瓶装创新机遇

海尔最重要的数字优化产品之一是可接入物联网的葡萄酒冷却柜,容量可达 72 瓶。该产品可用于家庭、饭店或葡萄酒零售店,同时作为一款智能产品,可利用该平台联系合作伙伴,打造生态系统。

智能 Link Cook 冰箱是另一款由冷却产品系列衍生而来的智能产品,未来该产品也将成为家电产品平台。

两款产品的设计都基于对中国消费动向的深入研究。以葡萄酒冷却柜为例,市场调查发现,由于中国葡萄酒市场的特殊性质,目前急需一款中心冷却柜,不仅能以适合的温度和光线环境保存葡萄酒,还能与葡萄酒生产商和消费者共享数据和信息,促进商业互动。

中国葡萄酒： 向大众市场转型

虽然中国早在 1000 多年前就已有葡萄种植,但目前仍未真正形成西欧意义上的葡萄酒市场,缺乏完善的大众市场、官方葡萄酒管理文化和消费者购买力。中国目前每年人均葡萄酒销量为 0.4 升,相比于法国的 50 升,可谓相距甚远②。但随着中国经济的飞速发展,中产阶级迅速崛起,未来中国葡萄酒销量有望实现突破。预计到 2021 年,总体葡萄酒需求量将达 230 亿美元③,由于人口庞大,中国已成为世界最大的葡萄酒市场④。

① 海尔(2018)海尔在 2018 年中国家电及消费电子博览会前,为迎接物联网时代进行品牌重塑,成为全球领先智能家居解决方案平台, *PR Newswire*,3 月 7 日［网址链接］https://www. prnewswire. com/news-releases/haier-rebrands-as-global-leading-smart-home-solutionplatform-for-iot-era-to-showcase-new-smart-home-solutions-ahead-of-2018-awe-300609618. html［2018 年 10 月 12 日获取］

② 克里斯托弗 • 伦科(Christopher W. Runckel)(2012)中国葡萄酒产业, *Business in Asia*［网址链接］http://www. business-in-asia. com/china/china_wine. html［2018 年 10 月 12 日获取］

③ 陈美玲(2018)2021 年,中国将取代英国成为第二大葡萄酒市场,*中国日报*,3 月 26 日［网址链接］http://www. chinadaily. com. cn/a/201803/26/WS5ab8347aa3105cdcf651422f. html［2018 年 10 月 12 日获取］

④ 金 • 威尔舍(Kim Willsher)(2014)中国成为最大葡萄酒消费市场,2013 年销售量为 18.6 亿瓶,*卫报*,1 月 29 日［网址链接］https://www. theguardian. com/world/2014/jan/29/china-appetite-red-wine-market-boom［2018 年 10 月 12 日获取］

海尔集团中国区冷却产品主管吴勇称："尽管如此，真正成熟的葡萄酒文化才在中国萌发，消费者对于目前众多葡萄酒类型仍缺乏充足经验。现在几乎有数千种不同语种、标签和品牌的葡萄酒，价格差异显著。"他补充，中国销售的葡萄酒大多从国外进口，市场须明确区分不同葡萄酒种类、原产地和口感差异。他认为，有关葡萄酒制作和销售的背景知识普及仍存在很大欠缺："我们想为葡萄酒生产商、零售商和消费者提供实用产品，我们希望建立接纳饮用葡萄酒作为生活方式的社区。"

海尔的葡萄酒冷却柜功能先进，从同类产品中脱颖而出。作为第一批同类产品，海尔冷却柜采用无压缩机的冷却技术，将损坏葡萄酒的震动降低为零。冷却柜为各种葡萄酒类型提供不同温度隔间，使红葡萄酒和白葡萄酒分别在 5 到 20 摄氏度的温度区间储藏。冷却柜的玻璃门能过滤紫外线，保护葡萄酒免受光线破坏。

尽管所有这些功能都体现了产品的先进特征，但仍不足以构成一款智能产品，只有运用成熟的物联网技术，葡萄酒柜才能成为智能产品。物联网技术赋予产品分析数据、接入云端等功能，同时产品可运用人工智能技术与用户实现真正互动。其原理与苹果手机类似，iPhone 的外壳设计新颖，首先从外观上占据竞争优势，而其平台性能成熟完善，更是锦上添花。

打造葡萄酒消费的紧密社区

智能冷却柜的主用户界面有 21.5 英寸的触摸屏、带有语音识别功能的扬声器和摄像头。葡萄酒爱好者或配送人员可扫描并记录入柜葡萄酒，饭店和家庭也可追踪库存。柜内的每瓶葡萄酒均带有独特的射频识别芯片，载有口感体验、生产酒庄、从生产商到消费者的供应路线等信息①。吴勇称，信息储存于云端数据库，随时有至少 60 万个数据点供消费者调用。因此，葡萄酒爱好者也同样可以扫描瓶上标签，获取并分析背景信息，抑或通过扫描，让冷却柜推荐适合特定菜式的葡萄酒。屏幕位于玻璃门上端，可播放葡萄酒制作视频，推荐最佳饮用体验，向用户普及葡萄酒知识。

利用平台免费赠品挤出中间商

用户还可通过界面，向喜爱且信赖的葡萄酒供应商自动续订葡萄酒，无需批发商、进口商等中间商操作。反之，葡萄酒商和酿酒商可通过显示屏展示最新产品，根据设备共享的销售数据进行针对性营销。因此，法国波尔多地区某城堡的葡萄酒生

---

① RFID 技术是一项普遍采用的射频识别技术。该芯片使用规范，并利用电磁场自动识别和跟踪附加到对象的标记。只要有数据输入，识别就不会存在问题。目前，酒类与饮料进入中国海关前需由经销商在瓶上贴上芯片。在未来的合作中，海外酒庄可在葡萄酒出口前直接为其贴上芯片。

产商,可以直接获取上海葡萄酒爱好者的喜好,而同样的,中国品酒人也可向千里之外的酿酒商咨询意见,获得直接反馈。

海尔成功的关键在于将设备定位为平台产品,赋予冷却柜充足的自由空间,与传统家电产品生产商的业务模式截然不同。海尔与众多生态系统伙伴签订合同并从中获利,其中不乏葡萄酒制造商、进口商、饭店和酿酒师。海尔与他们达成一致:产品创造的总营业额按客户和饭店购买或续订的葡萄酒数计算,海尔将按一定比例收取扣点。

中国每年销售18.6亿瓶红葡萄酒[①],而葡萄酒作为大众消费品才刚刚兴起,此业务模式切实可行。但吴勇承认,目前该模式仍未产生收益,不过预计很快就能见效。吴勇表示,每个葡萄酒柜都需要一到两年时间回本。

智能葡萄酒柜的特殊平台模式,要求海尔必须与当地葡萄酒买卖双方建立并保持联系。海尔集团因此面临两大挑战:复杂散乱的葡萄酒供应以及销售和关系管理,如与欧洲和澳大利亚的葡萄酒生产商维护关系等。吴勇表示,这也是海尔集团去中心化的原因之一,希望以此提高产品管理质量,获得更高收益。吴勇称:"要做到这一点并非易事,但我们认为这将极大改善用户体验。由于平台将中间商排除在外,消费者可通过平台以更低价格购买葡萄酒,同时还能通过平台创造的直接关系网络,更快购买到他们所喜爱的品牌。

使冰箱成为家庭社交中心

与智能葡萄酒柜类似,海尔第二大智能旗舰产品,Link Cook 冰箱也是基于细致的消费者调查设计的。与葡萄酒冷却柜一样,此冰箱的主要用户界面也是大型触摸屏。海尔通过 U+智能家居平台协调厨房电器产品,此冰箱就是其中之一。

智能冰箱通过此平台连接海尔微波炉和油烟机,形成无缝衔接的烹饪线。智能冰箱配有传感器和摄像头,可通过智能算法识别现有食材及其保质期。用户若有需要,这款冰箱不仅可以提供需要更换的最新食材列表,还会基于现有食材的新鲜程度和保质期为用户制定食谱。吴勇解释:"然后,冰箱会根据选择的菜式,自动设定微波炉的温度和时间,将一切准备就绪。"食谱将在油烟机的独立屏幕上显示,主厨可参考屏幕信息,根据提示步骤准备食材。

用户还可通过触摸屏查看天气、处理邮件,甚至观看电视。海尔的冰箱概念模型

---

① 金·威尔舍(2014)中国成为最大葡萄酒市场,2013 年销售量为 18.6 亿瓶,卫报,1 月 29 日[网址链接] https://www.theguardian.com/world/2014/jan/29/china-appetite-red-wine-market-boom [2018 年 10 月 12 日获取]

旨在迎合并激发中国年轻一代的新型烹饪体验。尽管年轻一代精通数字产品,偏好自动化体验,但在食谱材料、烹饪方式、食材处理和准备流程上,却常常一窍不通。吴勇说:"目标用户因此更倾向外部辅助,如烹饪课堂、食材处理技巧、营养健康学及三餐准备教程等。"此外,至少在亚洲地区,厨房逐渐成为家庭生活的中心,这为生产商提供了商机,将做饭流程融入社交活动、休闲娱乐、信息交流、数字化沟通等过程中。

社区平台蓄势以待

不同于葡萄酒柜,海尔的智能冰箱仍处于起步阶段,尚未完全成为平台产品。葡萄酒柜可作为非硬件产品出售,而智能冰箱仍以传统家电产品的方式销售。但设计之初,开发人员就将其定位为潜在平台产品,配有智能和连接功能,便于在产品开发后期用来连接生态系统伙伴。

吴勇表示:"我们努力将所有家用电器改造为'智能手机解决方案',即从孤立功能转变为家居联网体验。"这意味着,正如海尔葡萄酒柜已在葡萄酒爱好者、零售商、生产商之间建立交流社区,智能冰箱也终有一日将在食品生产商与消费者之间建立实时灵活联系,将中间商排除在外。对海尔而言,这意味着建立合作伙伴网络,联系食品生产商、消费产品制造商、物流伙伴等,共同打造营收分享机制。

这是向智能互联产品转型的重要推动力,与海尔只销售智能产品的最终目的相契合。但这同时也表明,不能为了构建平台和提供服务,而将极为传统的产品改造得面目全非,新旧产品转型可能涉及技术层面的巨大改变,但须以扎实的硬件工程技术为基础,方能在数字化领域大获全胜。

埃森哲研究了海尔旗下通用家电品牌的产品,包括洗碗机、微波炉、冰箱、烘干机、洗衣机等,以及同类互联家电产品。研究表明,海尔的互联产品不仅有多样化的价值驱动因素,如超定制化体验、第三方生态系统体验等,还是所有产品中价值创造最高的品牌。尽管互联产品的数量较少,但通用家电比同类产品提供的数字服务类型更广。可想而知,海尔能一跃成为家电市场的世界领导品牌,与这一因素密不可分。

新创敏捷性提高面市速度

智能葡萄酒柜和智能冰箱进入市场都只用了一年多时间,上市速度极快。从构思到销售的惊人速度,只有通过高度敏捷的组织结构才能实现。不仅产品,敏捷组织结构还将整个公司打造为平台。

2005 年左右,早在两款产品概念化以前,海尔集团远见卓识的首席执行官张瑞敏就已开始准备改革公司的内部结构和流程,适应数字时代所需的敏捷开发和产品管理。

吴勇回忆称："内部机构改革以整个海尔集团定位的根本变化为起点，将所有家电产品嵌入物联网内。"为此，该大型集团被分解成数百个微型企业，作为家电产品巨大运输平台的基本单位，集团内部几乎完全废弃了等级制度。其中每一个小单位都通过以下三个方式实现快速创新：直接沟通和规划、高度去中心化决策、海尔微型企业与终端用户团体直接的双向日常交流。

张瑞敏在最近的评论文章中，反思公司在数字市场的重新定位："成功的企业不是通过品牌优势参与竞争，而是通过平台。换句话说，通过其联合操作技术和创造精神，在独立的企业间建立联系，才能长盛不衰[①]。"秉承这一理念，海尔极大地改变了工作模式，尽可能提高灵活度，实现自由创造，使消费者参与海尔产品生命周期管理。

改革团队将新模式命名为"人单合一"，"人"即指员工，"单"意味着用户价值，"合一"则指团结和系统意识。张瑞敏解释称："人单合一表示员工可在创造用户价值的同时实现个人价值。新模式旨在培养合作精神，建立员工与顾客的双赢模式。"

三大关键变革带来成功

张瑞敏称，业务新模式有三大根本变化。第一步，海尔通过引入自我管理的微型组织，由封闭系统转变为开放系统。正如张瑞敏所说："组织间可自由平等交流，与外部参与者互相激发创造力。"[②]第二步，员工从由上而下、等级分明的执行者，转变为自发的贡献者，很多时候可自主选择团队成员，抑或民主选举领导。第三步尤为关键，就开发和管理团队的角度而言，海尔家电的购买者身份发生显著变化，从传统顾客转变为终身用户，他们购买的产品与服务均用于解决用户问题，提高用户体验。

为开发智能葡萄酒冷却柜和智能冰箱，海尔创造了拥有独立首席执行官的微型企业，负责生产相关产品。高管层召集所有必备人才，甚至建立外部机构，支持产品的市场地位。葡萄酒柜的微型企业目前有 60 到 70 名员工，吴勇称："汇聚了各路英才，其中当然包括工程师，但也有团队负责为顾客安装冷却柜，还有应用程序开发人员以及操作员。"

---

① 张瑞敏（2018）海尔为何转型物联网，*Strategy ＋ Business*，2 月 26 日［网址链接］https://www.strategybusiness. com/article/Why-Haier-Is-Reorganizing-Itself-around-the-Internet-of-Things？ gko ＝ 895fe［2018 年 10 月 12 日获取］

② 同上

海尔首席执行官这样总结其新型蜂巢模型：

"实际上，实施人单合一模式意味着颠覆企业，改革组织结构，将其转化为一批初创企业。海尔平台现有 2000 家微型企业，遍及世界各地。每家微型企业的领导团队都有权进行决策、雇用员工、控制销售。掌握这些权力，这些公司领导相当于首席执行官，而非普通的部门主管。他们还可管理资本，启用外部风投机构，也可进行后续投资。实际上，他们在各自企业内互为伙伴，只有通过这种方式，才能牢牢把握新机遇。只有微型企业繁荣，海尔集团这样的大型公司才能保持开拓精神，充满激情与活力。"

第四部分

未来产品面貌

第十三章

畅想 2030： 再造产品如何掌控我们的生活
——五个精选创新小剧场

本书至此主要讨论了产品再造所需经历的巨大变革和转型之路：如何转型平台，如何嵌入软件、提供服务，根本职能如何变化，产品供应商如何提供高价值的用户体验成果等。

所有这些变化发展的未来结果尚无定论，但我们坚定地盼望，它们能在未来数年继续沿既有轨道发展。由于软件和数字技术日新月异，本书结尾部分将畅想 2030 年智能互联产品会如何融入商业和社会之中，希望以此视角延长本书的适用期限。届时，量子计算是否会成为家用技术？人工智能会有哪些功能？工业企业是否会运用 4D 打印技术？区块链技术是否会频繁应用于未来产品与解决方案？

为补充前面章节严谨的分析视角、实用的商业建议，本章将以轻松幽默的口吻，以多姿多彩的描绘方式，预测未来智能互联产品可能的发展变化。为获得长期视角，我们动用了几大资源。首先，我们邀请埃森哲全球员工参与创新故事征集活动，两天内收获 2000 条反馈。其次，我们邀请埃森哲技术实验室和研究员探究几项特定的未来用例。最后，我们利用伙伴生态系统，进行了一系列采访，了解市场变化。

最终，我们整理出五个日常情景剧场，预测 12 年后，由于智能互联产品的快速普及，B2B 和 B2C 领域将怎样运转，包括家庭、企业、交通、城市、农场、工厂等方面。

畅想 1：农业意味着高科技

杰克·门罗（Jack Monroe）是怀俄明州一名 35 岁的农民，门罗家五代种植甜菜、菜豆、小麦和玉米。2030 年 8 月底某周三，杰克和他的祖父一样，在早晨 7:30 起床。但与祖父不同，起床后，他首先打开家教频道，让 6 岁的双胞胎女儿吃过早饭，学习 C++ 编程，两个女儿都喜欢科技，并继承了父亲在技术上的天分。

杰克喜欢把农舍的数字科技操控间称为"指挥室"，杰克坐在里面的翻转座椅上，面对两块大屏幕。杰克移动两个 Xbox 样式的手柄，指挥工作站运行。杰克能通过摄像头查看三年前修建的无人机库，他每年都向当地供应商租赁飞行农业设备，存放于机库中。十架无人机中，有八架整齐地停放在停机坪上待命。

喝过咖啡，杰克开始分析昨晚夜间传回的数据。购自云端供应商的分析工具已对数据进行分析，并为其无人机分队设计了最优飞行路线。卫星定位系统协调飞行路线，自动输入待命的无人机中，无人机生产商提供的天气和土质数据也一并输入其中。

门罗家庭农场占地 2 300 英亩，按怀俄明州标准来看，属于中等规模。三架无人机在农田上空彻夜飞行，识别长势较差的作物区域，提示杰克增加肥料。人工智能快速分析红外线成像，识别需要针对性灌溉的区域，智能无人机摄像头标记的暗点指明虫害区域，须针对性地喷洒农药进行控制。

杰克在掌管的业务中运用先进的农业技术，他已获得远程飞行员证书，这是联邦航空管理局(FAA)规定的操控无人机的必备条件，他还参加当地高校为怀俄明州农民设置的周末课程，学习统计和数据分析。为世界人口提供充足食物，保障生命所需，这一需求推动高精度农业迈入新台阶，现在美国超过 80％的农场都普遍运用成熟的数字农业设备。

杰克走进无人机库，除了无人机外，他还在那存放了氮肥营养液和有机驱虫剂。只需轻轻一点，无人机分队就已做好充分的起飞准备，按下开关，机库门打开，无人机涌向田地执行工作。与此同时，杰克开始上网查看小麦的当日价格，还在当地"农业成果中心"预定了全自动收割机。两周后就可收割小麦，而设备在收割高峰期通常很难租赁。收割的每吨小麦，"农业成果"公司按一定价格收费，使杰克收支平衡，避免了购买设备所需的大笔开销。

杰克家里的壁炉台上，有几张放在相框内的泛黄老照片，是 2019 年杰克的祖父沃尔特在门罗农场爬上拖拉机时的场景。旁边还放着杰克闪闪发光的奖杯和奖牌，标志着杰克在 2029 年和 2030 年两年间，荣获怀俄明州十大生产力最高的农场主称号。

畅想 2：个人生活的数字化管家

日本京都，早晨。星野铃木(Akari Suzuki)是一名 26 岁的小学老师，她时髦的床头柜上放着日本时下最流行的家居助手 Haiku。

Haiku 音箱传出优美的闹铃声，这是星野小时候跟祖母学会的第一首歌的转录版本。Haiku 显示当前是 2030 年 3 月 3 日。在播放音乐前，Haiku 已经根据日式床垫和枕头中内置的传感器，分析了星野夜间的睡眠周期，并与之前数百个夜间睡眠数据进行对比，在今天周二早晨 6：49 准时将她叫醒，比平时早了 10 分钟，但却是起床的最佳时间，因为星野刚刚经历了一次快速眼动周期，现处于浅睡眠状态。

但 Haiku 不只有个性化的闹钟功能，它还是全能的个人管家。星野坐下吃早餐时，Haiku 为星野播报日程表。星野就日程表提出几个问题，Haiku 以人类的语气和对话口吻，使用完整句子无缝回答。现在星野的日程产生了冲突：一名学生的家长想要在午休时间 12：30 给星野打电话。星野对 Haiku 说"重新安排一小时内的行程"，Haiku 就负责剩下的工作，给学生家长打电话、协调日程、更新会议通知等。

星野边喝绿茶，拥有人工智能的 Haiku 边为她安排晚餐，星野准备在下班后去健身房并完成 760 卡路里的训练，Haiku 将此也考虑在内。星野喜欢 Haiku 提出的意见，但却否决了 Haiku 的安排，直接对 Haiku 说"不"，因为星野昨天决定下班后和同事一起吃寿司。星野让 Haiku 在学校附近的餐厅预订六人位。Haiku 立刻完成了星野的指令，并自动将附有餐厅信息的邀请函发送给所有聚餐同事。星野还接受了 Haiku 的意见，穿上毛衣，因为三月的京都仍有些春寒料峭。Haiku 还计算了星野每周二从起床到出门的常规时间，正好为一个小时，Haiku 安排自动驾驶汽车在 7：49 准时出现在公寓楼下接她上班。由于道路施工，自动汽车的行驶路线与往常有所不同，但星野仍在 8：30 前到达学校。

畅想 3：所有权适用范围

兹比格涅夫·莱万多夫斯基（Zbigniev Lewandowski）是波兰克拉科夫大学（Krakow University）公司法专业的学生。他匆匆忙忙跑上学校威严的楼梯，为了明年顺利获得专利法硕士学位，他目前面临很大压力。他不但认真听讲座，还参加了大量在线辅导教程，努力梳理有关数据共享生态系统联盟的复杂法律结构。2030 年，这一法律领域方兴未艾。兹比格涅夫十分清楚，由于智能产品已在大众市场普及，产品的个人所有权早已成为过去时，而他个人日常生活更是有力佐证。可以说，兹比格涅夫几乎没有任何产品的所有权。即使是最简单的日常活动，比如洗衣服、吃饭、买衣服，甚至住房，这位 23 岁的波兰小伙都订购了不同的生活周期实现方案，这些方案集中了 B2B 平台生态系统的数百种服务，为他提供各种所需产品，从婚鞋、遮阳板到三明治卷或课程教材，应有尽有。

汽车贷款或抵押贷款等业务早在 2025 年左右消失，之后五年来，公寓或汽车，如同其他所有产品，都可在具体需要使用时租赁。获取相关服务，只需点击已有全球成果仓库的在线平台，如"成果在线""超级智能向导"等，它们提供丰富的在线产品，后者还为兹比格涅夫最爱的皇家马德里足球俱乐部赞助队服。

材料科学突飞猛进，产品创新和生活方式不断优化。如此，全面的产品即时取用模式才得以实现。清洁能源和人工智能技术的进步也降低了交通成本。兹比格涅夫将此称为"一切经济"。相比父辈省钱买房或买车的生活方式，"一切经济"更符合当代青年的生活习惯。

在硕士论文中，即将成为律师的兹比格涅夫准备分析一桩极为复杂的诉讼案件，一方是移动服务供应商,其前身是一家汽车生产商,另一方是连锁零售店,利用市内移动平台作为销售渠道,用户数据的合法所有权归哪一方持有,是讨论焦点。兹比格涅夫开玩笑地说:"至少目前,我的工作还没有机器人可以完全取代。"数据所有权和知识产权是公司法中最烦琐的内容之一,也是欧盟规定不可由人工智能代替,而仍需由人类处理的少数法律问题之一。

畅想 4: 智能汽车让办公居家两不误

安娜·加西亚(Anna Garcia)40 多岁,是一名高级护士,正在赶去位于布宜诺斯艾利斯的医院上晚班。下午 6:24,汽车在安娜·加西亚的面前缓缓停下,汽车停稳后,整扇侧门徐徐打开。这是一辆厢型全自动出租车,内有七个舒适座椅。其他乘客早已入座,安娜把包往车里一扔,坐上了出租车,前往"海军医院"。市内交通线路密集,秩序井然,车程有 30 分钟。

四年前,布宜诺斯艾利斯市议会通过了全面指挥的自动路面交通系统,这对一座拥有 350 万市民的扩张型城市群来说,并非易事。但现在,系统已全面进入运营,深受市民喜爱。每时每刻都有 100 万辆无人驾驶汽车,通过紧密互动的车载自动驾驶仪,在布宜诺斯艾利斯市内行驶。政府动用公共资金为传统车队配备了必备科技。市议会认为这项投资物有所值,因为交通事故发生率已接近零,市区医疗开支降低,可由此收回成本。

安娜今天上班选择的是共享自动出租车,也被称为"collectivos",它为乘客提供紧凑而舒适的办公环境,使乘客开启工作状态,因此颇受通勤乘客的欢迎。比如,上班途中,安娜戴上扩展现实眼镜,浏览患者病历,安排团队换班时间,观看简短的教学视频,准备明年麻醉护士的考试。

出租车在医院门口停稳前,安娜命令车载助手连线家居助手,检查电灯和煤气灶是否已正常关闭。安娜几秒内就收到了家居助手的肯定答复。车门缓缓打开,安娜走下汽车,将位置留给新乘客。

畅想 5: 彬彬有礼的"科学怪人"人见人爱

"需要什么咖啡?"张伟转过身去,刚刚,荧光色协作服务机器人拍拍他的肩为他点单。

上午 9:30 是上海最大的自动汽车生产工厂早间休息时间。人工智能语音助手通过人脸识别摄像头识别张伟后,礼貌地问道:"先生,是和往常一样吗?黑咖啡、无糖、少量奶、少许肉桂粉?"

张伟今年 45 岁,是工厂的生产主任,对咖啡有着严格的要求,这一点在工厂无人不晓。张伟在工作委员会会议上表示:"我们大量生产定制化汽车,我希望提供的咖啡也是如此。"张伟对协作机器人的准确记忆会心一笑,微微点头。协作机器人随后打开脚上开关,优雅地移步下一位同事。与张伟一样,他舒适地坐在增高指挥椅上,通过操控扶手监管制造工厂。

工厂内灯火通明,只有少数人工管理员,他们偶尔和实现自我管理的智能生产机器人或协作机器人队伍进行肢体或语言交流。机器人队伍在工厂内快速移动,忙着运送材料或组装部件。工厂每天生产 2000 台定制化自动汽车。全厂约有 3000 名全能类人机器人,由钢铁、数字部件和人工智能软件构成,在张伟和另外九名人类同事的监督下工作。

工厂九个组装车间内,五到七名协作机器人组成的工作团队围绕汽车底盘空壳密切合作,前进时发出嗡嗡的响声。人工智能机械大脑配有高清摄像头和雷达传感器,可自主决定并执行大部分组装任务,包括黏合碳纤维部件、安装个性化内饰(如车载高清(HD)娱乐屏幕)、安装单独训练的自动驾驶仪软件等。

协作机器人偶尔会寻求人类管理员的帮助,管理员通过语音和手势来解释生产步骤,或者提供特殊客户需求的额外信息供机器学习。简单的培训过后,机器人给张伟竖起大拇指,并返回工作,当然还对这番培训做了评价:"张伟,我欠你一杯咖啡。黑咖、无糖、少量奶、少许肉桂粉,对吗?"

不惧未来,振奋前行

以上描述的生活场景中涉及的所有技术目前都已出现,尽管技术的成熟度不一,但我们相信,到 2030 年它们都会有巨大突破。此外,正如我们集体预测的场景所展示的,所有这些技术都会从当前开创性的指导原型,发展为常见的大众市场产品,极大地改变我们的生活方式,无论是作为员工、消费者还是企业。

随着社会向智能互联产品主导的世界转型,生产力、用户体验、个性化定制、价值、休闲时间都可能大大提升,这一转型影响深远且势不可挡。用户数据将主导未来,无论是通过自动汽车、家居助手还是其爆炸式增长的市场价值。我们的社会、经济及其与人类的关系、人们的相处方式,都将在短时间内发生天翻地覆的变化。

章节要点概览

第一章　产品制造的数字化转型——以超乎想象的速度到来！

（1）所有行业都将受到数字化进程的影响。超过 75％的行业或是面临着颠覆风险，或是已经遭受严重的颠覆。

（2）数字技术正在迅速取代硬件成为产品价值的新源泉。企业要采用双管齐下的创新方法，实现核心业务数字化，同时创造新型智能互联产品。

（3）应对数字化转型，企业要完成六项任务：转变核心业务；注重体验和成果；建立或加入新的合作系统；创新业务模式；组建数字化员工队伍；平衡业务转型中的重点。

第二章　产品再造发展趋势

（1）B2C 和 B2B 模式下，成果经济都在迅速崛起。

（2）在新兴的市场中，价值创造正从硬件转向服务和"即服务"。

（3）大规模定制生产的时代即将结束：取而代之的是个人体验、使用案例和特定情境的服务。

（4）因此，有必要重构完整的产品制造价值链和再造产品开发周期。

第三章　全新的产品类型：适应、协作、前瞻、负责

（1）新产品领域正在崛起，产品的智能度和体验度越来越高。可利用新的分析工具，即"产品再造方格图"，描述新兴产品世界里所有产品的发展。

（2）公司要设法提升产品的智能度和体验度。产品再造度结合智能度和体验度计算得出，这一数值可以衡量企业要成功实现产品再造所需的努力。

（3）本章明确了产品再造过程中面临的五大转变。对于大多数公司来说，要想在新的数字化世界中成功推出自己的产品，就必须应对这五大转变。

第四章　转型一：从性能到体验

（1）智能互联产品之间的差异不再体现在其传统的功能和特性上，而在于整体的用户体验。

(2) 要提早认清设计良好用户体验的重要性。这一设计环节必须成为产品价值定位的重要组成部分，因此要设计、策划、监测并更新用户体验。

(3) 产品的体验度上升时，体验变得更加丰富和宽泛，这就需要强大的生态系统支撑。

第五章 转型二：从硬件到"即服务"

(1) 用户希望按需使用而不是拥有产品，催生"产品即服务"消费模式。

(2) 软件产业已经证明这种转型可以创造巨大的经济价值。软件产业为汽车、工业设备或航空航天及国防工业等以硬件为中心的行业起到了引领作用。

(3) 这种转型不易实现，需要重新调整运营模式、产品创新流程、平台、文化和整个产品结构。

第六章 转型三：从产品到平台

(1) 平台业务模式正创造巨大的市场价值。

(2) 每家产品公司都必须有平台战略，决定是否建立自己的平台或寻找合作伙伴，决定参与何种平台类型，不可随意对待。

(3) 许多产品公司会选择与当前的平台领导者，即互联网巨头合作，但所有公司都要了解该决策的风险与回报。

第七章 转型四：从机械电子技术到人工智能

(1) 人工智能技术很快将在众多产品中投入使用，其智能度将显著提升，并将具备感知、理解、行动及学习等能力。

(2) 对于产品嵌入人工智能技术，多数产品公司仍处于起步阶段。尽管有70%的工业企业相信人工智能将改变其产品和服务，但只有16%的工业企业对于发展人工智能有着清晰的规划，而其中有坚定决心并提供资金支持的更是寥寥无几。

(3) 产品制造商必须抓紧培育人工智能技术，规划产品和体验。

第八章 转型五：从线性模式到新时代的敏捷工程

(1) 传统硬件产品开发过程已然过时，不适用于智能互联产品领域。敏捷性、迭代和体验是新产品领域的关键。

(2) 利用"新时代工程设计"概念及方法，全面颠覆创新是大势所趋。成功应用"新时代工程设计"可将产品开发效率及有效性提升十倍。

（3）为打造新一代产品和"即服务"模型,公司需利用统一数据模型和数字主线技术。

第九章　管理产品再造必备的七大能力

（1）为成功再造产品,需培养七大关键能力。

（2）虽然新型能力大多以产品功能开发为主,但转型"即服务"商业模式带来的影响几乎涉及所有的机构和流程。

（3）除了培养新能力,还需彻底改革企业文化和理念。

第十章　成功打造活产品与服务的线路图

（1）几乎所有产品公司都需提高产品的智能度和体验度,以活产品或活服务模式再造公司本身。

（2）为管理此转型,需谨慎开发"滚动更新"计划,囊括当前核心业务的数字化转型,支持新时代投资。路线图制定时有七大要点。

（3）建立数字创新工厂是扩展变革、加速创新的重点,同时也是吸引并保留所需技能人才的关键。

（4）需系统消除传统组织性障碍,鼓励合作,提高敏捷性。

术语表

2D/3D/4D	2-/3-/4-dimensional	二维/三维/四维
3GPP	Third-Generation Partnership Project	第三代合作伙伴计划
4G/5G	Fourth/fifth generation of broadband cellular network technology	第四代/第五代移动通信技术
A&D	Aerospace & Defence	航空航天及国防工业
AI	Artificial Intelligence	人工智能
ALM	Application Lifecycle Management	应用程序产品生命周期管理
API	Application Programming Interface	应用程序接口
AR	Augmented Reality	增强现实
ASCD	Automatic Speed Control Device	车速自动控制装置
ASIC	Application-Specific Integrated Circuit	特殊应用集成电路
AWS	Amazon Web Services	亚马逊云计算服务
B2B	Business to Business	商对商(B2B)
B2C	Business to Consumer	商对客(B2C)
BIOS	Basic Input/Output System	基本输入输出系统
BOM	Bill of Materials	物料清单
CAD	Computer-Aided Design	计算机辅助设计
CAM	Computer-Aided Manufacturing	计算机辅助制造
CCD	Charge-Coupled Device	感光耦合元件
CEO	Chief Executive Officer	首席执行官
CIO	Chief Information Officer	首席信息官
CIP	Cockpit Intelligence Platform	座舱智能化平台
CoE	Centre of Excellence	卓越中心
CoF	Cockpit of the Future	未来座舱
CPQ	Configuration, Pricing and Quoting	配置、定价与报价
CRM	Customer Relationship Management	客户关系管理

CSO	Chief Security Officer	首席安全官
CTO	Chief Technology Officer	首席技术官
CVP	Customer Value Proposition	消费者价值主张
DaaS	Device as a Service	设备即服务
DevOps	Development Operations	开发运营
DevX	Develop for X	面向 X 的开发
DFM	Design for Manufacturing	生产设计
DfX	Design for Experience	为体验设计
DNA	Deoxyribonucleic Acid	脱氧核糖核酸
Doc	Document	文件
ECU	Electronic Control Unit	电子控制单元
EQ	Experience Quotient	体验度
ERP	Enterprise Resource Planning	企业资源规划
ExO	Exponential Organization	指数型组织
FAA	Federal Aviation Authority	联邦航空管理局
F/O	Front Office	管理层
FOTA	Firmware Over the Air	无限固件更新
FPGA	Field-Programmable Gate Array	电场可编程逻辑门阵列
FTE	Full-Time Equivalent	全职人力工时
GB	Gigabyte	吉字节
GPS	Global Positioning System	全球定位系统
HD	High Definition	高清晰度
HE	Heavy Equipment	重型设备
HMI	Human Machine Interface	人机界面
HVAC	Heating, Ventilation & Air Conditioning	供暖、通风与空调系统
IDC	International Data Corporation	国际数据公司
IEE	Industrial & Electrical Equipment	工业与电气设备
IIoT	Industrial Internet of Things	产业物联网
IML	Institute of Material Flow and Logistics	原料周转与物流研究所
IoT	Internet of Things	物联网
IP	Intellectual Property	知识产权
IPR	Intellectual Property Rights	知识产权
IQ	Intelligence Quotient	智能度

IR	Infrared	红外线
IS	Information System	信息系统
IT	Information Technology	信息技术
KPI	Key Performance Indicator	关键绩效指标
LED	Light-Emitting Diode	发光二极管
LPWAN	Low Power Wide Area Network	低功率广域网络
LTE-CAT	Long-Term Evolution-Category	长期演进技术
MBA	Master of Business Administration	工商管理硕士
MBOM	Manufacturing Bill of Materials	生产物料清单
ML	Machine Learning	机器学习
MPH	Miles Per Hour	英里每小时
MPN	Manufacturer's Part Number	制造商零件号
MR	Mixed Reality	混合现实
MRO	Maintenance, Repair and Overhaul	维护、维修和检修
MVP	Minimum Viable Product	最小可行产品
NB	Narrow Band	窄带
NFC	Near Field Communication	近场通信
NLP	Natural Language Processing	自然语言处理
OEM	Original Equipment Manufacturer	原始设备制造商
OES	Original Equipment Supplier	原始设备供应商
OS	Operating System	操作系统
OT	Operating Technology	操作技术
PC	Personal Computer	个人电脑
PDCA	Plan Do Check Adjust	循环式品质管理
PDM	Product Data Management	产品数据管理
PLM	Product Lifecycle Management	产品生命周期管理
PoS	Point of Sale	销售点
PRQ	Product Reinvention Quotient	产品再造度
R&D	Research and Development	研究与开发
RaaS	Robot as a Service	机器人即服务
REM	Rapid Eye Movement	快速眼动
RF	Radio Frequency	无线电频率
RFID	Radio Frequency Identification	射频识别

RMB	Renminbi	人民币
ROCE	Return on Capital Employed	投资回报率
RoHS	Restriction of Hazardous Substances	危害物质禁用指令
RPA	Robotic Process Automation	机器人流程自动化
SaaS	Software as a Service	软件即服务
SDK	Solution Developer Kits	解决方案开发者工具
SKU	Stock Keeping Unit	库存单位
SLA	Service Level Agreement	服务水平协议
SQA	Software Quality Assurance	软件质量保证
SRS	Supplemental Restraint System	辅助防护系统
SW	Software	软件
TDD	Test Driven Development	测试驱动开发
TPU	Tensor Processing Unit	张量处理器
TTM	Time To Market	产品上市时间
TV	Television	电视
UI	User Interface	用户界面
USB	Universal Serial Bus	通用串行总线
UX	User Experience	用户体验
VP	Vulnerability Patches	漏洞补丁
VR	Virtual Reality	虚拟现实

索　引

ABB　艾波比集团

Accenture　埃森哲公司

active wellness seats　健康座椅

Adobe　奥多比系统公司

aerospace (aircraft) sector　航空航天(飞机)
部门

agile engineering (agility)　敏捷工程(敏捷
性)

AI-enabled　启用人工智能技术

AI-powered　人工智能支持

Aibo Aibo　机器狗

Airbnb　爱彼迎

Airbus　空中客车

Alexa　亚马逊 Alexa 语音助手

algorithms　算法

Alibaba　阿里巴巴

ALM (application lifecycle management)　应
用程序生命周期管理

Alphabet　谷歌母公司

Altitude　Altitude 公司

always-on connectivity　始终在线的连接性

Amazon　亚马逊

Amazon Pay　亚马逊支付

Amazon Web Services (AWS)　亚马逊云计
算服务

Android　安卓系统

Aon　怡安集团

APIs (application programme interfaces)　应
用程序接口

App Store　苹果应用商店

Apple　苹果公司

Apple Maps　苹果地图

Apple Pay　苹果支付

application lifecycle management (ALM)　应
用程序生命周期管理

application programme interfaces (APIs)　应
用程序接口

apps　应用程序

as-a-service business models　即服务业务模
式

AT&T　电话电报公司

augmented reality　增强现实

Auto CAD　欧特克计算机辅助设计

autonomous pull economy　自我拉动式经济

automotive industry (car industry)　汽车行业

AI　人工智能技术

autonomous products　自动化产品

autonomous vehicles　自动汽车

AutoScrum　一种敏捷开发流程

Baidu　百度

basic connected products　基础互联产品

Berkshire Hathaway　伯克希尔·哈撒韦

Bezos, Jeff　杰夫·贝佐斯

Biesse　比雅斯

big data　大数据

bike-hire schemes　共享单车

billing　开具账单

Blablacar　法国拼车公司 Blablacar

Blackberry　黑莓手机

blockchain technology　区块链技术

Blue River Technology　蓝河科技公司

BMW　宝马集团

Boeing　波音公司

Bonirob 除草机器人 Bonirob
Booking. com 缤客网
Bosch 博世
Bose 博士音箱
business case 商业案例
business model clarity 商业模型清晰度
business strategy 商业战略
business structure 商业战略
business-to-business (B2B) 商对商业务模式
business-to-consumer（B2C） 商对客业务模式
Byton 拜腾汽车

Canary 一家联网摄像机生产商
capabilities 功能
capital expenditure 资本支出
car-sharing 汽车共享
Car2go 即行
case studies 案例分析
CatConnect 卡特互联
Caterpillar 卡特彼勒
change management 变更管理
China Mobile 中国移动
circular economy 循环经济
Cisco 思科
citizen developers 公民开发者
CityTouch 飞利浦智慧路灯系统
closed ecosystems 封闭生态系统
cloud architects 云计算架构师
cloud technology 云端技术
Coagent 中国江西好帮手公司
cobots 合作机器人
Coca-Cola 可口可乐
cockpit of the future (CoF) 未来座舱
cockpit intelligence platform（CIP） 座舱智能化平台
coffee vending 咖啡销售
collaboration platforms 合作平台
Color Kinetics 昕诺飞建筑动态照明系统
communication 通信

communications industry 通信行业
competencies 竞争力
computer vision 计算机视觉
computing industry 计算机行业
ComScore 康姆斯克
connected devices 互联设备
connected hardware 互联硬件
connected machinery 互联机械
connected platform engineering 互联平台工程
connected products 互联产品
consumer durables 耐用消费品
core business 核心业务
Cortana 微软小娜
Cosmoplat 海尔工业互联网平台
couchsurfing 沙发客
CPQ capabilities 配置、定价与报价能力
crowd-sourcing 众包
culture (corporate) （企业）文化
change management 变更管理
customer-centricity 顾客中心化
customer engagement 顾客互动
customer experience 顾客体验
customer fitness teams "客户适应"团队
customer journey 用户旅程
customer services 顾客服务
customer success 顾客成果
cyber security 网络安全

DaaS (device-as-a-service) models 设备即服务
Daimler 戴姆勒
dashboards 仪表盘
Dassault Systèmes 达索系统
data 数据
data analytics 数据分析
data augmentation 数据增强
data loops (feedback loops) 数据记录带环（反馈环）
data models 数据模型

data scientists 数据科学家

data thinking 数据思维

decision making 决策

decision trees 决策树

deep reinforcement learning 深度强化学习

Deepfield Robotics 博世集团旗下初创科技公司

Degrange, David 大卫·德格兰

Delabrière, Yann 严德胜

Dell 戴尔

demand-side economies of scale 需求方规模经济

design centres 设计中心

design-code-test 设计-编程-测试

'Design' ('Develop') for X 面向X的设计（开发）

design thinking 设计思维

developer platforms 开发平台

DevOps (development operations) 开发运营

Didi 滴滴

digital innovation factories 数字创新工厂

digital technology (digitization) 数字技术（数字化）

digital thread 数字主线

digital transformation 数字化转型

digital trust 数字信任

digital twin 数字孪生

Disruptability Index 颠覆指数

disruption 颠覆

automotive industry 汽车行业

lighting industry 照明行业

distributed learning 颠覆产业

domestic AI assistants 家居人工智能助理

domestic appliances 家用电器

DriveNow 宝马旗下汽车共享项目

drone cameras 无人机摄像头

drones 无人机

DuerOs 小度语音助手

Duplex 谷歌语音助手

Durability 耐用性

Dyson 戴森

eBay eBay

Echo 亚马逊智能音箱

economies of scale 规模经济

EcoStruxure Power 施耐德物联网平台

ecosystem partners 生态系统伙伴

edge computing 边缘计算

Edge TPU 谷歌边缘计算芯片

Effifuel 米其林解决方案名

embedded software 内置软件

engagement, customer 顾客互动

engineering (engineers) 工程(工程师)

engineering efficiency 工程效率

engineering in the new 新时代工程

engineering sector 工程行业

enterprise operating model 企业运营模式

entitlements management 权限管理

Equifax 艾可菲

Ericsson 爱立信

evergreen design 常青设计

executive sponsorship 执行赞助

experience 体验

experience centres 体验中心

experience economy 体验经济

experience engineering 体验工程

experience quotient (EQ) 体验度

experimentation 试验

exponential organizations (ExOs) 指数型组织

external digitization 外部数字化

ExxonMobil 埃克森美孚公司

Facebook 脸书

facial recognition software 人脸识别软件

'fail forward' culture "失败前进"文化

Fanuc 发那科

farming (agriculture) 耕种(农业)

Faurecia 佛吉亚

Faurecia Tech 佛吉亚科技

feature economy 特性经济

feedback loops (data loops) 反馈环(数据记录环带)

finance function 财务部门

financial value 财务价值

5G networks 第五代通信网络

flattened organizations 扁平化组织

flexagility 灵活敏捷性

flexibility 灵活性

Flixster 美国社交电影网站

Ford 福特汽车

Ford, Henry 亨利·福特

foundational AI technologies 基础人工智能技术

Fraunhofer Institute 弗劳恩霍夫研究所

fulfilment networks see ecosystems 实现网络见生态系统

future-proofing 面向未来

GE 通用电气

gesture controls 手势控制

Glide 应用程序接口名

GM 通用汽车公司

GNS 全球网络服务

Goldman Sachs 高盛投资公司

Google 谷歌

Google Assistant 谷歌助手

Google Home 谷歌家居

Google Play 谷歌商店

governance structures 治理结构

Grab 东南亚出行服务公司 Grab

Greengrass software 亚马逊软件

Haier 海尔

Haiku 虚拟的家居助手

Hardware 硬件

HBO 美国电视网名

healthcare sector (medical sector) 医疗保健行业

home cameras 家用摄像头

home products (assistants) 家居产品(助手)

HomeKit 苹果家居平台

HomePod 苹果智能家居音箱

Hotel. com 好订网

HP 惠普公司

Huawei 华为

hub and spoke models 中心与对话模式

Hue 秀智能系统

human + machine collaboration 人机合作

hyper-personalization 超个性化定制

IBM 美国国际商用机器公司

ICBC 中国工商银行

IDC 国际数据公司

ideation processes 构想流程

Ikea 宜家

Indiegogo 众筹平台名

industrial consumerism 工业消费主义

Industry X. 0 工业 X. 0

information value add business model 信息价值递增业务模型

infrastructure ownership (support) 基础设施所有者(支持)

innovation 创新

innovation hubs 创新中心

'inside the box' software engineering 没有"跳出思维定式"的软件设计

Instagram 国外社交平台

Intel 英特尔

intelligence quotient (IQ) 智能度

intelligent algorithms 智能算法

intelligent products 智能产品

Interact 昕诺飞平台

Interact City 昕诺飞城市项目

internal digitization 内部数字化

internet platforms 互联网平台

Internet of Things (IoT) 物联网

iOS 苹果操作系统

iPhone 苹果手机

IT function 信息技术功能

iterative design approach 迭代设计模式
iTunes 苹果应用商店

Jaguar Land Rover 捷豹路虎
Jeep 吉普汽车
Jobs, Steve 史蒂夫·乔布斯
John Deere 约翰迪尔公司
Johnson & Johnson 美国强生公司
JP Morgan Chase 摩根大通

Kaeser Kompressoren 德国凯撒空压机
Kayak 旅游信息综合网站名
Kevo 智能锁生产商
Kickstarter 众筹平台
Kindle 亚马逊电子书阅读器
Kiva Systems 亚马逊机器人平台
Koller, Patrick 帕特里克·科勒
KPIs 关键绩效指标

leadership capabilities 领导能力
lean agile processes 精敏流程
least path communication 最短交流路径
LED lighting 发光二极管照明
Lenovo 联想
LettuceBot 机器人系统
lighting 照明
LINE 通信软件名
linear organizations 线性组织
Link Cook refrigerator 智能冰箱名
LinkedIn 领英
Linux solutions Linux解决方案
living products 活产品
living service 活服务
Lyft 来福车

machine learning 机器学习
Macs 苹果电脑
Maersk 马士基
Mahle 德国马勒
maintenance costs 维护成本

manufacturing function 制造功能
manufacturing industry 制造业
marketing 营销
marketplace platforms 市场平台
medical sector（healthcare sector）医疗（保健）行业
Mercedes 梅赛德斯
metrics 衡量指标
Metromile 互联网保险公司
Michelin 米其林
micro moments 微妙瞬间
micro-enterprises 微型企业
Microsoft 微软
MindSphere 西门子开放式物联网操作系统
Mindtribe 公司名
minimum viable product（MVP）最小可行产品
"moments that matter" 关键时刻
Monsanto 孟山都
Moore's Law 摩尔定律
Moovel 戴姆勒汽车共享平台
Motorola 摩托罗拉
Mozaiq 公司名
Mozilla 浏览器名
Musk, Elon 埃隆·马斯克

natural language processing（NLP）自然语言处理
Nest 公司名
Netflix 网飞公司
NetSuite 甲骨文商业管理系统
network effects 网络效应
Nike 耐克
NIO 蔚来汽车
Nokia 诺基亚
Nvidia 英伟达
Nytec 奈轶克

O'Keefe, Bill 比尔·奥基夫
O'Keefe, Tim 蒂姆·奥基夫

OMO 奥妙

open ecosystems 开放系统

open innovation 开发创新

operating models 运营模型

operational efficiency 运营效率

operational expenditure 运营开支

organization structure 组织架构

outcome economy 成果经济

output economy 产出经济

'outside the box' software engineering "跳出思维定式"的软件设计

P&G 宝洁

Parrot 派诺特

passenger economy 乘客经济

PayPal 贝宝

Pepper robot 机器人名

permanent optimization 永恒最优化

personalization 个性化

pervasiveness 扩散性

Petro China 中石油

Philips Lighting (Signify) 飞利浦照明(昕诺飞)

Photoshop 图片编辑

Pinterest 互联网公司名

platform ecosystems 平台生态系统

platform managers 平台经理

plumbing sector 管道行业

power-by-the-hour model 按小时收电费

predictive maintenance 预测维护

Predix 通用电气工业互联网平台

Preferred Networks 公司名

pricing models 定价模型

product data management 产品数据管理

product design 产品设计

product development 产品开发

product experience 产品体验

product lifecycle management (PLM) 产品生命周期管理

product managers 产品经理

Product Reinvention Grid 产品再造方格图

product reinvention quotient (PRQ) 产品再造度

product strategy 产品战略

Product X.0 产品 X.0

prototypes 原型设计

PSA 标志雪铁龙

PTC 公司名

Qualcomm 高通公司

quantum computing 量子计算

quantum leap 巨大飞跃

Rakuten 日本乐天市场

rapid experience design 快速体验设计

refrigerators 冰箱

release-operate-improve 发布-运营-改进

Renault-Nissan 雷诺日产

rendanheyi model 人单合一模型

research and development (R&D) 研究与开发

resource allocation 资源分配

ReThinkX 公司名

roadmaps 路线图

robots 机器人

robots-as-a-service (RaaS) models 机器人即服务模型

robots-as-experience 机器人即体验

Roche 罗氏

Rolls-Royce 罗尔斯·罗伊斯

"rotation to the new" framework "滚动更新"框架

Royal Philips 皇家飞利浦

SaaS (software-as-a-service) models 软件即服务模型

sales function 销售部

Salesforce.com 公司名

Samsung 三星

SAP 思爱普

scalability 可扩展性

Schneider Electric　施耐德电气

scope management　范围管理

Scrum　敏捷开发模式

security　安全性

"see and spray" technology　观察喷洒技术

semiconductor industry　半导体行业

sensorization (sensor technology)　传感技术

service innovation　服务创新

service level agreements　服务水平协议

shared product platforms　共享产品平台

sharing platforms　共享平台

Siemens　西门子

Signify (Philips Lighting)　昕诺飞(飞利浦照明)

silos　筒仓

Siri　苹果语音助手

skillsets (skills building)　技能培养

Skype　通信软件名

smart cars (cockpits)　智能汽车

smart devices　智能设备

smart glasses　智能眼镜

smart home products (assistants)　智能家居产品

Smart Life on Board　车载智慧生活

smart lighting　智能照明

smart machinery　智能器械

smart products　智能产品

smart refrigerators　智能冰箱

smart services　智能服务

smart wine cabinets (coolers)　智能葡萄酒柜

smartphones　智能手机

social listening　社会倾听

social platforms　社会平台

SoftBank Robotics　软银机器人

software　软件

software development　软件开发

software engineering (engineers)　软件工程(工程师)

software industry　软件行业

software-intelligent products　智能软件产品

solution developer kits (SDKs)　解决方案开发者工具

solution roadmaps　解决方案路线图

Sonos　搜诺斯

Sony　索尼

Spotify　声田

strategy　战略

subscription models　订阅模型

supply-side economies of scale　供给侧规模经济

Symmons　西蒙斯

systems of engagement　参与系统

systems of record　记录系统

talent management　人才管理

Taleris　通用电气子公司

Tata Steel　塔塔钢铁集团

teams　团队

technology　技术

Temptrol valve　温控阀

Tencent　腾讯

10X "engineering in the new"　10 倍数量级的"新时代工程设计"

Tesla　特斯拉

Tesla Model S　特斯拉车型

360 Encompass System　360 全覆盖系统

3D modelling　3D 模型

3D printing　3D 打印

3M　公司名

touchpoints　接触点

Tradfri　宜家智能照明系统

traditional product development　传统产品开发

traditional products　传统产品

transition plans　转型计划

Transport Mobility Cloud　传输移动云端

Travelocity　美国旅行社网站名

Trivago　酒店订购网站名

Twitter　推特

tyre manufacturing　轮胎制造

U＋ Smart Home U＋智能家居
Uber 优步
unified data models 统一数据模型
upgradeability 可升级性
use cases 用例
user experience 用户体验
user interface (UI) 用户界面
user testing 用户测试

Valmet 维美德
value chain 价值链
value creation 价值创造
value space 价值空间
viability 可行性
virtual customer assistants 虚拟客户助理
virtual reality 虚拟现实
Visa 维萨
voice control (assistants) 语音控制(助理)
volatility 多变性

Volkswagen 大众
Volvo 沃尔沃

Walmart 沃尔玛
washing machines 洗衣机
Waze 位智
WeChat 微信
WhatsApp 软件名
Windows 系统名
wine cabinets (coolers) 葡萄酒冷却柜
workforce 工作团队

Yahoo 雅虎
Yelp! 软件名

Zhang, Ruimin 张瑞敏
Zigbee radio protocol 紫蜂无线网络协议
Zillow 网站名
Zipcar 公司名
Zoom 热点聚焦